Gerhard Best

Neue Heiligenkulte
in Westfalen

Beiträge zur Volkskultur in Nordwestdeutschland
herausgegeben von der
Volkskundlichen Kommission für Westfalen
Landschaftsverband Westfalen-Lippe

Heft 35

Münster 1983

Gerhard Best

Neue Heiligenkulte in Westfalen

Untersuchungen zur Verehrung von
Theresia Bonzel, Anna Katharina Emmerick,
Clemens August Graf von Galen, Pauline von Mallinckrodt,
Jordan Mai, Kaspar Schwarze und Euthymia Ueffing

F. COPPENRATH VERLAG

ISBN: 3-88547-190-6

INHALTSVERZEICHNIS

Vorwort

Die vorliegende Arbeit, die als schriftliche Hausarbeit für die
Zwischenprüfung im Fach Volkskunde an der Westfälischen-Wilhelms-
Universität Münster und als Diplomarbeit im Fach Katholische
Theologie an der Theologischen Fakultät Paderborn in den Jahren
1979/80 entstand, beschäftigt sich mit der seit mehreren Jahren in der Volkskunde stärker diskutierten Frage der Bedingun-
gen und Begleitumstände für die Entstehung eines "neuen Heiligenkultes". Die Beantwortung dieser Frage steuert vorwiegend
in zwei Richtungen, von denen die eine den Kult stark als Folge
von volkstümlicher Frömmigkeit, die andere ihn als Folge von Bemühungen kirchlicher Interessentenkreise sieht. Beide Auffas-
sungen gehen von denselben empirischen Phänomenen aus, inter-
pretieren sie aber anders. Diese Arbeit versucht, beide Inter-
pretationsversuche soweit wie möglich einander näher zu bringen
und ihre gegenseitigen Abhängigkeiten aufzuzeigen. Trotzdem sind
die vorliegenden Ergebnisse allerdings immer der Gefahr ausge-
liefert, sowohl in die eine als auch in die andere Richtung miß-
bräuchlich überinterpretiert zu werden.

Schließlich sei noch darauf hingewiesen, daß die in dieser volkskundlichen Arbeit verwendeten Begriffe Kult, Wallfahrts- und
Gnadenort, Heiligenverehrung, Reliquien, usw. häufig dem Denken
und Sprachgebrauch der Devotanten folgen und nicht als kirchen-
rechtlich-theologische Definitionen verstanden werden sollen.
Die Benutzung dieser Wendungen soll also in keiner Weise den
Entscheidungen der Kirche über Selig- und Heiligsprechungen
vorgreifen; sie geschieht immer vorbehaltlich der Dekrete Papst
Urbans VIII.

Gedankt sei hiermit allen, die die Entstehung der Arbeit durch
vielfältige Hilfe unterstützten und die Veröffentlichung möglich machten:
den Olper Franziskanerinnen, den Augustiner-Chorherren in Dülmen, den Schwestern der Christlichen Liebe in Paderborn, den
Dortmunder Franziskanern, den Barmherzigen Schwestern in Mün-

ster, dem Heilig-Kreuz-Pfarramt in Dülmen, dem Propstei-Pfarr-
amt in Werl, Herrn Bischof Dr. Lettmann und Herrn Domkapitular
Hellberndt in Münster, die alle ihr reichhaltiges Material zur
Bearbeitung zugänglich machten und sämtliche Andachtsbildchen,
Schriftenreihen, Erbauungshefte usw. zur Verwendung und Veröffentlichung stellten; Herrn Prof. Dr. Hinrich Siuts und Herrn
Prof. Dr. Georg Wagner für die helfende Begleitung beim Entstehen der Arbeit; Herrn Karl-Heinz Böckelmann, Paderborn, für
die Erstellung des Titelfotos und Herrn Dr. Dietmar Sauermann
für die Durchführung der Drucklegung.

Besonders gedankt aber sei der Volkskundlichen Kommission für
Westfalen, die die Veröffentlichung in der Reihe "Beiträge zur
Volkskultur in Nordwestdeutschland" ermöglichte.

Paderborn, im Mai 1982   Gerhard Best

1.
AUSGANGSPUNKT

Beim Besuch des Domes in Münster konnte dem aufmerksamen volkskundlich interessierten Besucher in den vergangenen Monaten
(Januar bis März 1980) ein auffälliges Phänomen nicht entgehen:
An der Grabstätte des 1979 verstorbenen Bischofs Heinrich Tenhumberg im Westwerk der Kirche fanden sich häufiger stille Beter ein, die das Grab des Verstorbenen mit Lichtern und Blumen
schmückten oder dort eine Weile standen und möglicherweise beteten.

Sind dies zunächst lediglich Formen eines "normalen Totenkul-
tes", wie er ja bei jedem Verstorbenen mehr oder weniger existiert, - wenn auch nur kürzere Zeit und getragen durch Einzelpersonen -, so kann sich hieraus schnell ein ausgeprägterer
"Heiligenkult" entwickeln: Werden zu Anfang noch Kerzen, Blumen und Gebete für das Seelenheil des Verstorbenen geopfert,
so kann hierbei in der Intention der Gebete und der Geschenke
auch schnell eine Wende eintreten und man betet zum Verstorbenen.

Wir treffen hier auf die Fragen nach den bestimmenden Grundla-
gen eines sich neu entwickelnden Heiligenkultes, nach seinem
Ursprung, seiner Förderung, seinen äußerlich sichtbaren Kult-
phänomenen, seiner Dauer, seiner Regulierung durch kirchliche
Vorschriften. Diese Fragen sollen im Verlauf der folgenden Arbeit untersucht werden am Beispiel eines Personenkreises, der
eine relativ große Verehrung genießt und dessen "Kultgeschich-
te" noch nicht sehr lang und deshalb überschaubar ist: am Beispiel der verehrten Personen in Westfalen, die (noch) nicht
von der katholischen Kirche "zur Ehre der Altäre erhoben worden sind", der - kirchenrechtlich gesprochen - noch nicht
kanonisierten Heiligen, der "Diener Gottes"[1].

Zur Zeit (1980) gibt es in der Bundesrepublik Deutschland etwa achtzig solcher Kulte nicht kanonisierter Diener Gottes in regional unterschiedlicher Bedeutung[2].

Aus dieser Zahl werden für diese Arbeit die im Gebiet von Westfalen verehrten Personen ausgewählt, die je nach Ausprägung ihres Kultes unterschiedlich stark berücksichtigt werden; Personen, bei denen kein Kult mehr besteht[3], bleiben weitgehend unberücksichtigt. Somit bleiben für diese Überlegungen bedeutend Theresia Bonzel (Olpe), Anna Katharina Emmerick (Dülmen), Clemens August Graf von Galen (Münster), Pauline von **Mallinck**rodt (Paderborn), Jordan Mai (Dortmund), Kaspar Schwarze (Werl) und Euthymia Ueffing (Münster)[4].

Da zu den genannten Kulten bisher keine größeren Veröffentlichungen erschienen sind, stützen sich diese Untersuchungen auf "Primärquellen": auf die von den einzelnen Orden herausgegebenen Gebets-, Erbauungs- und Mirakelhefte, auf Interviews mit den zuständigen Bearbeitern der Seligsprechungsprozesse (Vizepostulatoren) und mit Devotanten und auf eigene Beobachtungen[5].

Als grundlegende Literatur zur Heiligenverehrung wurden die Standardwerke von Schauerte[6] und Korff[7] benutzt; zum Thema Verehrung nicht kanonisierter Personen gibt es als einzige größere Publikation bisher einen Aufsatz von Peter Assion über die Kultentstehung bei Schwester Ulrika Nisch in Hegne am Bodensee[8], dessen Ergebnisse teilweise mit den westfälischen Kulten verglichen werden sollen.

Um Mißverständnissen vorzubeugen, sei am Ende dieser Einleitung darauf hingewiesen, daß sich diese Arbeit hauptsächlich aus volkskundlicher Sicht mit den Phänomenen der Verehrung und des Kultes der genannten Personen beschäftigt, weniger mit den Verehrten selbst oder mit Fragen über ihre Heiligkeit. Die Biographien werden lediglich stichwortartig gegeben.

Über die theologische Frage der Heiligkeit soll hier also nicht nachgedacht werden; auch kritische Bemerkungen zum Kult ändern ja nichts an der theologisch begründeten Heiligkeit eines Menschen.

Abb. 1:
Theresia Bonzel (aus: "Mutter Theresias Ruf", 1 ,
1963, Titelseite)

2.
DIE BEHANDELTEN PERSONEN

2.1
Stichwortbiographien[9]

2.1.1
Theresia Bonzel, Olpe, Ordensgründerin

1830, 17.09.:	Geburt in Olpe als Tochter von Friedrich Edmund und Angela Bonzel
1830, 18.09.:	Taufe in Olpe, St. Martin, auf die Namen Regina Christina Wilhelmina (Rufname "Aline")
1859 :	Zusammen mit Regina Loeser und Klara Pfänder Gründerin der "Schwestern des heiligen Franziskus, Töchter der heiligsten Herzen Jesu und Mariä", anerkannt durch den Bischof von Paderborn, Konrad Martin.
	Aufgaben der Kongregation: Gebet (Ewige Anbetung), Pflege verwahrloster Waisenkinder und Pflege von Kranken und Sterbenden.
1863 :	Trennung der Kongregation; Klara Pfänder geht mit dem größeren Teil der Schwestern nach Salzkotten, Theresia Bonzel bleibt in Olpe.
	Es folgen weitere Gründungen von Häusern, eine starke Ausbreitung der Kongregation, seit 1875 (Kulturkampf!) besonders auch in den USA.
1905, 06.02.:	Tod von Theresia Bonzel, Begräbnis auf dem Friedhof in Olpe
1930, 17.09.:	Umbettung der Verstorbenen ins Kloster
1961 :	Eröffnung des Bischöflichen Informativprozesses
1967, 20.12.:	Umbettung in die Kapelle beim neuen Mutterhaus

2.1.2
Anna Katharina Emmerick, Dülmen, Ordensfrau[10]

1774	:	Geburt in Coesfeld-Flamschen
1774, 08.09.:		Taufe in Coesfeld
1786-1789	:	Landarbeit bei Verwandten und im Elternhaus
1789-1799	:	Näherin
1799-1802	:	Hausgehilfin
1802	:	Eintritt in das Kloster Agnetenberg bei Dülmen
1811	:	Aufhebung des Klosters
1813	:	Bekanntwerden der Stigmatisierungen der Anna Katharina Emmerick
1824, 09.02.:		Tod der Anna Katharina Emmerick, Begräbnis in Dülmen
1891	:	Eröffnung des Bischöflichen Informativprozesses
1928	:	Vorläufige Einstellung des Apostolischen Prozesses in Rom
1973	:	Wiederaufnahme des Prozesses
1975, 07.02.:		Umbettung in die Krypta der Heilig-Kreuz-Kirche in Dülmen

2.1.3
Clemens August Graf von Galen, Münster, Bischof

1878, 13.06.:		Geburt von Clemens August Joseph Pius Emanuel Antonius Graf von Galen auf Burg Dinklage im Oldenburger Münsterland
1896, 21.08.:		Abitur
1898-1903	:	Theologiestudium
1904, 28.05.:		Priesterweihe in Münster
		Danach Domvikar und Sekretär seines Onkels Weihbischof Maximilian Gereon Graf von Galen, Kaplan in Berlin-Schöneberg,
		Pfarrer in Berlin, St. Clemens Hofbauer,
		Pfarrer in Berlin-Schöneberg, St. Matthias,

Abb. 2:
Anna Katharina Emmerick (aus: "Emmerickblätter",
I, 1979, Titelseite)

Clemens August Kardinal von Galen
Bischof von Münster

Abb. 3:
Clemens August Graf von Galen (aus: Gebetszettel, Bethen , Oldb.,o.J.)

1929	Pfarrer in Münster, St. Lamberti
1933, 05.09.:	Ernennung zum Bischof von Münster; während seiner Amtszeit bekannt geworden als entschiedener Gegner des Nationalsozialismus.
1946, März :	Erhebung zum Kardinal
1946, 22.03.:	Tod von Bischof von Galen in Münster, Begräbnis im Dom zu Münster, Ludgeri-Kapelle.
1956-1959 :	Bischöflicher Informativprozeß

2.1.4
Pauline von Mallinckrodt, Paderborn, Ordensgründerin

1817, 03.06.:	Geburt in Minden
1849, 21.08.:	Gründung der Kongregation der "Schwestern der Christlichen Liebe", besonders zur Pflege der Blinden.
	In den folgenden Jahrzehnten zahlreiche Neugründungen von Häusern in Deutschland, den USA und Südamerika, im Kulturkampf besondere Unterstützung des Bischofs von Paderborn, Konrad Martin, durch Pauline von Mallinckrodt und deren Schwesterngemeinschaft.
	Heute zählt die Kongregation etwa 1550 Mitgliederinnen.
1881, 30.04.:	Tod von Pauline von Mallinckrodt in Paderborn, Begräbnis in der sogenannten Konradus-Kapelle im Garten des Mutterhauses in Paderborn
1926-1933 :	Bischöflicher Informativprozeß
1963, 28.01.:	Umbettung der Gebeine im Zuge des Seligsprechungsprozesses (Elevatio)

Abb. 4:
Pauline von Mallinckrodt (Postkarte)

2.1.5
Jordan Mai, Dortmund, Ordensbruder

1866, 01.09.:	Geburt in Gelsenkirchen-Buer
1866, 03.09.:	Taufe auf den Namen Heinrich
1880, 02.09.:	Schulentlassung, danach Tätigkeit in der Gerberei, Sattlerei und Metzgerei
1886-1889 :	Militärdienst in Münster
1895, 28.08.:	Eintritt in den Franziskanerorden; während der Ordenszeit Pförtner, Koch, Küster und Refektoriumsmeister (Tätigkeit im Speisesaal des Klosters) in den Klöstern in Paderborn, Münster, Neviges, Harrefeld/Holland und Dingelstädt.
1907 :	Versetzung nach Dortmund, dort vorwiegend Küsterdienst und andere Hilfstätigkeiten im Kloster.
1922, 20.02.:	Tod in Dortmund, Begräbnis auf dem Ostenfriedhof in der Nähe des Franziskanerklosters
1925 :	Erste Untersuchungen von seiten des Ordens
1934-1937 :	Bischöflicher Informativprozeß
1950 :	Umbettung vom Ostenfriedhof in die Dortmunder Franziskanerpfarrkirche
1970 :	Verlegung des Grabes innerhalb der Kirche, vom Mittelschiff ins Seitenschiff.

2.1.6
Kaspar Schwarze, genannt "Betkaspar", Werl, Landstreicher

1830, 13.06.:	Geburt in Soest als Sohn eines Tagelöhners und einer Bauernmagd
1850-1870 :	Tätigkeit als Tagelöhner und Knecht
1870 :	Beginn seiner "Ewigen Anbetung": Zu seiner Lebensaufgabe wird die ständige Teilnahme an der sogenannten "Ewigen Anbetung",

Abb. 5:
Jordan Mai (Postkarte)

Abb. 6:
Kaspar Schwarze (Photo im Privatbesitz des Verfassers)

Abb. 7:
Euthymia Ueffing (aus: Wendelin Meyer, "Schwester
Maria Euthymia", Münster [13]1971, Titelseite)

einer Andachtsform im Bistum Paderborn, bei der an jedem Tag des Jahres in einer bestimmten Pfarrkirche nach genauem Plan das heilige Sakrament des Altares "ausgesetzt" und verehrt wird.

Kaspar Schwarze zieht von Kirche zu Kirche und nimmt an diesem Gebete teil, verpflegt wird er jeweils bei Bekannten oder beim Pfarrer.

1911, 13.05.:	Tod in Werl
1911, 16.05.:	Begräbnis auf dem Werler Stadtfriedhof
1933 :	Umbettung der Gebeine und Versuch der Einleitung des Bischöflichen Informativprozesses. Diese wird abgelehnt, weil "die natürlichen Voraussetzungen zur Heiligkeit fehlen".

2.1.7
Maria Euthymia Ueffing, Münster, Ordensfrau

1914, 08.04.:	Geburt in Halverde, Kreis Tecklenburg als Emma Ueffing, Tochter von Köttern
1931, 01.11.:	Beginn ihrer Ausbildung im St.-Annen-Hospital in Hopsten (Haushalt, Viehversorgung, Lehrköchin)
1934, 23.07.:	Eintritt ins Kloster der Barmherzigen Schwestern in Münster
1936-1948 :	Krankenschwester in Dinslaken, St. Vinzenz-Hospital, seit 1940 besonders im Kriegsgefangenen-Lazarett St. Barbara tätig bei der Pflege von französischen, belgischen, holländischen, italienischen, polnischen und russischen Kriegsgefangenen (deshalb im Volksmund "Engel von St. Barbara" genannt)
1948-1955 :	Tätigkeit in der Wäscherei der Raphaelsklinik in Münster

Interessant ist die relativ gute "Verteilung" auf den Gesamt-
raum Westfalen, der eine gegenseitige "Konkurrenz" (mit Ausnahme der Kulte Clemens Augusts Graf von Galen und Euthymia
Ueffing) verhindert sowie die Lage in überwiegend katholischen
Gebieten Westfalens, die einen größeren Devotantenkreis hervor-
bringen. Beide Tatsachen ergeben sich jedoch weniger infolge
einer beabsichtigten Planung, sondern sind auf die Lage der
Sterbeorte der verehrten Personen zurückzuführen.

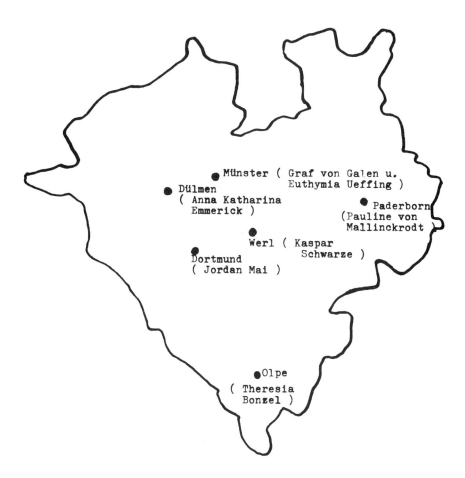

Abb. 8:
Kultstätten in Westfalen

1955, 09.09.: Tod in Münster infolge Darmkrebs, Begräbnis auf
               dem Zentralfriedhof in Münster

1959-1962   : Bischöflicher Informativprozeß

2.2
"Typologie"

Aus den vorausgehenden Stichwortbiographien lassen sich schnell
Kriterien für den Typ der heute verehrten oder zur Verehrung angebotenen "Kandidaten für die Heiligkeit" erkennen:

Zunächst fällt auf, daß es sich fast ausschließlich um Personen
"mit kirchlichen Berufen" handelt, - um Priester oder Ordensleute -, wobei Kaspar Schwarze als Nicht-Seßhafter eine Ausnahme
bildet[11], an der unter anderm wohl auch die Durchführung seines
Seligsprechungsprozesses gescheitert ist. Eindeutig haben in
der Gegenwart fast nur Priester oder Ordensleute die Möglichkeit, zur kirchlichen Ehre der Altäre zu gelangen, da nur sie
sich einer genügend großen "Anhängerschaft" (sprich Orden oder
Bistum) erfreuen, die die ersten Schritte zur Einleitung eines
Seligsprechungsprozesses tun[12]. Eine heiligmäßig lebende Mutter
oder ein christlicher Arbeiter haben rein organisatorisch in
dieser Frage geringere Chancen.

Neben dieser ersten beruflichen Typisierung läßt sich eine weitere treffen:

Wir können unterscheiden zwischen kirchenorganisatorisch bedeutenden Personen wie Bischof oder Ordenstifterin und solchen Personen, die in ihrem Leben relativ unbekannt waren, wie die Kran-
ken- und Waschküchenschwester oder der Bruder, der alle möglichen Arbeiten im Kloster durchzuführen hatte. Gerade die
Letztgenannten zeigen eine deutliche Orientierung an den zeit-
geschichtlichen Tendenzen: Infolge der heutigen Hochschätzung
der Arbeit in der katholischen Kirche sollen auch Personen, die
diese Arbeit ausgeführt haben, zu kirchlichen Ehren gelangen[13].

Welcher Typ bei den Devotanten mehr verehrt wird, soll an späterer Stelle noch gezeigt werden.

Die als heiligmäßig verehrten Personen bieten somit einen Querschnitt durch den Katalog der christlichen Tugenden.

Nach der Vorstellung des Lebens dieser Personen stellt sich rasch die Frage nach dem "Warum" gerade dieser Verehrung, - zumal zumindest der Typ der verborgen wirkenden Ordensfrau bzw. des Ordensbruders mit unzähligen konkreten Namen auszufüllen wäre[14].

3.
ENTSTEHUNG DER KULTE

3.1
Bestehende Theorien

Mit der Frage nach der Entstehung neuer Heiligenkulte wird ein
Thema angesprochen, das vor allem in der jüngeren Forschung,
- insbesondere nach dem Aufsatz von Peter Assion über die Entstehung des Kultes bei Ulrika Nisch -, heftig diskutiert worden ist[15]. Zunächst stoßen wir auf zwei anscheinend konträre
Positionen zur Frage der Kultentstehung:

Die eine, stark katholisch orientierte Position (Schauerte[16]
u.a.) sieht bei der Entstehung eines neuen Kultes folgende Reihenfolge: Tod einer heiligmäßigen Person - Begräbnis - Verehrung durch das Volk - Aufgreifen dieser Verehrung durch die
kirchlichen Instanzen und Beginn eines Seligsprechungsprozesses, zu dessen Durchführung der schon bestehende Kult gefördert wird: Die Verehrung entspringt also einer "Schöpferischen
Kraft des Volkes". Diese Position vertreten auch "offizielle
Vertreter" der Kirche[17]. Demgegenüber wird heute auch, - so im
genannten Aufsatz von Assion -, eine andere Reihenfolge der
Kultentstehung entwickelt und vertreten. Hier wird die These
von der "Machbarkeit eines modernen Heiligenkultes"[18] vertreten, der infolge der Verbreitung von Schriften und durch "be-
lebendes Interesse der Ordensleitung"[19] entsteht. Ziel ist der
Nachweis der bestehenden Verehrung, der für die Seligsprechung
notwendig ist[20]. Beim Kult handelt es sich in dieser Reihenfolge (Tod der betreffenden Person - Begräbnis - "innerkirch-
licher" Wunsch nach Seligsprechung - dementsprechende Propa-
gierung und Förderung der Verehrung - Aufgreifen dieser Ver-

ehrung als Begründung für den Prozeß) demnach um eine Reaktion
auf werbewirksame Unternehmungen kirchlicher Kreise, die an der
Verehrung der bestimmten Person interessiert sind[21].

Es ist angebracht, die westfälischen Kulte unter dem Gesichts-
punkt der beiden vorliegenden "Entstehungsreihenfolgen" zu untersuchen. Dabei steht außer Frage, daß alle diese Kulte seit
Beginn des jeweiligen Prozesses mehr oder weniger durch Schrifttum und andere Aktivitäten der betreffenden kirchlichen Instanzen gefördert worden sind, eine Tatsache, die in eigenen Ab-
schnitten noch genauer behandelt wird[22].

Zunächst soll es hier aber um die Frage nach der unmittelbaren
Kultentstehung gehen, um die ersten Kultregungen also, die nach
Assion wohl nie mehr ganz aufzuhellen sind[23]; ein Versuch soll
trotzdem gemacht werden! Da aus dieser Phase lediglich Quellen
kirchlichen Ursprungs existieren[24], muß auf diese zurückgegrif-
fen werden[25].

3.2
Ruf der verehrten Personen zu Lebzeiten

Um Gründe für den Ursprung eines Kultes zu erkennen, muß auch
kurz auf die Bedeutung und den Ruf der betreffenden Person zu
deren Lebzeiten eingegangen werden, denn auch diese Aspekte
können maßgeblich an der Kultentstehung beteidigt sein.

Hierbei stellt sich heraus, daß alle bei diesen Untersuchungen
in Frage kommenden Personen für ihre jeweilige Umgebung keine
"unbeschriebenen Blätter" waren, sondern in irgendeiner Weise
hervorstachen:

Pauline von Mallinckrodt und Theresia Bonzel durch ihre Bedeutung als Ordensstifterinnen, die durch diese Funktion irgendwie immer den "Ruf der Heiligkeit" tragen, Clemens August Graf
von Galen als bischöflicher Gegner des nationalsozialistischen
Systems, Anna Katharina Emmerick infolge des Bekanntwerdens

ihrer Visionen und Stigmata, Kaspar Schwarze durch seinen ungewöhnlichen "Beruf"[26], Jordan Mai durch seine Tätigkeit als Küster in der Dortmunder Franziskanerkirche, die ihn zwar nicht
überregional bekannt gemacht hat, ihn jedoch für die Mitglieder der betreffenden Gemeinde und darüber hinaus für verschiedene Dortmunder Bürger kennzeichnete und Schwester Euthymia
durch ihre Arbeit in der Krankenpflege in Dinslaken und durch
ihre Tätigkeit in der Waschküche der Klinik in Münster[27].

3.3
Tod und Begräbnis

Diese unterschiedliche Bekanntheit der verschiedenen Personen
wirkte sich auch bei deren Tod aus.

Bischof von Galen[28], Theresia Bonzel[29] und Pauline von Mallinckrodt[30] kam aufgrund ihrer offiziellen kirchlichen Position
ein besonderes Begräbnis zu[31], über eine Verehrung besonderer
Art ist jedoch aus dieser Zeit nichts überliefert.

Ausführlichere Kenntnisse haben wir über die Verehrung von Jordan Mai und Euthymia Ueffing, deren Begräbnisse zwar keine ungewöhnlichen Menschenmengen herbeiriefen[32], die aber anscheinend bei ihrer Aufbahrung bereits verehrt[33] und vereinzelt um
Fürbitte angerufen wurden; die erste Gebetserhörung einer Fürbitte über eine Hilfe der Schwester Euthymia stammt bereits
aus der Zeit, als sie noch als Leiche in der Kapelle des Mutterhauses aufgebahrt war[34].

Bei Bruder Jordan Mai sind schon zur Zeit seiner Aufbahrung
erste Anzeichen eines "Reliquienkultes" durch vereinzelte Devotanten festzustellen, die um Stücke seines Ordensgewandes
baten und zunächst auch vom Kloster erhielten[35]. Als dann "aus
Angst vor Unannehmlichkeiten... das Verteilen des Habits bald
wieder eingestellt"[36] wurde, befriedigte man den Wunsch nach
Andenken mit Erde oder Blumen vom Grab.

3.4
Frühe Verehrung?

An dieser Stelle sind wir an einem wichtigen Punkt für die Frage der Kultentstehung angelangt: Was bisher beschrieben worden ist, Ruf und Bedeutung im Leben oder Besuch der aufgebahrten Leiche sowie Teilnahme am Begräbnis, sind letztlich Formen, die jedem Verstorbenen mehr oder weniger zukommen.

Interessant werden jetzt die Begebenheiten am Grab und die Anrufung des Verstorbenen als Helfer in verschiedenen Nöten.

3.4.1
Grab

Ausgangspunkt für den Heiligenkult ist häufig das Grab des Verstorbenen (so z.B. bei der Entstehung der christlichen Märtyrerkulte an deren Gräbern), das Grab ist das wichtigste Kultobjekt, es wird von den Devotanten besucht, geschmückt, dort wird zu den verehrten Personen gebetet. "Das Grab ist die Wohnung... des Toten, der darin auf geheimnisvolle Weise weiterlebt"[37].

Deshalb ist es für das Gebet zum Heiligen ein besonders wirkungsvoller Ort, ohne dessen Vorhandensein und Zugänglichkeit die Entstehung eines Heiligenkultes stark gehindert wird[38].
Erst nach der Sanktion durch die kirchliche Selig- oder Heiligsprechung scheinen sich auch räumlich entferntere Kulte (Grab im Ausland oder völlig unbekannt) durchzusetzen.

Bei den Grabbesuchen wird das Grab zu einer Kultstätte, an der nicht nur gebetet, sondern an der auch äußerliche Handlungen vollzogen werden, z.B. durch Stiften von Blumen- und Kerzenopfern[39].

Frühe Nachweise solcher und ähnlicher "Geschenke" sind durch alte Fotos der Gräber zu erhalten:

Abb. 9:
Grab der Anna Katharina Emmerick, ältestes erhaltenes Photo (aus: "Grabstätte Anna
Katharina Emmerick in der Kryp
ta der Heilig-Kreuz-Kirche
Dülmen", S. 9)

Abb. 10:
Grab der Anna Katharina Emme-
rick um 1900 (wie Abb. 9,
S. 5)

Abb. 11:
Grab der Anna Katharina Emmerick 1946 (wie Abb. 9,
S. 13)

Abb. 12:
Grab der Anna Katharina
Emmerick bis 1975 (wie Abb. 9,
S. 14)

Abb. 13:
Grab von Kaspar Schwarze bis
1933 (aus: Athanasius Bierbaum, "Betkaspar", Werl 1927,
S. 34 a)

Abb. 14:
Grab von Bruder Jordan Mai
1923 (aus: Athanasius Bierbaum, "Von Dortmunds Franziskanern in alter und neuer
Zeit", Werl 1924, S. 84)

Abb. 15:
Grab von Euthymia Ueffing, 2. Hälfte der 1950er Jahre (aus:
"Ich diente und mein Lohn ist Frieden", Münster [7]1977, S. 97 a)

Abb. 16:
Grab von Euthymia Ueffing, um 1960 (aus: Magda-
lena Padberg, "M. Euthymia, Clemensschwester",
Recklinghausen 1977, S. 5)

In dieser Frage sind keine Nachweise zu finden bei Pauline von
Mallinckrodt, deren Grab sich von Anfang an in der sogenannten
Konraduskapelle des Mutterhauses in Paderborn befand. Frühe
Fotos oder Beschreibungen dieses Grabes konnte der Verfasser
noch nicht ausfindig machen. Ebenso fehlen bisher Unterlagen
über das alte Grab von Theresia Bonzel, das zunächst bis 1930
auf dem öffentlichen Friedhof in Olpe lag[40].

Über diese beiden Gräber sind somit für die früheste Zeit des
Kultes keine Aussagen zu machen.

Von Bischof Galens Grab im Münsterschen Dom ist in der vorhandenen frühen Literatur wenig die Rede. So wird man nach 1946
zunächst wohl kaum mit einem übermäßigen Schmuck rechnen dürfen[41]. Mehrere Fotos existieren von Anna Katharina Emmericks
Grabstätte auf dem Friedhof in Dülmen. Das älteste hiervon
- nach 1858 entstanden, da auf ihm bereits das in diesem Jahr
gestiftete Grabkreuz zu sehen ist - zeigt das Grab mit einigen
Topfblumen geschmückt, umgeben von einem Gitter, davor eine
kleine Kniebank[42]. Leider sind vom Tod Anna Katharina Emmericks
bis zu dieser Aufnahme bereits mehr als drei Jahrzehnte vergan-
gen, so daß es keine Quelle mehr für eine frühe Verehrung sein
kann.

Von den drei übrigen Kulten, - Kaspar Schwarze, Jordan Mai und
Euthymia Ueffing -, schließlich sind frühe Fotos des Grabes erhalten:

Das von Kaspar Schwarze[43] ist nicht übermäßig geschmückt, sondern zeigt lediglich einen größeren Blumenstrauß und ein Grabkreuz. Aber in diesem Fall ist schon die Tatsache der Pflege
interessant, da es sich um einen Mann ohne Verbindung zu seinen Verwandten handelt. So ist auch die verbürgte Pflege dieses Grabes durch Einzelpersonen ein Hinweis auf mögliche erste
Devotanten[44]. Auch das Grab des Jordan Mai zeigt in einer Aufnahme von 1923[45] - also ein Jahr nach dessen Tod -, zwar keine
großen Blumenmengen, sticht jedoch im Schmuck deutlich von den
übrigen Franziskanergräbern ab.

Am auffälligsten ist schon früh das Grab der Euthymia Ueffing geschmückt, es weist bereits auf einem frühen Foto starken Blumen- und Kerzenschmuck auf[46].

Neben Blumen- und Kerzenopfern sind weitere frühe Geschenke für die Gräber interessant, so die Grabkreuze, die für Kaspar Schwarze[47] und Jordan Mai[48] von Devotanten gestiftet wurden.

Schließlich muß hier noch hingewiesen werden auf eine Verehrungsform besonderer Art, die sowohl bei Kaspar Schwarze und Euthymia Ueffing, am ausgeprägtesten aber wohl bei Jordan Mai auftrat: das Mitnehmen und "Anwenden" von Graberde.

"Das Grab hat Zauberkraft..., Berührung kann gefährlich, aber auch heilend sein"[49], besonders "Erde von Gräbern dient als Heilmittel gegen Krankheit"[50]. Deshalb wird die Erde von Heiligengräbern oder Blumen- und Pflanzenteile von den Gräbern der Verehrten gern mitgenommen, als eine Art Reliquie.

Diese Art der "Andenken-Beschaffung" trat beim Grab Jordan Mais sofort auf, als die Franziskaner nicht mehr bereit waren, "Reliquien" aus dem Habit des Verehrten abzugeben, wohl im Jahr 1923. Dabei nahm die Gewohnheit, Erde oder Pflanzenteile mitzunehmen, ungeahnte Ausmaße an, so daß das Grab 1926 durch ein Eisengitter vor den Zugriffen der Devotanten geschützt wurde[51]. Schon vorher hatten die Friedhofsgärtner regelmäßig die Graberde mit einer Schubkarre auffüllen müssen[52].

3.4.2
Fürbitte und Gebetserhörung

Grabverehrung allein genügt jedoch nicht als Nachweis eines Heiligenkultes.

Theologisch[53] wie volkskundlich[54] ist ein notwendiges Indiz für die Heiligenverehrung das Gebet der Devotanten zu den verehrten Personen um deren Fürbitte und Hilfe.

Wann drückt sich diese Auffassung durch Mitteilung von Gebetserhörungen in den zu bearbeitenden westfälischen Fällen aus?
Auch in dieser Frage zeigen sich unterschiedliche Ergebnisse:
Während bei Anna Katharina Emmerick, Pauline von Mallinckrodt[55], Theresia Bonzel[56], Kaspar Schwarze[57] und Graf von Galen kein unmittelbarer Einsatz der Mitteilungen von Erhörungen
zu verzeichnen ist, ist dies bei Jordan Mai und Euthymia Ueffing der Fall: Im Kloster in Dortmund rechnete man zwar zunächst der Verehrung keinen weiteren Wert zu und verwahrte die
ersten Erhörungen nicht[58], mit dem Wechsel der Klosterleitung
kam dann aber doch Interesse an der Verehrung Jordan Mais auf,
so daß die Mitteilungen ab 1923 archiviert wurden[59].

Bei Euthymia Ueffing wurde jeder Nachweis einer Verehrung vom
Orden aus sofort gesammelt, so daß hier bis zurück in die Zeit
der Aufbahrung der Leiche Erhörungen vorliegen[60].

Deutlichere Anzeichen für das Bestehen einer frühen Verehrung
ergeben sich bisher also nur bei Jordan Mai und Euthymia Ueffing, da bei ihnen sowohl Grab- als auch Gebetsdevotion bald
nach dem Tod einsetzten.

3.4.3
Erste Gebets- und Erbauungsliteratur

Eine früh entstehende Verehrung einer Person durch Kreise der
Bevölkerung bietet sich an, durch die jeweilige kirchliche Instanz aufgegriffen und vertieft zu werden auf einen möglichst
baldigen Seligsprechungsprozeß hin, vor allem durch helfende
Gebets- und Erbauungsliteratur[61].

Ein möglichst baldiges Erscheinen dieser Literatur nach dem Tod
der verehrten Person muß nicht nur ein Beweis für die kirchliche
Förderung des betreffenden Kultes sein, sondern ist ebenso ein
Hinweis auf eine vorher existierende Verehrung, die sich zu fördern lohnte, in welchen Quantitäten sie auch immer vorher bestanden hatte[62].

Denn nur, wenn schon eine Verehrung in irgendeiner Form besteht,
kann der Gedanke kommen, diese weiter auszubauen.

Früheste Gebets- oder Erbauungsliteratur[63]:

Theresia Bonzel, + 1905:	1933
Anna Katharina Emmerick, + 1824:	1902 (?)
Clemens August Graf von Galen, + 1946:	1972 (?), Gebetszettel
Pauline von Mallinckrodt, + 1881:	Zahlreiche biographische Literatur, jedoch zunächst ohne Ansätze von Erbauungsliteratur. Spezifische Erbauungsliteratur 1924.
Jordan Mai, + 1922:	1924, 1926, 1928
Kaspar Schwarze, + 1911:	1927
Euthymia Ueffing, + 1955:	1957, 1959

Eine schlüssige Reihenfolge ist auch in dieser Frage bei den Kulten von Jordan Mai und Euthymia Ueffing festzustellen. Hier folgt auf frühe Verehrungstendenzen als Reaktion des Ordens die Herausgabe von Erbauungsliteratur. Durchaus wichtig ist in diesem Zusammenhang die Tatsache, daß zwischen Todesjahr und erstem Erscheinen einer Erbauungsschrift noch eine kurze Zeit (Jordan Mai: zwei Jahre // Euthymia Ueffing: zwei Jahre) vergeht, in der bereits Erklärungen von Gebetserhörungen vorliegen.

Gebetserhörungen sind also in dieser Zeit unmöglich eine Reaktion auf vorhandene Erbauungsliteratur!

3.5
Seligsprechungs-Wunsch

Konsequent führt dieser Weg bei Jordan Mai und Euthymia Ueffing bald in den Beginn des Bischöflichen Informativprozesses, der "ersten Instanz" des Seligsprechungsprozesses[64].

Bei den Kulten von Anna Katharina Emmerick, Pauline von Mallinckrodt und Theresia Bonzel setzt der Bischöfliche Prozeß erst
Jahrzehnte nach dem Todesjahr ein[65], bei Kaspar Schwarze und
Graf von Galen kennen wir sogar genauer die Umstände des Pro-
zeßbeginns: 1933 formuliert ein in Werl tagender Tertiarenkongreß[66] der Bistümer Paderborn, Münster und Osnabrück ein Ge-
such an den Bischof von Paderborn mit der Bitte um Einleitung
des Seligsprechungsprozesses für Kaspar Schwarze[67], angeblich
als eine von Pater Athanasius Bierbaum geplante Gegenmaßnahme
zum Personenkult des Nationalsozialismus[68].

1956 bittet die "Confraternitas Sacerdotum Bonae Voluntaris",
eine Priestergemeinschaft des Bistums Münster, nach ihrer Ge-
neralversammlung in Telgte den Bischof von Münster um Einleitung des Informativprozesses für Kardinal von Galen[69]. Sie bittet, daß die "Schritte getan werden, die im menschlichen Bereich liegen", und ist sicher, daß Gott "auch die für eine Seligsprechung erforderlichen Wunder wirken" wird[70]. Dieser Bitte
um die Eröffnung des Prozesses schließen sich etwa 1000 Priester des Bistums und mehrere katholische Verbände an[71].

3.6
Neue Kulte: Eine Synthese aus Volksbedürfnis und kirchlichem
Wunsch

Nach den vorliegenden Ergebnissen treffen für die Entstehung
der westfälischen Kulte beide Entwicklungsmöglichkeiten zu, die
erste, die auf einer beginnenden Verehrung im Volk aufbaut sowie die zweite, an deren Anfang der Wunsch nach kirchlichen Ehren für eine bestimmte Person steht[72].

Der Weg vom Toten- zum Heiligenkult kann demnach mit einer Verehrung der von den Gläubigen ausgewählten Personen (Schauerte)
oder mit kirchlich "angebotenen" Personen (Assion) beginnen[73].

In beiden Fällen zeigt sich jedoch eine gleiche Interessenhal-
tung bei Gläubigen und Amtskirche, die Devotanten "entwickeln"
entweder selbst Kulte oder nehmen angebotene bereitwillig auf,

- es besteht also irgendwie das Bedürfnis für diese Kulte -,
die "Amtskirche" führt beide Kultformen zur kirchlichen Sank-
tionierung durch die Seligsprechung, soweit sich eine inner-
kirchliche Gruppe findet, die bereit und fähig ist, die für
diesen Prozeß nötigen Aus- und Aufgaben zu übernehmen[74].

"Von Nichts kommt Nichts!" Diese Redensart ist in bezug auf die
Entstehung neuer Heiligenkulte in doppelter Weise anwendbar:
Steht keine wenn auch noch so geringe Form der Verehrung (sei's
im Volk, sei's im Orden) am Anfang, ist auch kein Anlaß gegeben,
einen Seligsprechungsprozeß zu beginnen; wird diese anfängliche
Verehrung nicht durch fördernde Initiativen aufgefangen und unterstützt, so geht sie im Laufe der Jahre ein.

Letztlich sind also beide zu Beginn dieses Abschnitts geschilderten Entwicklungstheorien gar nicht so weit voneinander ent-
fernt, wie es zunächst den Anschein hat.

Man muß nur die einzelnen Etappen der Entwicklung genauer beschreiben: Denkt man nämlich beim spontanen, im Volk entsprin-
genden Kultbeginn (Schauerte) an große Menschenmengen und Ausmaße eines Wallfahrtsortes und nicht an einen bescheidenen kleinen Anfang, so wird man kaum Hinweise bei irgendwelchen neuen
Kulten hierfür finden; auf der andern Seite kann und braucht
man sich nicht zu scheuen zuzugeben, daß jeder Kultursprung
in diesen bescheidenen Ausmaßen von kirchlichen Gruppen weiter
ausgebaut wird.

Nicht konträr-gegeneinander, sondern zusammen gesehen,werden
beide "Kultentstehungstheorien" sinnvoll.

3.7
Seligsprechungsprozeß

Mit der "Phase des Seligsprechungsprozesses" beginnt für den
Kult die Zeit, in der er auf der einen Seite durch Schriftenpublizierung gefördert wird, auf der andern Seite aber auch
strengen kirchlichen Maßstäben unterworfen ist, die sich auf
die äußerlich sichtbaren Kultphänomene beziehen und auswirken.

3.7.1
Entstehung und Sinn des Prozesses[75]

Um öffentlich kirchlich als Heiliger (bzw. Seliger[76]) kultisch verehrt werden zu dürfen[77], muß die Heiligkeit der betreffenden Person in einem kirchenrechtlichen Prozeß anerkannt worden sein. Dieser Prozeß konnte ursprünglich (bis ins 12. Jahrhundert) von jedem Bischof geleitet werden, wurde dann aber vom Papst für sich allein beansprucht; 1634 wird die Möglichkeit der Seligsprechung den Bischöfen ebenfalls genommen.

Da durch überlange Prozeßdauer viele Prozesse in Rom nie oder zumindest viel zu spät zum Abschluß kommen werden, ist in der Gegenwart eine starke Kritik an dieser Form der Kanonisation entstanden. So fordert der katholische Pfarrer Heinrich B. Sander die Beschleunigung der Prozesse, indem den Bischofskonferenzen der betreffenden Länder zumindest die Fakultas der Seligsprechung zurückgegeben wird[78].

3.7.2
Konsequenzen für den Kult

Der Beginn eines Seligsprechungsprozesses hat für den untersuchten Kult eine zweifache Konsequenz: Einmal wird der zu bearbeitende Fall in einem Teilprozeß "super non cultu" dahingehend untersucht, ob bisher noch keine öffentliche Verehrung[79] des Verstorbenen stattgefunden hat. Da ein Nichtbestehen dieses Teilprozesses die Einstellung des Gesamtprozesse zur Folge hat, ist die jeweils tragende kirchliche Institution bestrebt, keinerlei Hinweise auf eine öffentliche Verehrung zu zeigen. Zum andern wird vom kirchlichen Gerichtshof eine private Volksverehrung durchaus gefordert, die sich in Gebetserhörungen und Wundern auszudrücken hat. In dieser Frage muß die tragende Institution sich also bemühen, Hinweise zu bringen.

Beide Tatsachen, Beschränkung und Forderung, haben aber - wie
in dem folgenden Abschnitt erkennbar wird -, für die Kulte eine
eindeutige Folge: Sie werden vereinheitlicht, auf einen Nenner
gebracht, der besondere volksfromme Ausdrucksformen nur noch
schwer entstehen läßt und duldet.

4.

ENTWICKLUNG SEIT BEGINN DES SELIGSPRECHUNGSPROZESSES UND
HEUTIGES AUSSEHEN DER KULTE

4.1
Schriftenwerbung

Eine bedeutende Rolle bei der überregionalen Verbreitung des
sich anbahnenden Heiligenkultes kommt in der Folgezeit, besonders vom Beginn des Seligsprechungsprozesses an, der Veröffentlichung von Schriften über die verehrte Person zu[80]; dieser
Weg der Publizierung wird u.a. wohl deshalb gewählt, weil er
auf einfache Art und Weise Devotanten in verschiedensten Gebieten erreichbar macht.

Auf die Bedeutung dieser Veröffentlichungen äußert sich Assion
in bezug auf die Verehrung der Ulrika Nisch dahingehend, daß
"das Ulrika-Schrifttum den Ulrika-Kult maßgeblich propagiert
und geformt hat"[81].

Da die Schriften, die von den tragenden Organisationen eines
Seligsprechungsprozesses (Orden oder Bistum) herausgegeben werden, alle dieselbe Absicht haben, nämlich die Information über
die Person des Verehrten sowie über dessen Prozeßverlauf und
hierdurch eine Werbung für den Kult, läßt sich eine vereinheit-
lichende Funktion der Schriften bei den westfälischen Kulten
ebenfalls erkennen.

4.1.1
Schriftengruppen

Die unterschiedlichen Veröffentlichungen zu den einzelnen Kulten lassen sich in verschiedene Gruppen gliedern, die durch In-

halt, Form, Funktion und Herausgeber zu unterscheiden sind;
diese Gruppen von Veröffentlichungen sollen näher untersucht
werden[82].

4.1.1.1
Erbauungs- und Gebetsliteratur

Zu dieser Gruppe sollen alle die Veröffentlichungen gezählt werden, die von der tragenden kirchlichen Organisation zur Verbreitung und Vertiefung der einzelnen Kulte herausgegeben werden;
man könnte diese Schriften also auch "primäre Verehrungsliteratur" nennen im Gegensatz zu Veröffentlichungen, die nur indirekt den Kult fördern (siehe unten!).

Zu diesen Veröffentlichungen erbaulicher Art[83] zählen zunächst
besonders die Viten der verehrten Personen, die das Leben der
"kommenden Heiligen" breiten Kreisen bekannt machen sollen und
seinen Vorbildcharakter[84] darstellen.

Bei der Publizierung dieser Viten zeigen sich in den letzten
Jahren - wie Korff feststellt - "neue Tendenzen"[85]. Im Gegensatz zur bisherigen Devotionalliteratur, die aus ihren teilweise legendären Inhalten keinen Hehl machte, bemühen sich die Verfasser der neueren Viten um einen vermeintlich "historischen
Ansatz", ohne jedoch im Gesamtkonzept der Schriften auf deren
legendär-erbauliche Inhalte zu verzichten[86]. Versucht wird eine
modern-wissenschaftliche Darstellung, - Eilers nennt seine Biographie über Bruder Jordan nicht umsonst "Ein Bericht seines
Lebens" -, die im Endergebnis vorliegenden Schriften verbinden
dann jedoch immer wieder Legende und Wahrheit miteinander, die
wohl auch sehr nah beieinander liegen. Daß gerade an dieser
Form der biographischen Erzählung bei den Devotanten ein größeres Interesse besteht als an nüchterneren Berichten zeigt die
Tatsache, daß aus der Literatur über Schwester Euthymia Ueffing
das in herkömmlicher Art und Weise gestaltete Buch von Wendelin
Meyer wesentlich stärker gefragt ist als der Bericht des Abbé
Eche[87].

Aus der Auswahl der vorliegenden Beispiele der Erbauungs-Viten
sollen jetzt stellvertretend zwei Veröffentlichungen über Bruder Jordan Mai untersucht werden. Die erzielten Ergebnisse sind
durchaus auf die andere biographische Literatur zu übertragen.

Die erste größere Veröffentlichung über Bruder Jordan Mai, die
"Gedanken und Erinnerungen" seines ehemaligen Vorgesetzten Pater Eleutherius Ermert ofm aus dem Jahre 1928, schildert die
Person des Dieners Gottes noch mit einem relativ objektiven Ansatz, auch Nachteiliges wird nicht verschwiegen oder zugleich
durch Erklärungen relativiert. Jordan Mai wird als "von Natur
aus mittelmäßig veranlagt, von starkem Körperbau, etwas schwer-
fällig, jedoch in der Arbeit nicht ungeschickt, mit vorgeneig-
tem Haupte, blassem, fast unschönen Gesicht und matten, gesenk-
ten Blicke" beschrieben, "es lag in seiner äußeren Erscheinung
kaum etwas, das ihn als Menschen hätte äußerlich empfehlen können"[88]. Interessant ist in diesem Zusammenhang auch, daß das
Titelbild der ersten Auflage (1928) Jordan Mai als jüngeren
Mann zeigt, während schon die dritte Auflage (1930) das wesentlich "heiligere" Foto des alten Bruder Jordan mit recht melan-
cholischem Gesichtsausdruck zeigt. Gut dreißig Jahre später verfaßt Eilers 1962 seinen Bericht über Bruder Jordans Leben, für
den die gesamten vorliegenden Unterlagen, besonders auch die
Seligsprechungsakten als Quellen dienen. Vergleicht man nun diesen Bericht mit den Gedanken und Erinnerungen des Augenzeugen
Ermert, so stellt man fest, wie die Zeit Einstellungen verändern kann, wie Negatives vergessen und Positives glorifiziert
wird.

Bruder Jordan Mai wird uns vorgestellt als ein Beispiel tiefer
Gläubigkeit, Gottvertrauens, ein Vorbild der Bescheidenheit,
Demut, Einfachheit und Brüderlichkeit, als ein großer Beter mit
ausgeprägten theologischen Tugenden: heroischer Glaube, Hoffnung, Gottes- und Nächstenliebe, Klugheit, Gerechtigkeit, Mäßi-
gung, Starkmut, Gehorsam, Armut, Keuschheit und Demut[89].

Dieser Charakter wurde in einer gläubigen, stark katholisch ge-
prägten Familienidylle ausgebildet, und schon bei Beschreibungen des jungen Heinrich Mai scheint immer wieder der offen-

sichtliche Eindruck der Heiligkeit durch. Nach einer vorbild-
lichen Militärzeit folgt dann konsequent der Eintritt ins Kloster.

Alles in allem vielleicht eine etwas zu ideale Schilderung der
Persönlichkeit Jordan (Heinrich) Mai, die ihn manchmal zu einseitig zeigt.

Als "übernatürliche Bestätigungen" der Heiligkeit Jordans er-
eignen sich dementsprechend Voraussagung (des Namens des neuen
Papstes Pius XI[90]), Wunder (Heilung seiner Schwägerin[91]), Visionen (Erscheinen eines verstorbenen Mitbruders[92]) und Voraussage seines eigenen Todes, alles Motive, die zu jeder Heiligen-
biographie gehören[93].

Das soll nun nicht etwa eine Erfindung dieser Ereignisse im Fall
Jordan Mai unterstellen, sondern lediglich darauf hinweisen, daß
Ereignisse dieser übernatürlichen Art häufig zur Lebensbeschreibung eines Heiligen gehören, ob sie sich nun tatsächlich ereig-
net haben oder als fromme Erzählungen im Volk entstanden sind
und dann durch "Gewährspersonen" in die Biographien eingegangen
sind.

Daß gerade diese Viten den Geschmack der Devotanten treffen und
sie deshalb "ankommen", zeigt die Fülle begeisterter Zuschriften auf Eilers Veröffentlichung[94].

Die heutigen Berichte zum Leben der "kommenden Heiligen" sind
also keine Berichte im herkömmlichen literarischen Sinn, auch
wenn sie alle nach Zeugenaussagen entstanden sind. Sie sind
nicht mehr vorwiegend historischer Art, sondern vielfach glori-
fizierend aufgebaut, man will ja nicht irgendjemanden, sondern
"den Heiligen" beschreiben, der eben ein bestimmtes Aussehen
haben muß. Das Positive wird betont, negative Erinnerungen sind
vergessen. Plötzlich zeigt sich deutlich, daß die jeweilige
Person schon zu Lebzeiten ein Heiliger war, was aber zu dieser
Zeit wohl niemand so recht gemerkt hat.

Vergleichbar sind diese Erzählungen also auf theologischer Ebene durchaus den Evangelien des Neuen Testamentes, in welche
nicht nur historische Berichte, sondern auch Reflexionen der
Gemeinden nach dem Tode Jesu eingegangen sind.

Abb. 17:
Beispiel einer Titelseite einer Erbauungsschrift
(Alois Eilers, "Bruder Jordan Mai", Dortmund
1962)

So sind auch die Viten nach dem Tod der heiligmäßigen Personen abgefaßt, zur Zeit einer wachsenden Verehrung; sie sind also keine "mutwilligen" Verfälschungen der historischen Ereignisse, sondern deren Deutungsversuche und somit Werke einer eigenen "Stilrichtung". Entsprechend dieser Thematik der Schriften läßt sich auch eine "Personalunion" bei den Verfassern der Veröffentlichungen zu den verschiedenen Kulten erklären; häufiger treffen wir nämlich auf dieselben Verfassernamen, auch wenn es sich um unterschiedliche Kulte handelt (Bierbaum, Eilers, Meyer, Schürmann), wohl deshalb, weil gerade diese Verfasser die Stilrichtung "Erbauungsschrift" gut beherrschten.

Um Veröffentlichungen anderen Inhalts als dem der Viten, jedoch mit derselben Funktion, nämlich der Kultförderung, handelt es sich bei der Gebetsliteratur[95]. Diese soll den Devotanten in ihrer Verehrung helfen und sie zum Gebet zu den verehrten Personen anleiten. Die bekannteste und am häufigsten verbreitete Form dieser Gebetsliteratur ist die sogenannte Novene[96], die für fast alle westfälischen Diener Gottes existiert, bei Graf von Galen befindet sie sich in der Vorbereitung.

Dieses Intensivgebet hat für alle Kulte einen ziemlich gleichen Aufbau[97]:

Zu Beginn eine Kurzbiographie der verehrten Person und Hinweise zum Gebrauch der Novene[98], dann für jeden der neun Tage ein Gebet zu Gott und zur verehrten Person, als Abschluß das "Vaterunser", "Gegrüßet seist Du, Maria" und "Ehre sei dem Vater".

Die neueren Auflagen der Novenen (Jordan Mai, Theresia Bonzel) bieten demgegenüber eine größere Auswahl an Gebeten, Schriftlesungen, Besinnungen und Erzählungen aus dem Leben der verehrten Person. Es ist hier nicht mehr so stark die Absicht eines Gebetes zur verehrten Person zu spüren, sondern eher ein sich von dieser Person im Beten "führen lassen"; deutlich ausgedrückt in Titeln wie "Mit Bruder Jordan beten" oder "Mutter Maria Theresia Bonzel lehrt uns beten"[99].

Den Abschluß einer Novene bilden dann Gebete für die Seligsprechung des betreffenden Dieners Gottes und Gebete als Dank für eine Erhörung.

Novene

zur gottseligen

Anna Katharina Emmerick

*1774   †1824

Herausgegeben von

P. Erhard Wagenhäuser OSA

Zweite Auflage
1974

Augustinus-Verlag Würzburg

Waltram Schürmann ofm

Neuntägige Andacht

zu Mutter Maria Theresia Bonzel

1 9 7 6

Mutterhaus der Franziskanerinnen, Olpe

Abb. 18 a:
Beispiele für "Neuntägige Andachten" I

P. Athanasius Bierbaum O. F. M.

NEUNTÄGIGE ANDACHT ZU BRUDER JORDAN MAI

Zwölfte Auflage
151.—160. Tausend

1 9 5 6

Dietrich-Coelde-Verlag, Werl/Westf.

P. THEO MASCHKE OFM

NEUNTÄGIGE ANDACHT ZU BRUDER JORDAN MAI

1 9 7 8

JORDANWERK DORTMUND
(Selbstverlag)

Abb. 18 b:
Beispiele für "Neuntägige Andachten" II

SCHWESTER MARIA EUTHYMIA

NOVENE

UM IHRE SELIGSPRECHUNG

UND IN PERSÖNLICHEN ANLIEGEN

VON P WENDELIN MEYER O.F.M.

Novene

zu Ehren der allerheiligsten Dreifaltigkeit, um durch die Vermitt-
lung der Dienerin Gottes PAULINE
von MALLINCKRODT Hilfe in schweren Anliegen zu erlangen.

Im Namen des Vaters...

O Gott, du Quelle aller Heiligkeit und Urheber alles Guten, der
du durch deine wunderbare Gnade
unsere Mutter und Stifterin, die
Dienerin Gottes PAULINE zur Gründung einer religiösen Genossenschaft berufen und durch ihre Tätigkeit auf Erden den Menschen
viele Wohltaten erwiesen hast: wir
denken dir für die Liebe, mit der
du über ihrem Leben und ihrem le-
benswerk gewacht hast, und bitten
dich demütig, du mögest zeigen, daß
du sie auch im Himmel zu unserer

wird erlebt und in Ewigkeit über
alles gepriesen der gerechteste
in seinen Höhen und Tiefen uner-
forschliche, allgebietende und in
allen seinen Fügungen unendlich
weiseste und liebenswürdigste
Wille Gottes von nun an bis in
Ewigkeit. Amen.

Ehre sei dem Vater...

(Zum Privatgebrauch der Schwestern)

Abb. 18 c:
Beispiele für "Neuntägige Andachten" III

P. THEO MASCHKE OFM

MIT
BRUDER JORDAN
BETEN

1 9 7 2

JORDANWERK DORTMUND
(Selbstverlag)

S. F. BRÜGGEMANN

Mutter
Maria Theresia Bonzel
lehrt uns beten

Ein Beitrag zu ihrer Spiritualität

Abb. 19:
Beispiele für weitere Gebetsliteratur

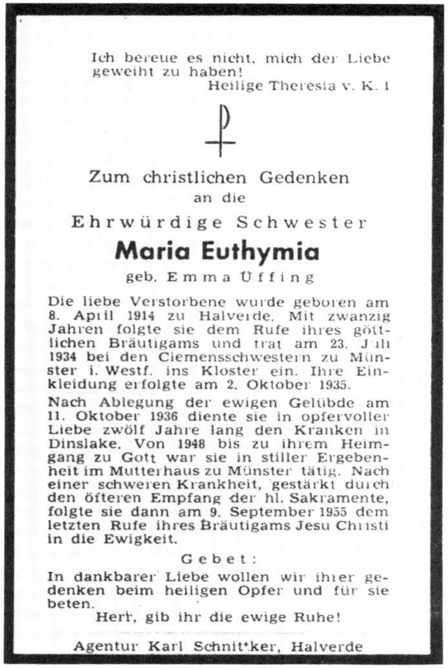
Ich bereue es nicht, mich der Liebe geweiht zu haben!
Heilige Theresia v. K. I

Zum christlichen Gedenken
an die
Ehrwürdige Schwester
Maria Euthymia
geb. Emma Üffing

Die liebe Verstorbene wurde geboren am 8. April 1914 zu Halverde. Mit zwanzig Jahren folgte sie dem Rufe ihres göttlichen Bräutigams und trat am 23. Juli 1934 bei den Clemensschwestern zu Münster i. Westf. ins Kloster ein. Ihre Einkleidung erfolgte am 2. Oktober 1935.

Nach Ablegung der ewigen Gelübde am 11. Oktober 1936 diente sie in opfervoller Liebe zwölf Jahre lang den Kranken in Dinslake. Von 1948 bis zu ihrem Heimgang zu Gott war sie in stiller Ergebenheit im Mutterhaus zu Münster tätig. Nach einer schweren Krankheit, gestärkt durch den öfteren Empfang der hl. Sakramente, folgte sie dann am 9. September 1955 dem letzten Rufe ihres Bräutigams Jesu Christi in die Ewigkeit.

Gebet:
In dankbarer Liebe wollen wir ihrer gedenken beim heiligen Opfer und für sie beten.
Herr, gib ihr die ewige Ruhe!

Agentur Karl Schnitker, Halverde

Abb. 20:
Totenzettel für Euthymia Ueffing. Im Unterschied zu den Gebetszetteln finden sich hier noch keine Spuren von Verehrung der verstorbenen Person (aus: Magdalena Padberg, "M. Euthymia, Clemensschwester," Recklinghausen 1977, Seite vor der Einleitung, ungezählt)

O Gott, Du hast im Herzen Deiner Dienerin Mutter Maria Theresia eine tiefe Liebe zu den Idealen des heiligen Franziskus erweckt und sie befähigt, Dich durch die Gründung einer Ordensfamilie zu verherrlichen. Du hast sie geleitet, anderen ein Vorbild der Demut und Güte zu sein. Du wecktest in ihrem Herzen eine tiefe Verehrung des heiligsten Altaresakramentes. Du führtest sie durch Kreuz und Leid zur Vollendung. In Demut bitte ich Dich: Verherrliche Dich in Deiner Dienerin. Gewähre mir auf ihre Fürsprache, um was ich inständig flehe . . .

Laß ihr bald die öffentliche Verehrung zuteil werden, damit ihr Lebensbeispiel viele Menschen zu wahrer Demut und Liebe entflamme und sie Dich verherrlichen, der Du uns in Deinem Sohne das für immer gültige Vorbild der Demut gegeben hast. Darum bitten wir Dich durch Jesus Christus, Deinen Sohn, unseren Herrn, der mit Dir und dem Heiligen Geiste lebt und herrscht von Ewigkeit zu Ewigkeit. Amen.

✝

Gebetserhörungen, die man der Fürbitte Mutter Theresias zuschreibt, möge man dem Mutterhaus der Franziskanerinnen, 596 Olpe, mitteilen.

Mit kirchlicher Druckerlaubnis

Mutter Maria Theresia Bonzel
1830 – 1905

Schon wegen ihrer Pioniertätigkeit auf den Gebieten sozialer Fürsorge hatte Maria Theresia Bonzel verdient, über Jahrhunderte hinweg im Gedächtnis der Menschen weiterzuleben. Als erste schuf sie im Sauerland ein Heim für Waisenkinder, machte vielerorts die systematische Behandlung der Kranken durch Errichtung von Krankenhäusern und durch ambulante Krankenpflege möglich. Daneben gründete sie für den weiten Umkreis von Olpe die erste höhere Mädchenschule, tat viel für die Weiterbildung schulentlassener Mädchen und junger Frauen und wurde so lange vor der Zeit zur Wegbereiterin der aus dem heutigen Bildungswesen nicht mehr wegzudenkenden Volkshochschule. Doch dies ist nicht alles, wodurch Maria Theresia Bonzel sich verdient gemacht hat. Als junges Mädchen durch eine Herzerkrankung für ein lebenslanges, sich selbst bemitleidendes Kreisen um den eigenen kranken Körper bestimmt, gründete sie im Auftrag von Bischof Konrad Martin (Paderborn) eine Gemeinschaft von Franziskanerinnen, durch welche sie ihr großes Sozialwerk erst zur Entfaltung und zum Tragen brachte. Das Größte an ihr wurde aber ihre einzigartige Mütterlichkeit. In ihrer selbstlosen Liebe und Herzlichkeit wußten sich sowohl die vielen Hundert Schwestern, welche sich ihrer Gemeinschaft anschlossen, die Notleidenden, die von ihr und ihren Helferinnen betreut wurden, sowie die Menschen aller Schichten, die mit ihr in Berührung ka-

men, geborgen. – Um die Mitte des 19. Jahrhunderts, in einer Zeit wirtschaftlicher Not, rapider Bevölkerungszunahme und sozialer Umschichtung, begann sie, das Ideal des heiligen Franziskus von Assisi (1183-1226) – ihrer Zeit angepaßt – neu zu verwirklichen. Von göttlichem Eifer angespornt, wollte sie nicht für sich selbst dasein, sondern so vielen Menschen wie möglich helfen. Für sich und für ihre Mitschwestern hat sie das bescheidene, ja, arme Leben gewählt, um andere zu bereichern. Es ist überflüssig zu betonen, daß die Quellen ihrer Kraft aus einem tiefreligiösen Leben, das sich in steter Anbetung Gottes zu verzehren verlangte, sprudelten. – Schon zu ihren Lebzeiten hatte sich das Werk Maria Theresias, die von allen wie selbstverständlich „Mutter" genannt wurde, weit über Westfalen hinaus und in den USA ausgebreitet. In jüngster Zeit wirken auch in Brasilien und auf den Philippinen Schwestern ihrer Gemeinschaft. – Heute möchten viele Menschen, die dieses mustergültige Leben bewundern, Mutter Maria Theresia Bonzel von der Kirche anerkannt wissen. Sie wenden sich voll Vertrauen in ihren Nöten an sie und beten darum, daß der bereits eingeleitete Seligsprechungsprozeß von Erfolg gekrönt werde.

GOTT FÜHRT, ICH GEHE

(Mutter M. Theresia Bonzel)

Abb. 21:

Gebetszettel M. Theresia Bonzel, o. J.

A. M. von Oer

Anna Katharina Emmerick

stigmatisierte Augustinerin

geboren in Flamschen am 8. September 1774
gestorben in Dülmen/Westf. am 9. Februar 1824

Gebet um Seligsprechung
der Dienerin Gottes

Anna Katharina Emmerick

Gekreuzigter Heiland! Durch Deine Wunden und Leiden hast Du uns die Erlösung gebracht. Dein heiliges Kreuz ist unser Trost- und Siegeszeichen im Leben und im Sterben. Du bedienst Dich Deiner Heiligen, um durch ihre Wunden und Leiden uns Deine erlösende Liebe wieder vor Augen zu halten. Wir bitten Dich, verherrliche Deine treue Dienerin Anna Katharina, die Du mit Deinen Wundmalen geschmückt und so tief in das Geheimnis Deines Leidens eingeführt hast. Verherrliche in ihr auch Deine heilige Kirche, die die Mutter Deiner Heiligen ist. Gib uns in Deiner wundengeschmückten Leidensbraut eine neue Fürsprecherin und Helferin in allen Nöten. Vermehre durch sie unseren Glauben, unser Vertrauen, erwecke in uns durch sie neue Liebe zu Dir, unserem Heiland und Deiner heiligen Kirche. Verleihe uns in ihr ein Beispiel der Sühne, der Heiligkeit und der Beharrlichkeit, schenke uns eine neue Führerin zum ewigen Leben. Amen.

Mit kirchlicher Druckerlaubnis
Bildchen und Schriften bei:
EMMERICKHAUS · 4408 Dülmen · A.K. Emmerickstr. 28

Abb. 22:
Gebetszettel Anna Katharina Emmerick, o.J. , um 1975

"Gedenket eurer Vorsteher, die euch das Wort Gottes verkundet haben" (Hebr. 13,7)

Clemens August Graf von Galen wurde am 16. März 1878 auf Burg Dinklage im Oldenburgischen Teil des Bistums Münster aus einer kinderreichen katholischen Adelsfamilie geboren. Sein Vater war Graf Ferdinand Heribert von Galen, seine Mutter Elisabeth geb. Gräfin von Spee. Die Erziehung im Elternhaus war geprägt von tiefer Frömmigkeit und starkem Familiensinn. Die Gymnasialstudien machte er bei den Jesuiten in Feldkirch, das Abitur 1896 in Vechta. Nachdem er in Freiburg/Schweiz Philosophie studiert hatte, entschloß er sich, Priester zu werden. Nach den theologischen Studien in Innsbruck und Münster wurde er am 28. Mai 1904 von Bischof Hermann Dingelstad im Hohen Dom zu Münster geweiht. In den ersten Priesterjahren war er Domvikar in Münster und begleitete seinen Onkel Weihbischof Maximilian Gereon Graf von Galen bei den Firmungsreisen. 1906 begann er sein seelsorgliches Wirken in Berlin als Kaplan an St. Matthias (Schöneberg), war Kuratus an St. Matthias und seit 1919 Pfarrer von St. Matthias. In den schweren Zeiten des 1. Weltkrieges und den Wirren der Nachkriegszeit bewährte er sich als frommer selbstloser Priester und eifriger Seelsorger im rastlosen Einsatz für die ihm anvertrauten Katholiken der Diaspora-Großstadt. 1929 berief ihn Bischof Johannes Poggenburg als Pfarrer

der Stadt- und Marktkirche St. Lamberti nach Münster zurück. Im September 1933 erhielt er die Nachricht, daß Papst Pius XI. ihn zum Bischof der seit Januar 1933 verwaisten Diözese Münster ernannt habe. Am 28. Oktober 1933 wurde er durch Kardinal Schulte, Erzbischof von Köln, zum Bischof geweiht. Getreu seinem Wahlspruch „Nec laudibus, nec timore" – unbekümmert um Menschenlob und Menschenfurcht, wurde er der gute Hirte der ihm anvertrauten Herde. Schon bald trat er in den kirchenfeindlichen Bestrebungen des Nationalsozialismus entgegen, erstmals in seinem Fastenhirtenbrief 1934. Mit Eifer und Hingabe erfüllte er die Pflichten seines Bischöflichen Amtes und erlebte mit großer Freude, vor allem auf den Firmungsreisen, seine Verbundenheit mit den Gläubigen. Brüderliche Zusammenarbeit mit den deutschen Bischöfen und treue Ergebenheit dem Hl. Vater in Rom gegenüber zeigten seine lautere kirchliche Gesinnung. Die Leiden der Verfolgten, besonders auch seiner Priester im Konzentrationslager, der Soldaten und vieler anderer im Kriege erlebte er mit tiefmenschlichem Mitgefühl. Als die nationalsozialistische Regierung trotz der Kriegsverhältnisse bei ihrer Kirchenfeindlichkeit blieb, ja Kloster beschlagnahme und zur Tötung geistig Behinderter schritt, fühlte er sich verpflichtet, dagegen seine Stimme zu erheben; am 13. und 20. Juli und am 3. August 1941 hielt er seine berühmt gewordenen drei Predigten, die in aller Welt verbreitet wurden.

Er rechnete fest damit, daß die von ihm zurechtgewiesene Staatsgewalt gegen ihn vorgehen werde und er sein Leben auf Spiel setzte. Doch war er bereit, für Gott, Christus und seine Bruder und Schwestern das Martyrium auf sich zu nehmen. Der Krieg zerstörte seine Bischofsstadt. Mehr als unter dem Verlust des Hauses und seiner Habe litt er unter der Zerstörung des Hohen Domes. Wie ein Fels stand der Bischof inmitten seiner Priester und des gläubigen Volkes auch in den schweren Monaten der Nachkriegszeit. Da berief ihn Papst Pius XII. am 18. Februar 1946 in das römische Kardinalskollegium. Am 16. März 1946 hielt der von Rom heimgekehrte Kardinal seinen triumphalen Einzug in Münster. Bald danach erkrankte er schwer; eine Operation konnte sein irdisches Leben nicht retten. Am 19. März 1946, am Josephsfest, seinem Tauftag, empfing er die hl. Sakramente. Gott rief ihn am 22. März 1946 gegen 17 Uhr in sein ewiges Reich. Tausende beteten an seiner Bahre in der Erphokapelle der St.-Mauritz-Kirche und gaben ihm das letzte Geleit, als sein Leichnam am 28. März in der Ludgeruskapelle des zerstörten Domes beigesetzt wurde.

Am 10. Juli 1956 bat die Priestergemeinschaft „Confraternitas Sacerdotum Bonae Voluntatis" seinen Nachfolger, den Seligsprechungsprozeß für Kardinal von Galen einzuleiten. Bischof Michael Keller hat diesem Wunsch am 22. Oktober 1956 entsprochen. Seit November 1959 ist der Prozeß bei

Abb. 23 a:

Gebetszettel Clemens August Graf von Galen um 1978

der zuständigen römischen Kongregation eingeleitet. Es ist noch vieles an Arbeit und Gebet erforderlich, daß er mit Erfolg abgeschlossen werden kann.

Nicht wenige **Gebetserhörungen,** die der Fürbitte des Dieners Gottes zugeschrieben werden, sind mitgeteilt worden. Wer seine fürbittende Hilfe in ähnlicher Weise erfahren hat, möge das berichten an den Vizepostulator, Domkapitular Dr. Hellbernd, Postfach 1366, 4400 Münster.

Gebet um die Seligsprechung des Dieners Gottes Clemens August Kardinal von Galen

Gott, Du hast Deinen treuen Diener Clemens August zum Priester erwählt und ihn in schwerer Zeit zum Bischof von Münster bestellt. Du gabst ihm die Kraft, unerschrocken Deine Ehre, den Glauben der Kirche und das Lebensrecht schutzloser Menschen zu verteidigen und selbst ein leuchtendes Vorbild der Glaubenstreue zu sein.

In Demut bitten wir Dich: Gib Deinem Diener Anteil an Deiner Herrlichkeit und schenke uns die Gnade, daß wir ihn bald auch öffentlich als Heiligen des Himmels verehren dürfen, damit wir Dich um seines Dienstes willen preisen.

Allen aber, die im Vertrauen auf seine Fürsprache zu Dir rufen, gewähre Heil an Seele und Leib durch Christus, unseren Herrn. Amen.

Münster, den 2. 2. 1978   Mit kirchlicher Druckerlaubnis
Nr. 305-E-4-78
Gesamtherstellung · Regensburg   Dr. Spital, Generalvikar

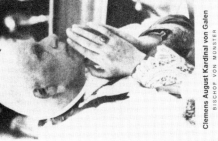

Maria, Trösterin der Betrübten,
Königin der Apostel,
Bitte für uns!

Clemens August Kardinal von Galen
BISCHOF VON MÜNSTER

Mit freundlicher Genehmigung des Jos.-Borgas-Verlags, Münster

Abb. 23 b:

Gebetszettel Clemens August Graf von Galen um 1978

Gebet

Du guter Gott, der Du Dich in den Guten selbst verherrlichst, wir danken Dir für alle Gnaden die Du Deinem Diener Jordan verliehen hast. Du hast auf seine Fürbitte schon so manchem geholfen. Hilf auch mir in diesem Anliegen . . . Auch bitten wir Dich, falls es den Plänen Deiner Vorsehung nicht zuwider ist, Du wollest Deinen Diener Jordan recht bald zur Ehre der Altäre erheben, auf daß er desto weiter leuchte als ein Vorbild wahrer Innerlichkeit und Demut, Dir zur Ehre und der Christenheit zum Segen. Durch Christum unsern Herrn.

Vater unser. Gegrüßet seist du, Maria. Du demütige Jungfrau, um deines treuen Dieners Jordan willen, bitte für uns.

(Nur für den Privatgebrauch, etwa bei einer neuntägigen Andacht. Gebetserhörungen und Gnadenerweise, die man auf die Fürbitte des Br. Jordan erlangt zu haben glaubt, berichte man an das Franziskanerkloster in Dortmund.)

IMPRIMATUR.

Werl, den 25. Februar 1930.
Fr. Ephrem Ricking O. F. M.
Min. Prov.

Paderborn, den 6. März 1930.
Gierse
Vic. Gen.

FRANZISKUS-DRUCKEREI WERL I. WESTF.

Der Diener Gottes
BR. JORDAN MAI
Franziskaner
gestorben am 20. Februar 1922

Er war das neunte von 10 Kindern und erblickte das Licht der Welt in Buer i. W. am 1. Sept. 1866. Seine schlichten, aber tieffrommen Eltern erzogen ihn zur Frömmigkeit und Gottesfurcht. „Nie hat Br. Jordan seinem Vater auch nur ein Wort entgegengesagt, selbst wenn dieser Unrecht hatte." 1895 nahm er das Kleid des hl. Vaters Franz von Assisi und schaffte als Bruder in verschiedenen Klöstern, zuletzt von 1907 bis zu seinem Tode im Dortmunder Franziskanerkloster. Hier wirkte er in treuer Arbeit und tiefer Frömmigkeit, in hl. Eifer für die Bekehrung der Sünder und in zarter Liebe zur Gottesmutter. Aber in allem ganz unauffällig! Geradeso wie es der Hl. Vater Pius XI. jüngst betonte, als er von den Heiligen unserer Tage sagte, daß sie durch nichts Besonderes sich hervorgetan, als nur durch eine ausnehmende Treue gegen ihren Beruf. Unter eigenartigen Umständen starb Br. Jordan am 20. Februar 1922 im Dortmunder Kloster eines überaus erbaulichen Todes. Und er, der die Welt nicht kannte, und den die Welt nicht kannte, wird heute in den mannigfaltigsten Anliegen angerufen. Sein Grab wird von Hülfesuchenden immer wieder besucht. Und viele mündliche und briefliche Berichte sprechen von auffallenden Gebetserhörungen auf seine Fürbitte

hin. Ob der schlichte Franziskanerbruder noch zur Ehre der Altäre erhoben werden soll, weiß Gott allein. Jedenfalls ist sein Ruf schon weit über die deutschen Lande hinaus und bis nach Böhmen, Holland, Amerika gedrungen.

Einiges aus den Briefen Br. Jordans.

„Lasst uns allezeit wandeln, daß wir jeden Augenblick bereit sind, vor dem Richterstuhl Gottes zu erscheinen."

„Ich habe keine Furcht, mag kommen, was will. Wenn Gott mit uns ist, wer kann dann wider uns sein?! . . . Wir müssen überhaupt viel Vertrauen haben zu unserem lieben Vater im Himmel."

„Beim hl. Meßopfer soll man sich mit der lieben Mutter Gottes unter das Kreuz begeben und sich mit ihrer Meinung vereinigen, als sie damals das bittere Leiden des lieben Heilandes dem himmlischen Vater aufopferte für die Bekehrung aller unbußfertigen und verstockten Herzen."

„Du demütige Jungfrau!" Eine Lieblingsanrufung des Br. Jordan, für deren Einfügung in die Lauretanische Litanei er sich bei seinen Obern öfters verwandte.)

„Wer Maria an die Freude erinnert, mit welcher sie sich bei ihrer Einwilligung (bei der Verkündigung) dem göttlichen Willen unterwarf, dem will sie zeigen, daß sie Mutter ist."

Abb. 24:

Gebetszettel Jordan Mai, 1930

Gott, Vater im Himmel, in Bruder Jordan
hast du der Kirche einen Menschen geschenkt, der ganz für dich leben wollte. In
der Nachfolge Christi, deines Sohnes, bemühte er sich, deinen Willen zu tun. In an-
dauerndem Gebet hat er die Kraft gefunden, seine Leiden und Krankheiten anzunehmen und anderen selbstlos zu dienen.
Gib in ihm der Kirche einen neuen Heiligen, der die Menschen auf dich hinlenkt
und sie an deine Güte glauben läßt.

Lieber Bruder Jordan, in deinem Beten
und Sühnen hast du die Not, Trauer und
Sünde vieler Menschen mitgetragen und
dich vor Gott zu ihrem Anwalt gemacht.
Da nimmst auch jetzt noch in der Vollendung bei Gott Anteil an dem, was uns Sorge macht und ängstigt ... Ich vertraue
mich deiner Fürbitte an, damit ich den
Glauben an Gott nicht verliere, seinen Willen erkenne und bereit bin, ihn zu tun.
Amen.

Gebetserhörungen, die man auf die Fürbitte Bruder
Jordans erlangt zu haben glaubt, berichte man an
das Jordanwerk, Franziskanerstr. 1, 4600 Dortmund 1

Mit kirchlicher Druckerlaubnis

BRUDER JORDAN MAI

Bruder Jordan (Heinrich) Mai wurde am
1. September 1866 in Buer/Westfalen als
Sohn eines Sattlers und Gerbers geboren.
Bestimmend für seine Religiosität waren die
Erziehung in der Familie und das Gedan-
kengut Adolf Kolpings. Mit 17 Jahren
schloß er sich der Kolpingsgemeinschaft an.
Noch Jahrzehnte später erzählte er mit
Stolz davon, als Mitglied dieser Gemeinschaft eine Reihe junger Männer zum Glauben zurückgeführt zu haben.

Mit 28 Jahren (1895) trat er in den Franziskanerorden ein und wurde als Koch ausgebildet. Von Anfang an verstand er seine
Berufung zum Ordensleben als Verpflichtung, nach Heiligkeit zu streben. „Als ich
erfaßt hatte, was es heißt, Gott zu lieben,
habe ich mit allen Mitteln mich darum be-
müht", äußerte er einmal. In verschiedenen
Klöstern Nordwestdeutschlands eingesetzt,
kam er im Jahr 1907 nach Dortmund. Anlaß war sein Gesundheitszustand. Immer
stärker hatte er unter Kopfschmerzen zu
leiden, die ihm das Arbeiten unmöglich
machten. Eine Besserung stellte sich auch
in Dortmund nicht ein. Im Gegenteil: Sein
Leiden verschlimmerte sich noch. Andere
Krankheiten kamen hinzu. Bruder Jordan
nahm sie bewußt an und sah darin den
Willen Gottes.

Wenn er auch nurmehr leichtere Arbeiten übernehmen konnte, wußte er sich verpflichtet, überall zu helfen, wo man ihn
brauchte. Vor allem wollte er den Menschen
durch sein Gebet und die Annahme seiner
Leiden dienen: den Bergarbeitern, den Kranken und Notleidenden, im 1. Weltkrieg den
Soldaten und ihren Angehörigen. Tief muß
er um die Bosheit der Sünde gewußt haben:
„Ich setze alles daran, durch meine Leiden so viele Sünder wie möglich zu retten." Für einen Tabernakelraub in der
Franziskanerkirche in Dortmund bot er
Gott sein Leben als Sühne an. Von dem
Tag an (20./21. Januar 1922) war er überzeugt, Gott werde sein Opfer annehmen:
„Heute in einem Monat wird Er mich ho-
len." Am 20. Februar starb er.

Für seine Mitbrüder überraschend, setzte
unmittelbar nach seinem Tod die Verehrung
ein. Sie blieb nicht nur auf Deutschland
und Europa beschränkt, sondern ist zu einer
weltweiten Verehrung geworden. Über 6000
Briefe jährlich sprechen davon, daß seine
Persönlichkeit Hilfe ist, sich in Sorge, Leid
und Not Gott anzuvertrauen. Eine Viertel-
jahreszeitschrift „Bruder Jordans Weg"
(Auflage 24 500) hält den Kontakt zu den
Freunden in aller Welt aufrecht.

Mit dem Bischöflichen Informativprozeß
(1934-37) begann das Seligsprechungsver-
fahren. Nach dem Apostolischen Prozeß
(1965-67) gehen die Bemühungen in Rom
mit guter Erfolgserwartung weiter.

Abb. 25:

Gebetszettel Jordan Mai, um 1970

Denksprüche
aus den Briefen unserer Mutter Stifterin
Pauline von Mallinckrodt.

1. „Demuth, Verleugnung des eigenen Willens, Hingabe an Gott und herzliche, warme Liebe zu Gott und dem Nächsten, das sind die Dinge, die tiefen Frieden der Seele bringen."

2. „Mit Gebet und Demuth und Liebe kommt man weit; auch Nachsicht und Geduld sind wichtige Tugenden."

3. „Halten wir uns ganz klein, ganz still, ganz demüthig, ganz gehorsam, auf daß wir Gott gefallen und an Tugend zunehmen."

Abb. 26:
Gebetszettel Pauline von
Mallinckrodt, 1899

Die Dienerin Gottes
Mutter Pauline von Mallinckrodt,
Stifterin der Genossenschaft
der Schwestern der christlichen Liebe,
Töchter der allerseligsten Jungfrau Maria
von der Unbefleckten Empfängnis.

Pauline von Mallinckrodt wurde am 3. Juni 1817 zu Minden in Westfalen geboren. Schon in ihrer Jugend eine hilfreiche Freundin der Armen und Leidenden, wandte sie ihre besondere Sorgfalt der Pflege armer und blinder Kinder zu, gründete ein Blindeninstitut und stiftete, um ihrem

Liebeswerke dauernden Bestand zu sichern, am 21. August 1849 zu Paderborn die Genossenschaft der Schwestern der christlichen Liebe, die sich in Europa, Nord- und Südamerika weit verbreitete. Nach einem Leben rastloser, aufopfernder Arbeit für die Ehre Gottes und das Wohl des Nächsten starb Mutter Pauline, reich an Tugenden und Verdiensten, am 30. April 1881 zu Paderborn.

Ihr Wahlspruch war:
Großer Eifer für die Ehre Gottes und das Wohl des Nächsten, große Demut, große Liebe — das führt zur Heiligkeit.

Gebet,
um die Seligsprechung der Dienerin Gottes
Mutter Pauline von Mallinckrodt zu erlangen.

Allgütiger Gott, wir bitten Dich im Namen Deines geliebten Sohnes Jesus Christus und durch die Fürsprache seiner unbefleckten Mutter Maria, verherrliche Dich in Deiner Dienerin Pauline, und laß ihr bald die Ehre der Altäre zuteil werden. Amen.

Was man nach vertrauensvollem Gebet um die Fürbitte der Dienerin Gottes Mutter Pauline vom lieben Gott erlangt zu haben glaubt, wolle man unter der Anschrift „Mutterhaus der Schwestern der christlichen Liebe, Paderborn, Warburgerstraße 2" mitteilen. Von hier allein werden auch Bilder, Denksprüche, Bücher etc. erbeten.

IMPRIMATUR.
Paderbornae. d. 20. 1. 26.   Vicarius Generalis
(Nr. 394)   Rosenberg.

BONIFACIUS-DRUCKEREI PADERBORN

Abb. 27:
Gebetszettel Pauline von Mallinckrodt, 1926

Opfergebet

unserer Mutter Stifterin Pauline von Mallinckrodt.

Herr, hilf mir, hilf uns allen, daß wir heilig werden, und durchdringe uns jederzeit auf das lebhafteste von dem Bewußtsein, daß wir heilig werden können, müssen und wollen. Indem Du uns zum heiligen Ordensstande berufest, hast Du uns auch zu einer höheren Stufe der Vollkommenheit und zu einer höheren Stufe der Glorie bestimmt. Hilf mir, meinen heiligen Beruf unendlich hochschätzen! O Gott, wie hast Du mich dazu berufen vor so vielen andern, die weit besser sind als ich! Es ist dies ein Werk Deiner freien Gnade. Um meiner Sünden willen hast Du mich erwählt; Deine unendliche Barmherzigkeit wolltest Du an mir verherrlichen. Herr, hilf mir, daß ich heilig werde! Hilf mir, daß ich allzeit sei ein Brandopfer vor Dir! Ich legte ab die heiligen Gelübde des Gehorsams, der Keuschheit und der Armut, — in ihnen liegen alle Mittel zur Vollkommenheit in einem hervorragend hohen Grade. Durch diese heiligen Gelübde haben wir auf alles verzichtet: auf unsern eigenen Willen, auf den Genuß, den die Sinne bieten, auf den irdischen Besitz. O Herr, laß uns Dir allzeit ganz geweiht sein mit allem, was wir sind und haben; ganz entfesselt von allen Dingen, laß die Vereinigung mit Dir eine ganz vollkommene sein.

O Jesu, Du mein göttlicher Bräutigam! Laß es mir zum klaren Bewußtsein kommen, daß ich, wenn ich die Gelübde noch nicht abgelegt hätte, jetzt noch jeden Augenblick bereit sei, es zu tun; — und nun, wo ich sie abgelegt habe, laß doch nicht im gewöhnlichen Alltagsleben die höhere Weihe verloren gehen. Und wenn ich über Königreiche und Kaisertümer zu verfügen hätte und wenn ich die ganze Welt besäße, Herr, ich wollte sie nur, um sie Dir zu Füßen zu legen und in Armut, Keuschheit und Gehorsam Dir zu dienen.

Herr, gib mir tiefe Demut, eine hohe Wertschätzung meines heiligen Berufes — ohne die geringste Mißachtung solcher, die in der Welt leben. Gib mir die Gnade, nach dem Beispiel so vieler heiliger Ordensleute meine heiligen Gelübde täglich zu erneuern!

O Jesus, hilf mir, ganz Dein sein! Hilf mir, heilig werden! Amen.

Imprimatur. Paderbornae, d. 30. Martii 1931.
Nr. 2517. Vicarius Generalis: Giese.

Sorgen Sie, daß Sie heilig werden! Darauf kommt es an.

Pauline von Mallinckrodt.

Abb. 28:
Gebetszettel Pauline von Mallinckrodt, 1931

Das neue Grabmal Betkaspars

Auf Deines Lebens Pilgerpfaden
Hat Jesus oft Dich eingeladen,
Da ward Dein Herz beglückt und still.
Hilf, daß der Herr uns oft begegnet,
Im Sakrament uns stärkt und segnet,
Zumal, wenn's Abend werden will!
(Grabinschrift)

BETKASPAR
„der ewige Anbeter"

Der große und weise Gott liebt es: die Kleinen und Einfältigen zu erheben. Zu diesen Kleinen zählt auch unser Betkaspar, der seit der Umbettung auf dem Werler Stadtfriedhof am 5. Mai 1933 zu neuen Ehren gekommen ist. 1830 kam er in Soest zur Welt. Kaspar Schwarze, wie er hieß, wurde Schneider, dann Gelegenheitsarbeiter, dann Pferdeknecht. Kaum hatte Bischof Konrad Martin die Ewige Anbetung im Paderborner Sprengel eingeführt, als aus unserm Kaspar ein „Betkaspar" oder „Anbetungsmännchen" wurde. Fast 40 Jahre besuchte er je 150 Kirchen, um an der Ewigen Anbetung teilzunehmen. Fast 40 Jahre wanderte er zu Fuß von einem Tabernakel zum andern bei Sonnenbrand und Winterkälte, bei Regen und Schnee. Er führte so ein Opferleben schwerster Art! Und alles für Jesus im heiligsten Sakrament! Ein seliges Sterben im Mariannenhospital zu Werl beschloß das Leben dieses treuen Anbeters am 13. Mai 1911. Mögen viele, viele der Liebe Betkaspars zum Heilande im Sakramente nacheifern! Mögen sie auch in ihren Anliegen zu ihm gehen. Steht doch geschrieben: „Der Hüter seines Herrn soll zu Ehren kommen." Spr. 27, 18.

Gebet.

Göttlicher Heiland, Du hast uns im Sakramente Deiner Liebe geliebt bis zum Äußersten. Wir danken Dir für Deine Liebe zu uns Menschenkindern. Wir preisen Dich auch für die Gnaden, womit Du Deinen Diener Kaspar ausgezeichnet hast. Laß uns auf seine Fürbitte zu neuer Liebe gegen Dich entzündet werden. Laß uns diese Liebe zeigen durch Wertschätzung der heiligen Messe, durch Besuch Deiner Tabernakel, durch die häufige und tägliche heilige Kommunion. Möge es Dir auch gefallen, Deinen treuen Hüter zu kirchlichen Ehren aufsteigen zu lassen, uns aber alsdann auf seine Fürbitte zu helfen in allen Anliegen des Leibes und der Seele. Amen.

(Nur für den Privatgebrauch. Gebetserhörungen und Gnadenerweise, die man auf die Fürbitte des Dieners Gottes erlangt zu haben glaubt, berichte man an das katholische Pfarramt der Propsteigemeinde, Werl i. Westf. Näheres über sein Leben enthält das Schriftchen: Betkaspar von P. Athanasius Bierbaum. 0.10 Mk. Franziskus-Druckerei, Werl i. W.

Imprimatur.
Werl, den 9. August 1934.
Fr. Meinrad Vonderheide O.F.M., Min. Prov.
Paderborn, den 13. August 1934.
Vicarius Generalis, Gierse

Abb. 29:
Gebetszettel Kaspar Schwarze, 1934

„Nur die Liebe zum Heiland macht gute
Barmherzige Schwestern."

(CLEMENS AUGUST DROSTE ZU VISCHERING)

Zwanzig Jahre trug Schw. Maria Euthymia
das geweihte Kleid der Clemensschwester und
war eine tiefinnerliche Opferseele in stiller
Verborgenheit. Wo immer sie stand, da stand
sie an ihrem Platz mit liebendem Herzen und
helfenden Händen.

In der St. Barbara-Seuchenbaracke in Dinslaken diente sie den Kranken und später den
vielen schwerkranken Kriegsgefangenen in
selbstloser Aufopferung. Nie sah man ein
Zeichen der Ermüdung auf ihrem Gesicht, nur
stets ein liebes Lächeln. Man nannte sie den
„Engel von Barbara".

Nach der Kriegszeit sollte sie die ihr so lieb
gewordene Pflegetätigkeit aufgeben und da-
für die Sorge im Waschhaus übernehmen.
Ohne ein Wort der Klage erwiderte sie: „Es
ist gut. Es ist alles für den großen Gott."
Auch an dieser Arbeitsstätte rang die kleine
Schw. Maria Euthymia ihrer schwachen Natur
Leistungen ab, die unfaßbar sind.

Seit dem Jahre 1948 hatte sie die Sorge in der
großen Wäscherei des Mutterhauses. Die Ein-
richtung der Wäscherei war behelfsmäßig, die
Hilfe spärlich, der Wäscheanfall wurde
ständig größer. Schw. Maria Euthymia blieb

die allzeit heitere, freundliche, hilfsbereite
Schwester.

Wenn die Zeit des Gebetes gekommen war,
eilte sie zur Kapelle, um dort in Gott als dem
Mittelpunkt ihres Herzens zu ruhen. Christus
in der heiligen Eucharistie war die Quelle
ihrer Kraft.

Nach ihrer Arbeitswoche sah man sie des
Sonntags stundenlang regungslos vor dem
Tabernakel knien. Was ihre beschauliche Seele
dort erflehte für die Rettung der Seelen, die
Heilung der Kranken, für den Frieden in den
Familien und in der wirren Welt, für die
Weckung der Priester- und Ordensberufe, das
liegt unter dem Schleier der Ewigkeit.

Ihre Ganzhingabe vollendete sich in den Tagen ihres Leidens. Sie litt, wie sie lebte, ganz
dem heiligen Willen Gottes hingegeben.

Am Morgen des 9. September 1955 rief der
Heiland seine treue Braut in sein himmlisches
Reich.

Kaum hatten sich ihre Augen für diese Erde
geschlossen, da liefen Berichte über ihr
heroisches Tugendleben ein. Da wuchsen zu-
sehends die Äußerungen liebender Verehrung,
und auffallende Gebetserhörungen wurden
und werden noch dauernd gemeldet. Gott
schenkt ja den Seinen im Himmel die Freude,
mitwirken zu dürfen an seinen erhabenen
Plänen durch ihre liebende Fürbitte für uns.

Wer könnte sich da dem Eindruck ver-
schließen, daß Gott sich in seiner kleinen
demütigen Magd verherrlichen will!
„Ich preise dich, Vater, Herr des Himmels
und der Erde, daß du dies vor Weisen und
Klugen verborgen, den Kleinen aber geoffen-
bart hast" *(Matth. 11, 25).*

Gebet

O heiligste Dreifaltigkeit, verherrliche dich in
deiner demütigen, kleinen Magd Schw. Maria
Euthymia und hilf mir in diesem meinem
Anliegen . . .

*Nur für den Privatgebrauch. Was einer
öffentlichen Verehrung ähnlich sieht, muß
streng vermieden werden. Mitteilungen über
Gnadenerweise und Gebetserhörungen möge
man richten an das Mutterhaus der Barmherzigen Schwestern (Clemensschwestern)
44 Münster in Westfalen, Klosterstraße 85.*

Mit kirchlicher Druckerlaubnis

Nr. 325/6-2/72. Münster, den 28. Februar 1972

Dr. Lettmann

Generalvikar

Schwester Maria Euthymia

*Am 8. April 1914 wurde sie in Halverde
(Kr. Tecklenburg) geboren und starb am
9. September 1955 im Mutterhaus der Barmherzigen Schwestern (Clemensschwestern) in
Münster in Westfalen nach einem heiligmäßigen Leben*

Abb. 30:

Gebetszettel Euthymia Ueffing, 1972

ANNE-CATHERINE EMMERICK

* 8. 9. 1774 † 9. 2. 1824
Religieuse de l'Ordre de S. Augustin à Dülmen
de 1802 à 1811
Stigmatisée en 1812
Son procès de béatification fut introduit en 1892.

PRIERE POUR DEMANDER LA BEATIFICATION
DE LA SERVANTE DE DIEU

O Mon Sauveur crucifié, par tes saintes plaies
tu nous as réconciliés avec le Père.

Ta Croix nous est un signe de victoire et de
réconfort pendant la vie et à l'heure de la mort.
Les saints nous ont, par leurs paroles et leurs
exemples, mis devant les yeux ton amour
rédempteur.

Nous Te prions: glorifie ta fidèle servante Anne-
Catherine que tu as ornée de tes stigmates et
que tu as fait pénétrer profondément dans le
mystère de la vie et de ta Passion.

Glorifie en elle ton Eglise, mère des saints, et
donne nous en cette vierge si éprouvée par la
souffrance, une nouvelle avocate et auxiliaire
dans notre détresse.

Augmente en nous la Foi, l'Espérance et la
Charité.

Sanctifie nous dans la Vérité.

Amen.

Avec approbation ecclésiastique.

Pour images et livres s'adresser à:
Emmerickhaus, 4408 Dülmen, A.-K.-Emmerick-
Straße 28.

Abb. 31:
Gebetszettel Anna Katharina
Emmerick, französisch, Titel-
bild wie Abb. 22, um 1975

Prayer For Her Beatification

Lord Jesus You said "I am the Light of
the world". You also commanded us "Let
your light shine, that men may see your
good works and praise your Father Who
is in heaven". We humbly ask for the
early beatification of Your servant Anna
Catherine Emmerick. Her entire life, from
the cradle to the grave was a faithful
reflection of Your own. To it You gave
Your approval with the signature of Your
five wounds and cross.

We humbly ask You to grant her the
honor of Your altar that the light of her
exemplary life and good works may shine
even more brightly in the horrifying spiritual darkness of our valley of tears, strife
and sin. So that, also in our day, which
You revealed to her, she may more effec-
tively continue the work You entrusted to
her during her life, namely, to atone for
the sins of men, to defend and strengthen
the faith, to help the needy in both body
and soul. All this for the honor and glory
of Your and our Father. Amen.

Abb. 32:
Gebetszettel Anna Katharina
Emmerick, englisch, Titel-
bild wie Abb. 22, um 1975

The Servant of God
Pauline von Mallinckrodt

Peace, rest and joy
are to be found
in God alone.
P.v.M.

Prayer

Heavenly Father, we beseech Thee in the name of Thy beloved Son Jesus Christ and through the intercession of His Immaculate Mother Mary, glorify Thyself in Thy servant Pauline and grant that the halo of the Blessed may soon adorn her.   Amen.

Abb. 33:

Gebetszettel Pauline von Mallinckrodt, englisch

Novena to
Mother Pauline von Mallinckrodt

O Lord, in the days when selfishness was rampant and fraternal charity forgotten, Thou didst raise in our midst Mother Pauline. From her childhood she kept her eyes on the Good Samaritan and, responding to her calling, walked in His footsteps, seeking the poor, the sick, and the needy, that she might relieve their miseries.

Because of her zeal in working for suffering humanity, Thou, O Lord, hast made her Foundress of an Order, so that she could, together with her Sisters, carry on forever the work of Christian Charity.

We beseech Thee, O Lord, make known the power of Thy servant by hearing the prayers we address to her, and grant not only the (cure or favor) for which we are praying, but also the grace of fraternal charity, so that the power of her example, like the power of her intercession, may spread over the whole world.

By the intercession of Mother Pauline, hear us, O Lord.

By the infinite merits of Thy Passion, be propitious to us, O Lord.

By Thy most Sacred Wounds, have mercy on us, O Lord.

By Thy Most Precious Blood, grant us the petition of this novena, O Lord.

Sacred Heart of Jesus, show Thy miraculous power through the intercession of Mother Pauline.

Immaculate Heart of the Mother of God, most powerful Heart, consolation and anchor of the hope of the whole world and of all mankind, in your mother-love give power to the intercession of Mother Pauline and hear our prayer and grant our petition.

O Jesus, present in the Eucharist to become the center of charity for the whole world and the strength of souls, we offer Thee our prayers, our actions, our sufferings, in union with the prayer of Mother Pauline, in behalf of this our petition, to the end that each day may witness a wider extension of the kingdom of Thy Sacred Heart.

That through this Holy Sacrament Thou wouldst unite us more and more in Thy holy love, we beseech Thee, hear us.

Benediction and glory, wisdom and thanksgiving, honor, power, and strength be to our God forever and ever. Amen.

Those who, after confident prayer, receive favors through the intercession of the Servant of God, Mother Pauline, are requested to make them known to

The Sisters of Christian Charity
Mallinckrodt Convent
Mendham, New Jersey

Abb. 34:

Novene zu Pauline von Mallinckrodt, englisch, 1947

Immaculate Virgin Mary, support our feeble prayers with thy powerful intercession. Amen.

Maxims of Mother Pauline

Great zeal for the glory of God and the welfare of our neighbor, profound humility, ardent charity — these lead to sanctity.

The Blessed Sacrament is my life, my bliss; to It I owe the grace of my holy vocation.

The most important — *first! First* the salvation of one's soul; without solicitude and prayer it cannot be accomplished.

In the same degree as you cherish your own soul you will regard the priceless value of the children's immortal souls.

God does all things well. Let us therefore praise and bless Him at all times and cheerfully continue our way through life. Alleluia!

Those who, after confident prayer, receive favors through the intercession of the Servant of God, Mother Pauline, are requested to make them known to

The Sisters of Christian Charity
*Maria Immaculata Convent
Wilmette, Illinois*
or

The Sisters of Christian Charity
*Mallinckrodt Convent
Mendham, New Jersey*

Nihil Obstat: P. L. Biermann, Censor
Imprimatur: Georgius Cardinalis Mundelein,
Archiep. Chicagiensis

The Servant of God
Mother Pauline von Mallinckrodt

Foundress of the Community
of the Sisters of Christian Charity

*Daughters of the Blessed Virgin Mary of the
Immaculate Conception*

Pauline von Mallinckrodt, daughter of Detmar Carl von Mallinckrodt and Bernardine von Hartmann, was born at Minden, Westphalia, June 3, 1817. The greater part of her early life was spent at Aix-la-Chapelle, where her father held the office of governor. Pauline had been endowed by God with extraordinary

gifts of mind and heart. These gifts were carefully nurtured and developed under the powerful, salutary influence of her excellent teacher, Louise Hensel. Thus did God Himself qualify and prepare her to accomplish the work for which He had destined her — the founding of a religious community. On August 21, 1849, Pauline and three associates received the religious habit from the hands of the Rt. Rev. Francis Drepper, Bishop of Paderborn. On November 4, 1850, she made her first temporary profession, and on July 16, 1866, she consecrated herself irrevocably to God by making the perpetual vows.

Ardent love of God and her neighbor, unwavering confidence, childlike humility, and above all a fervent love for Jesus in the Blessed Sacrament — these were marked traits of Mother Pauline's character. Even in her early years she manifested a striking inclination to works of charity, and all during life she proved herself a true mother to the poor, the afflicted, and the destitute. With special love and solicitude she devoted herself to the care and instruction of forlorn blind children.

Mother Pauline had not only a strong inclination to charitable work, but also a deep appreciation of the priceless value of Christian education. She realized that the happiness of the family and the prosperity of the state are no less dependent upon Christian education than is the temporal and spiritual welfare of the individual. Hence the Community which she founded considers Christian education its chief field of activity, without, however, excluding other works of charity. Under Mother Pauline's prudent yet vigorous administration and her untiring care, the Community grew rapidly, so that

at the time of her death, April 30, 1881, it numbered 492 members with 45 foundations. It has unfolded a flourishing activity in Europe as well as in North and South America, and has maintained itself despite all the trials and storms of the past. At present the total number of foundations is 154, with more than 2,400 Sisters.

The mortal remains of the Servant of God rest in St. Conrad's Chapel on the convent cemetery of the Mother-House at Paderborn.

Prayer
*for the Beatification of the Servant of God
Mother Pauline von Mallinckrodt*

O merciful God, in the name of Christ Jesus, Thy beloved Son, we beg of Thee that Thou wouldst deign to raise to the dignity of the altars Thy servant Pauline, for Thine own glorification and for an increased love and veneration of the Most Blessed Sacrament. Our Father.

Most loving Jesus, Incarnate Word of the Eternal Father, we beg Thee by the countless graces Thou didst confer on Thy servant Pauline in this most august Sacrament, vouchsafe to glorify her by miracles if such be to Thine own greater glory. Our Father.

O Holy Ghost, we entreat Thee by the love which unites Thee to the Father and to the Son, by the charity with which Thou dost continue to pour forth Thy graces into the hearts of men, and by the merits of Thy Immaculate Spouse, the ever Blessed Virgin Mary, that Thou wouldst graciously grant public veneration to Thy servant Pauline, that all who invoke her may experience her aid. Our Father

Abb. 35:

Gebetszettel Pauline von Mallinckrodt, englisch

Dieser Dank soll sich nach dem Wunsch der Verfasser auch jeweils durch eine Mitteilung der Gebetserhörung an die tragende kirchliche Organisation ausdrücken, die diese Mitteilung als Beweis volksfrommer Verehrung für den Seligsprechungsprozeß benötigt.

Da während des Prozesses keinerlei öffentliche Verehrung der "Diener Gottes" erlaubt ist, weist jede Novene durch die Mitteilung "Nur für den Privatgebrauch" auf dieses Verbot hin.

Als eine weitere Form der Gebetsliteratur können die kleinformatigen Gebetszettel[100] gelten, eine Weiterführung des Totenzettels, wie er bei vielen Verstorbenen zum Begräbnis ausgeteilt wird. Diese Totenzettel hat es bei den verehrten westfälischen Personen auch gegeben[101], für den Kult entscheidender sind jedoch die nach dem Begräbnis herausgegebenen Gebetszettel, da sie der Kultförderung dienen sollen, eine Funktion, die die Totenzettel, die reine Andenken waren, nicht in dieser Form hatten.

Der große Vorteil, den diese Gebetszettel gegenüber der anderen Gebetsliteratur haben, ist ihr geringer Umfang, der es ermöglicht, sie im Gebet- und Gesangbuch bei sich zu tragen und während dessen Gebrauch im Gottesdienst immer wieder "auf sie zu stoßen". Diese Praxis teilt auch ein Devotant mit, wenn er an das "Jordanwerk" berichtet: "... und (ich) besitze eines der ältesten Gebetsbildchen, das ständig in meinem 'Schott' liegt und damit der bleibende Erinnerer der Gebete zu ihm (= Jordan) blieb"[102].

Äußerlich gleichen sich wiederum alle Gebetszettel: Auf der Vorderseite normalerweise ein Foto der verehrten Person, auf den Innenseiten Kurzbiographien, Gebete in persönlichen Anliegen und um die Seligsprechung sowie die Bitte um Mitteilung von Erhörungen und der Hinweis auf die "private Benutzung".

Um die Verehrung der jeweiligen Person auch im Ausland bekannt zu machen, wird diese Erbauungs- und Gebetsliteratur auch in Fremdsprachen übersetzt[103] und im Ausland vertreiben. An dieser Publizierung fremdsprachiger Literatur zeigt sich deutlich die Rolle, die dem Orden als tragende Institution des Kultes zu-

kommt, denn gerade die Orden, die im Ausland zahlreiche Nieder-
lassungen haben, publizieren für dieses betreffende Land auch
Gebets- und Erbauungsliteratur und sichern ihre Verbreitung
durch die eigenen Ordensangehörigen. Neben den Viten bieten
sich ganz besonders die Gebetszettel aufgrund ihres geringen
Umfangs an, in Fremdsprachen übersetzt zu werden. Deshalb finden wir Jordan Mais Gebetszettel in zehn Sprachen übersetzt[104],
ein Euthymia-Gebetszettel in französischer Sprache wurde in
15.000 Exemplaren verteilt[105], Anna Katharina Emmericks Zettel
ist in Englisch und Französisch vertreten, Pauline von Mallinckrodt sogar mit neun englischsprachigen Zetteln etwa aus der
Zeit von 1945 bis 1970.

4.1.1.2
Schriftenreihen

Eng verwandt mit der Gebets- und Erbauungsliteratur sind die
Schriftenreihen, die vom jeweiligen kirchlichen Träger des Kultes herausgegeben werden zur Information über die Verehrung
des Dieners Gottes und den Fortgang seines Prozesses. Wegen
des großen Arbeitsaufwandes, der mit der Herausgabe einer solchen Zeitschrift verbunden ist, ist sie fast nur für einen Orden möglich. Dementsprechend finden wir diese Schriftenreihen
ausgeprägt nur bei Ordensleuten, bei Pauline von Mallinckrodt
den "Paulinenbrief" (seit 1950), bei Jordan Mai "Bruder Jordans
Weg" (seit 1954) und bei Theresia Bonzel "Mutter Theresias Ruf"
(seit 1963)[106]. Zehn Jahre lang (1961-1971) erschien Euthymias
Heft "Helferin in vielen Nöten", bis die Herausgabe von den
Clemensschwestern aufgrund des zu großen Arbeitsaufwandes wieder eingestellt wurde. Neuerdings (seit 1979) erscheinen für
Anna Katharina Emmerick sogenannte "Emmerickblätter". Für Clemens August Graf von Galen und Kaspar Schwarze existieren keine Schriftenreihen[107].

Wie die Erscheinungsjahre der ersten Hefte zeigen, stammen alle
Schriftenreihen aus der Zeit nach dem jeweiligen Seligsprechungs-

prozeß-Beginn (Jordan Mai: Prozeßbeginn 1934, Schriftenreihe
1954 / Pauline von Mallinckrodt: Prozeßbeginn 1926, Schriftenreihe 1950 / Theresia Bonzel: Prozeßbeginn 1961, Schriftenreihe
1963 / Euthymia Ueffing: Prozeßbeginn 1959, Schriftenreihe
1961 / Anna Katharina Emmerick: Prozeßbeginn 1891, Schriftenreihe 1979), so daß eine Kultbeeinflussung vor Eröffnung des
Prozesses auszuschließen ist. Die Schriftenreihen können unmöglich "Auslöser" der Seligsprechungsprozesse sein.

Nach Darstellung der zuständigen kirchlichen Stellen ergab sich
die Herausgabe vom "Paulinenbrief" bzw. von "Bruder Jordans
Weg" aus der Notwendigkeit, auf Zuschriften von Devotanten zu
antworten. Dies geschah zunächst in privater Briefform, dann
durch sogenannte Rundbriefe, d.h. Faltblätter in der Form der
Blandinen- und Ulrika-Schriften.

Diese Rundbriefe[108] erwiesen sich umfangmäßig als zu gering[109],
so daß zu einer eigenen Heft-Reihe übergegangen wurde[110]. Für
die Dortmunder Franziskaner gab deren römischer Advokat Dr.
Carlo Snider den Anstoß zur Herausgabe von "Bruder Jordans Weg"
mit der Frage, "ob wir (= die Franziskaner) denn nicht über ein
Nachrichtenblatt für die Verehrer Bruder Jordans verfügten"[111].
Dieser Gedanke wurde aufgegriffen durch die Herausgabe von "Bruder Jordans Weg" als "Organ" zum Kontakt mit den Bruder-Jordan-
Verehrern und als Möglichkeit, "jene Dankschreiben zu veröffentlichen, die einen entsprechenden Vermerk tragen"[112]. Die
Zeitschrift erschien zunächst dreimal jährlich, seit 1956 viermal pro Jahr[113]. Die gleiche Absicht, die Publizierung von Erhörungen, war auch der Grund zur Herausgabe der Schrift für
Schwester Euthymia[114]. Etwas anders motiviert scheint die Herausgabe von "Mutter Theresias Ruf" und der "Emmerickblätter"
zu sein. Während der "Paulinenbrief" und "Bruder Jordans Weg"
den Kontakt zu schon bestehenden Devotantengruppen weiter pflegen sollte und in "Bruder Jordans Weg" und "Helferin in vielen
Nöten" (Euthymia) schon aus der großen Zahl der vorhandenen Gebetserhörungen publiziert wurde, sollen diese beiden Schriften
("Mutter Theresias Ruf" bzw. "Emmerickblätter") anscheinend
erst einen größeren Devotantenkreis aufbauen[115].

Wir können also für die Entstehung der Schriftenreihen drei Motive feststellen: Die Publizierung von (etwa vorhandenen) Gebetserhörungen, das Kontakthalten zu den Devotanten und den Ausbau des Devotantenkreises und der Verehrung des Dieners Gottes.

Hierbei ist besonders die dritte Motivation, die Werbung für den Kult, nicht zu unterschätzen. Daß ein solcher Werbe-Charakter besteht, ist unbestreitbar. Er wird von Assion festgestellt[116] wie auch von den Herausgebern dargestellt[117] und ist deutlich an der steigenden Zahl der Gebetserhörungen und anderer Devotionen ablesbar, die sich nach dem Erscheinen der Schriften zeigen[118]. In der Beurteilung dieser Tatsache gehen beide Richtungen dann jedoch weit auseinander. Während Assion diese Methodik als kirchliche Manipulation eines neuen Heiligenkultes "entlarvt", sehen die kirchlichen Träger sie als durchaus legitime Werbung zur weiteren Ausbreitung der Verehrung an[119].

Entsprechend ihren Aufgaben haben die Schriften folgende Inhalte[120]:

Zur Förderung der Verehrung
Aufsätze über die **verehrte** Person; "Aussprüche" und Gebete (meist auf den Rückseiten der Hefte); Fotos der "Diener Gottes" / Informationen über Gebetstage und Bischofsbesuche; Veröffentlichung von Predigten über die verehrten Personen, etwa an Festtagen (z.B. bei Bruder Jordan Mai); Einladungen zu Grabbesuchen; Besondere Verehrungsformen (aufgrund dieser Mitteilungen sind die Hefte eine wichtige Quelle zu Formen der Devotion); Werbung für weitere Gebets- und Erbauungsliteratur.

Gebetserhörungen
Veröffentlichung der eingegangenen Erhörungen, die gelobt wurden.

Kontakt zu den Devotanten
Spendenlisten der eingegangenen Geldbeträge zur Förderung der Seligsprechungsprozesse; Leserbriefe; Totengedenken (Verzeichnis der zuletzt verstorbenen Devotanten).

Weitere Inhalte
Religiöse Aufsätze aller Art; Berichte aus den Tätigkeitsfeldern des jeweiligen Ordens[121].

Abb. 36:
"Mutter Theresias Ruf", 2, 1964, Titelseite

Emmerickblätter

MITTEILUNGEN DES EMMERICK-BUNDES e.V. 4408 DÜLMEN

1979 I   Februar 1979

Anna Katharina Emmerick

Das Bild ist vor genau 100 Jahren entstanden.
Der Künstler (Zodel?) ist sonst nicht bekannt.

Abb. 37:
"Emmerickblätter", I, 1979, Titelseite

Abb. 38:
"Paulinenbrief", Nr. 22/23, Februar 1962,
Titelseite (Photo der Grabeskapelle)

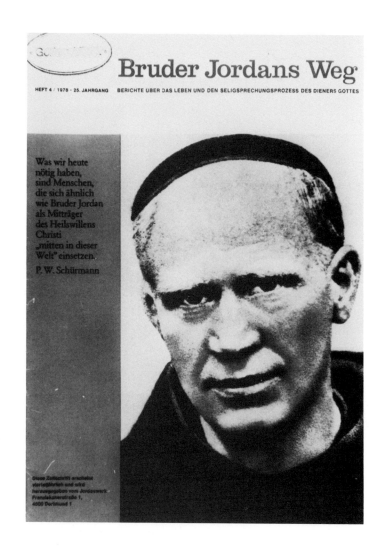

Abb. 39:
"Bruder Jordans Weg", 4, 1978, letzte Ausgabe mit
herkömmlichen Titelblatt

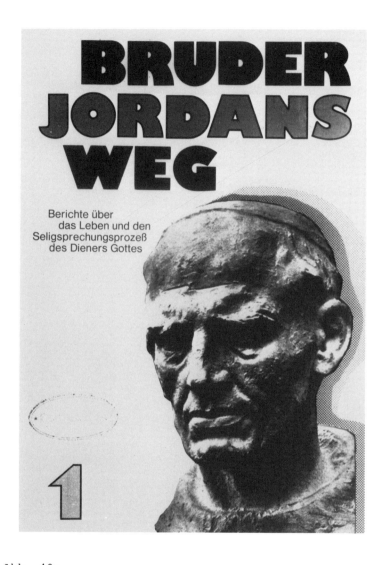

Abb. 40:
"Bruder Jordans Weg", 1, 1979, erste Ausgabe mit
neuem Titelblatt

Jean GUITTON
de l'Académie Française

PRÉSENCE DE
CATHERINE EMMERICH

Cette étude est extraite de l'ou-
vrage « Jésus parmi les siens »
de Catherine Emmerich.

TÉQUI

Abb. 41:
Titelseite der französischsprachigen Schriftenreihe
über Anna Katharina Emmerick

Mother Pauline Leaflet

| Vol. XXIII | OCTOBER, 1963 | No. 2 |

A SAINT FOR OUR TIMES

Sermon of the Most Reverend Archbishop Lorenz Jaeger on the Occasion of the Re-interment of the Mortal Remains of the Servant of God, Pauline von Mallinckrodt.

"What have I in heaven, and besides Thee what do I desire upon earth. Thou are the God of my heart." — (Psalm 72, 25)

Dear Sisters, dearly Beloved in Christ:

We are assembled to entrust again to Mother Earth the mortal remains of the Servant of God, Pauline von Mallinckrodt.

During the Apostolic Process we exhumed her tomb a few days ago. It was for all an unforgettable experience when we were privileged to raise the casket perfectly intact from the crypt and to open it.

Although death had done its work on the deceased mother, nevertheless, the corpse did not show the terrors of death. On the contrary, it inspired in indescribable sacredness and reverence. Even in this state, one could readily perceive something of the nobility and greatness by which this remarkable woman distinguished herself in her lifetime and which left such a deep impression on all with whom she came in contact.

What was it that made a meeting with Mother Pauline von Mallinckrodt such a memorable one for everybody? What was it that left the impression of nobility and greatness with her contemporaries and with us today?

Much has been said and written about this question. Some seem to find the answer to the mystery in this: that this woman distinguished herself during her lifetime by great interior and exterior determination.

Everybody was impressed by her clarity and decisiveness in word and deed, by the truly manly fortitude with which she mastered the difficulties of life. Again, others want to find this greatness in her ardent piety, a piety that accompanied her even to

Abb. 42:

Titelseite der englischsprachigen Schriftenreihe über Pauline von Mallinckrodt "Mother Pauline Leaflet"

Wie die allgemeine Gebets- und Erbauungsliteratur, so erscheint
auch ein Teil der Schriftenreihen im Ausland:
über Pauline von Mallinckrodt in den USA (Mother Pauline Leaflet),
über Anna Katharina Emmerick in Frankreich (Présence de Catherine Emmerich).

4.1.1.3
Monographien[122]

Neben den biographischen Kleinschriften (Viten) existieren für
einige der behandelten Personen zusätzlich noch größere Monographien, die biographisch-berichtende und fromm-erbauliche Züge tragen. Häufig ist bei diesen Arbeiten nicht nur das Leben
der betreffenden Person, sondern zugleich die zeitgeschicht-
liche Situation (z.B. Ereignisse in der Geschichte des Ordens
von Theresia Bonzel, Pauline von Mallinckrodt oder Euthymia
Ueffing) behandelt.

Für den Kult spielen diese Schriften eine geringere Rolle als
die unter den vorhergehenden Punkten genannten, da sie nur von
einer relativ kleinen Personenzahl gelesen werden.

Über Inhalt und Stil läßt sich häufig dasselbe sagen wie zu den
eigentlichen Erbauungsschriften.

Eine Sonderrolle spielen in diesem Zusammenhang die großen Veröffentlichungen zum Tode Bischof von Galens, die infolge der
Bedeutung des Bischofs von Münster erschienen; sie sind primär
historische Arbeiten, zu Anfang ohne jede deutliche Betonung
einer "Seligsprechungsabsicht".

4.1.1.4
Zeitungs- und Zeitschriftenartikel[123]

Diese Veröffentlichungen, von denen nur schwer eine vollstän-
dige Liste zusammenzustellen ist, tragen zwei unterschiedliche
Züge: Bei einer Gruppe handelt es sich um Veröffentlichungen,

die in religiösen Zeitschriften erscheinen und inhaltlich in
die "Sparte" Erbauungsschriften einzugliedern sind; bei der
zweiten um Artikel, die in der regionalen Presse häufig aus Anlaß des Todestages, des Geburtstages oder irgendeines anderen
Gedenktages der verehrten Person erscheinen. Inhaltlich berichten diese Artikel über das Leben der verehrten Person sowie
über die Formen und Ausmaße der bisherigen Verehrung.

Beide Artikelgruppen haben Kultförderung zur Folge, die ersten
direkt, die zweiten als "Erinnerungshilfe" indirekt.

4.1.1.5
Sonstige Veröffentlichungen[124]

Neben der bisher beschriebenen "Primär-Literatur" (außer den
Zeitungs- und Zeitschriftenartikeln können wohl alle bisher genannten Veröffentlichungen als solche gelten) existiert auch
eine "Sekundär-Literatur":

Gemeint sind die Veröffentlichungen in größeren Heiligenver-
zeichnissen und -legenden, die keine neuen Informationen bringen, sondern lediglich stichwortartige Zusammenfassungen zu
Leben und Kult des Dieners Gottes bringen.

Für die Förderung der Verehrung haben diese Veröffentlichungen
wenig Bedeutung, da zumindest die Heiligenlexika normalerweise
selten von den Devotanten gelesen werden.

4.1.2
Werbung für die Schriften

Um einen möglichst großen Personenkreis anzusprechen und so die
Verehrung bekannter zu machen, ist es notwendig, für die Schriften (Erbauungs- und Gebetsschriften sowie Schriftenreihen) zu
werben.

Das geschieht zunächst durch Anzeigen in den Heften selbst, in denen auf Neuerscheinungen zum eigenen Kult oder auf Literatur zum "Nachbarkult" aufmerksam gemacht wird[125].

Neben dieser schriftlichen Werbung sollen auch die Devotanten neue Bezieher der Verehrungsliteratur werben. Auf diese Art konnte sich die Auflage von "Bruder Jordans Weg" um einige tausend steigern. Der zuständige Redakteur P. Waltram Schürmann ofm bat jeweils in einem kurzen Wort ("Ein Brief für Sie") jeden Bezieher, einen neuen Abonnenten zu werben[126], eine Bitte, die sich in der stark steigenden Bezieherzahl auswirkte.

Häufiger kommt es auch vor, daß Devotanten als Ausdruck des Dankes der verehrten Person gegenüber neue Bezieher der jeweiligen Zeitschrift werben oder an eine bestimmte Anzahl von Personen Gebets- und Erbauungsliteratur weiter verteilen.

4.1.3
Vertrieb der Schriften

Ein Teil der Verehrungsliteratur, - die Schriftenreihen -, gehen regelmäßig an eine bestimmte Devotantengruppe (man könnte sagen, an die "Kerngruppe" der Devotanten); sie werden diesen mit der Post zugeschickt.

Neben dieser regelmäßigen Postzustellung bestehen eine Reihe anderer Möglichkeiten, den Verehrern die Schriften (Gebetszettel, Gebets- und Erbauungsliteratur) zukommen zu lassen.

Zunächst wird auf Bestellung jede Schrift verschickt[127] oder durch das jeweilige Kloster verteilt. Weiter bieten sich die sogenannten Schriftenstände in den Kirchen an, die Hefte zu verbreiten. Hier ist jedoch eine Differenzierung nötig: Längst nicht alle Kirchen weisen Schriftenstände auf, und in den vorhandenen findet man auch nicht in jedem Jordan- oder Euthymia Literatur (usw.). Der Vertrieb dieser Schriften ist vielmehr auf besondere Kirchen beschränkt, die einen großen Absatz garantieren: Wenig findet man die Schriften in "normalen" Pfarrkirchen, mehr in ordenseigenen Kirchen[128] und in Wallfahrtskirchen[129].

Der "Haupt-Vertriebsort" der Schriften aber ist normalerweise
das Grab der verehrten Person. Hier ist an Heften, Gebetszetteln,
Devotionalien und Ansichtskarten alles zu haben, "was auf dem
Markt ist". Ein großes Angebot findet man hier an den Gräbern
von Jordan Mai, Anna Katharina Emmerick[130] und Euthymia Ueffing, bei der die Verteilung der Schriften die am Friedhof liegenden Gärtnereien und das sogenannte Hüffer-Stift, ein ordens-
eigenes Altenheim, übernommen haben. Bei von Galens Grab im Dom
erhält man den Gebetszettel, bei Pauline von Mallinckrodts in
der Konraduskapelle überschüssige "Paulinenbriefe".

Nicht zu unterschätzen ist die Verteilung der Schriften unter
den Devotanten selbst, die entweder eigene Hefte weitergeben[131]
oder speziell für die Verteilung erworbene Exemplare an andere
mögliche Devotanten liefern[132].

4.1.4
Kosten der Schriften

Die Kosten sämtlicher Heftchen sind relativ gering. So kosten
die Hefte der Schriftenreihen selbst sogar nichts[133], sie sind
ein Geschenk des jeweiligen Ordens an die Verehrer der Diener
Gottes. Statt eines festen Bezugspreises wird um eine Spende
gebeten, für die den Heften Zahlkarten beiliegen, die "aber
keineswegs eine Bitte oder gar Aufforderung zu einer Spende
sein" sollen. Daß trotzdem genügend Gelder durch diese Zahlkarten eintreffen, zeigt die Tatsache, daß sich bisher alle Schriften selbst finanzierten und eine stattliche Summe für den Seligsprechungsprozeß und andere Aufgaben der Vizepostulaturen
übrigblieben.

Auch Gebetszettel sind entweder umsonst[134] oder zu Pfennigbe-
trägen zu erhalten[135].

Die größeren Hefte der Gebets- und Erbauungsliteratur schließlich kosten zwischen 1,-- DM und 4,-- DM[136].

4.1.5
Auflagenhöhe

Infolge der Werbung und der geringen Kosten, aber auch des In-
teresses, das auf Seiten der Devotanten für diese Schriften besteht, erreichen sie relativ hohe Auflagenziffern.

Hier die vom Verfasser festgestellten Zahlen als Beispiele:

Theresia Bonzel, Viten (Eilers 1964):	15.000
Pauline von Mallinckrodt:	Schriftenreihe Paulinen-brief, zweimal jährlich, je 18.000
Jordan Mai:	"Bruder Jordans Weg", viermal jährlich, je 24.500
	Viten: Ermert 7.000 / Bierbaum 60.000 / Vonder-heide 25.000 / Eilers 40.000
	Novenen und Gebetslitera-tur: Bierbaum 235.000 / Maschke 30.000 / "Br. Jordans Briefe" 15.000
	Gebetszettel: etwa 500.000
Kaspar Schwarze, Viten (Bierbaum):	25.000
Euthymia Ueffing:	Schriftenreihe, 1961-1971, monatlich je 35.000
	Viten: Meyer 155.000 deutschsprachige, 100.000 fremdsprachige / Eche 64.000 / Padberg 20.000
	Novenen: 600.000
	Gebetszettel: französisch 15.000 / deutsch 1.000.000
	Postkarten: 40.000
	Fotos: 150.000

Addiert man diese als Beispiele aufgeführten Zahlen, so sind
bei den "Spitzenreitern" Jordan Mai und Euthymia Ueffing immer-
hin 4.000.000 bzw. 6.500.000 Veröffentlichungen zu verzeichnen.
Insgesamt zwar hohe Auflagenziffern, die im Vergleich mit anderen Massenlesestoffen jedoch relativiert werden[137] und deren
Bedeutung deshalb nicht überschätzt werden darf, zumal eine
große Personenzahl ja nicht nur ein Heft, sondern alle Exemplare der betreffenden Schriftenreihen und weitere Hefte besitzt,
so daß die Zahl der tatsächlich angesprochenen Personen unter
der Auflagenziffer liegt[138].

4.1.6
Auswirkungen auf die Kulte

Alle Schriften haben grundsätzlich durch Information über die
heiligmäßigen Personen eine Kultförderung zur Absicht, bei den
verschiedenen Kulten allerdings in unterschiedlicher Form. Hier
kann der Gedanke aus Punkt 3.4.3 (Erste Erbauungs- und Gebetsliteratur) weitergedacht werden; manche Literatur erscheint
erst zur Förderung der Seligsprechungsprozesse, andere schon
unmittelbar nach dem Tode des jeweiligen Dieners Gottes.

Theresia Bonzel:	Gebets- und Erbauungsliteratur so- wie Schriftenreihe seit Beginn des Prozesses, vorher wenig Veröffent- lichungen.
Anna Katharina Emmerick:	Gebets- und Erbauungsliteratur um die Jahrhundertwende (Prozeßbeginn) und etwa seit 1974 (Wiederbelebung des Kultes), seit neuestem Schrif- tenreihe. Zu besonderen Gedenktagen (z.B. 100. Todestag 1924) zahlreiche Beiträge.
Clemens August von Galen:	Monographien (besonders 1946-1948), kaum Gebets- und Erbauungsliteratur.

Pauline von Mallinckrodt:	Monographien, Zeitungsberichte zu besonderen Gedenktagen, relativ wenig Gebets- und Erbauungsliteratur, seit 1950 Schriftenreihe.
Jordan Mai:	Durchgehende Folge von Gebets- und Erbauungsliteratur seit 1924, kaum Monographien, seit 1954 Schriftenreihe.
Kaspar Schwarze:	Erbauungsliteratur zur Einleitung des versuchten Seligsprechungsprozesses (1927-1934), regionale Zeitungsberichte (1926-1979).
Euthymia Ueffing:	Durchgehend Gebets- und Erbauungsliteratur, kaum Monographien.

Zu den Quantitäten lassen sich folgende Feststellungen machen: Je mehr "wissenschaftliche" Monographien, desto weniger Gebets- und Erbauungsliteratur (von Galen); und umgekehrt, je mehr Gebets- und Erbauungsliteratur, desto weniger Monographien (Jordan Mai und Euthymia Ueffing).

Diese Quantitäten haben eine Auswirkung auf den Kult: Je mehr Gebets- und Erbauungsliteratur, desto größer der Kult (Jordan Mai und Euthymia Ueffing), größere Monographien (von Galen und Anna Katharina Emmerick) wirken sich nicht merklich fördernd auf die Verehrung aus.

4.2
Gebetskult

Heilige kommen ihren Verehrern in vielen Nöten wunderbar zur Hilfe. Diese Einstellung charakterisiert einen Hauptaspekt volkstümlichen Heiligenkultes, den des Gebetes zu den verehrten Personen um deren Hilfe.

Theologisch ermöglicht wird diese Verehrung durch die Auffassung, daß die Gemeinschaft der Heiligen (im ursprünglichen Sinn, also die Gemeinschaft aller Christen) nicht mit dem Tode aufhört, sondern über ihn hinaus dauert. Die Gemeinschaft der Kirche setzt sich nach katholischem Kirchenverständnis nämlich zusammen aus den Gläubigen auf Erden, den Heiligen (= Gläubige, die nach dem Tode vollendet bei Gott sind) und den Verstorbenen (sog. "Armen Seelen", d.h. Gläubige, die noch nicht zur Vollendung in Gott gelangt sind)[139].

Dogmatisch möglich wird die Heiligenverehrung als mittelbare Gottesverehrung, die theozentrisch-christozentrisch ausgerichtet ist[140]. Deshalb kann Rahner die Heiligenverehrung eine Anbetung Gottes nennen[141], denn verehrt werden die Heiligen ja nur wegen ihrer Begnadung durch Gott in Jesus Christus.

Das Konzil von Trient (1545-1563) formulierte in seiner letzten (25.) Sitzung die Lehre von der Heiligenverehrung erneut, indem es feststellte, "daß es gut und nützlich sei, sie (= die Heiligen) demüthig anzurufen, und zur Erlangung der Wohlthaten von Gott, durch seinen Sohn, Jesum Christum, unsern Herrn, der unser alleiniger Erlöser und Heiland ist, zu ihrer (= der Heiligen) Fürbitte, Hülfe und Beistand Zuflucht zu nehmen"[142]. Die Heiligen dürfen nach katholischer Lehre also verehrt und um Fürbitte angerufen werden, eine Verpflichtung hierzu wird vom Lehramt jedoch nicht gelehrt. Außerdem bemühte sich das Konzil von Trient, Entartungen der Heiligenverehrung zu vermeiden, indem es bestimmte: "Ferner soll auch aller Aberglaube bei Anrufung der Heiligen... vermieden werden"[143].

Die Lehre über die Fürbitte der Heiligen wurde wiederum bestätigt durch das Zweite Vatikanische Konzil (1963-1965), das in der Konstitution über die Kirche im 49. Artikel feststellt: "Denn in die Heimat aufgenommen und dem Herrn gegenwärtig, hören sie (= die Heiligen) nicht auf, durch ihn, mit ihm und in ihm beim Vater für uns Fürbitte einzulegen..."[144].

Im Konflikt zur kirchlichen Lehre aber stand und steht offensichtlich häufig die Art und Weise volksfrommer Heiligenverehrung. Die Praxis sieht den Heiligen nicht in seiner Funktion als Fürbitter, sondern mißt ihm, - der im Leben stark und bedeutend war -, nur zu oft auch nach dem Tod besondere Kräfte

zu. Er wird nicht selten verehrt als ein Toter, der besonders
ausgezeichnet ist, besondere Kraft besitzt und über andere Menschen erhoben ist. So ist es möglich, daß "zu den Heiligen als
besonders machtbegabten Wesen gebetet wird, die selbst von sich
aus den Gläubigen helfen können"[145].

Hier ist ein offener Gegensatz zwischen kirchlicher Lehre von
der Fürbitte der Heiligen bei Gott und dem volkskundlichen Hei-
ligenbegriff festzustellen.

Wie sich dieses fürbittende Gebet konkret in den zu untersuchenden westfälischen Kulten darstellt, soll jetzt erörtert werden.
Dabei betrachten wir sozusagen die "Kehrseite" des vorhergehenden Kapitels der Schriftenwerbung, besonders durch die Gebetsliteratur, die als ein Ergebnis das Gebet zu den "Dienern Gottes" haben soll[146], und zwar, - wie immer betont -, zunächst in
privatem Rahmen. Dieses Gebet und seine Erhörung sind notwendig
für die erfolgreiche Weiterführung des Seligsprechungsprozesses.

4.2.1
Fürbittendes Gebet

Ein Gebet ist - volkskundlich gesehen - "eine mündliche Äuße-
rung an Gottheiten oder Heilige"[147], die sich vom Zauberspruch
dadurch unterscheidet, daß sie die Erfüllung der Bitte ins Ermessen der Gottheit stellt.

Die Theologie unterscheidet in Lob-, Dank- und Bittgebete und
stellt fest, daß auch unter Anrufung der Heiligen gebetet werden darf. Während für die Kirche das Lobgebet die höchste Form
des Betens ist, weil es losgelöst von allen Forderungen geschieht, spielt im Volksleben das Bittgebet die größere Rolle.
Es ist immer stark verbunden mit Opfern und Versprechen für
den Fall der Erhörung[148] (Votive). Gerade die nicht kanonisierten "Heiligen" nehmen in diesem fürbittenden Gebet einen bedeutenden Platz ein. Schauerte deutet dieses Phänomen folgendermaßen: "Zuweilen bevorzugt das Volk neue Heilige oder solche,

die nicht allgemein verehrt werden, in dem naiven Glauben, bei
diesen nicht soviel angerufenen Heiligen eher Gehör zu finden"[149].

Beispiele dieser Bittgebete finden wir zunächst in den angebotenen Novenenheftchen oder auf den Gebetszetteln. Diese Gebete
sind mit Absicht relativ neutral gehalten, damit sie im Gedanken des Beters je mit seinen eigenen Anliegen gefüllt werden können. Neben diesen vorformulierten Formen des Gebetes
gibt es auch die freiformulierten, die von den Devotanten selbst
stammen. Über sie Zeugnisse zu finden, ist nicht so einfach, da
sie normalerweise nie veröffentlicht oder auch nur mitgeteilt
werden. Dem Verfasser sind drei dieser Gebete bekannt.

Zu Kaspar Schwarze: "Wir empfehlen uns in die ewige Anbetung,
wie es der Betkaspar getan, wo immer sie
gehalten wird. Du liebe Gottesmutter und
all ihr lieben Engel und Heiligen wollet
statt unser den Lobgesang singen und
sprechen immerdar: Gelobt und angebetet
sei ohne End', Jesus Christus im allerheiligsten Altarsakrament"[150].

Zu Jordan Mai: "Gottseliger Bruder Jordan Mai,
Vom Himmel mir ein Helfer sei.
Du warst gehorsam, fromm und rein,
hilf mir ein frommes Kind stets sein"[151].

Ebenfalls zu Jordan Mai bei der Grundsteinlegung eines Hauses:
"Bruder Jordan, hilf, daß das Haus gedeiht,
uns allen zur Freude und keinem zum Leid.
Halt Sünden und Leid und Sorgen fern.
Gib daß gute Freunde weilen gern.
Wir blicken auf dich voller Vertrauen, -
mit deiner Hilfe wollen wir bauen"[152].

Wie abhängig auch das fürbittende Gebet von äußeren, organisa-
torischen Gegebenheiten ist, zeigt die Tatsache, daß eben gerade wieder die Diener Gottes, deren engerer Verehrerkreis besonders mit notleidenden Menschen zu tun hat, auch die meisten
Gebetserhörungen (und somit vorher die meisten fürbittenden Ge-

bete) verzeichnen. Namentlich die Krankenschwestern steuern
einen bedeutenden Anteil zur Gebetsverehrung von Schwester Euthymia Ueffing, Jordan Mai, Theresia Bonzel und Pauline von
Mallinckrodt bei, indem sie die hilfesuchenden Patienten auch
auf die außerordentlichen Hilfen durch diese Personen hinweisen oder durch Handlungen unterstützen (Gebetsbildchen unters
Kopfkissen legen / Erde vom Grab auflegen usw.)[153]. Auf diese
Förderung des Gebetskultes verzichten müssen alle die, deren
engerer Verehrerkreis nichts mit Kranken zu tun hat (z.B. Graf
von Galen), was sich auch deutlich auf die Quantitäten der Erhörungen auswirkt. Neben der Förderung des Gebetskultes durch
die zuständigen Ordensleute ist auch die durch die anderen Devotanten nicht zu unterschätzen[154]. Auch hier erfreuen sich
gerade die Kulte, die schon zu Beginn einen großen Devotantenkreis zählen, einer starken Erweiterung durch mündliche Werbung.

In den Rahmen des fürbittenden Gebetes gehört weiter auch die
Gewohnheit, eine heilige Messe in dem betreffenden Anliegen zu
feiern[155]. Dabei handelt es sich zwar formal-kirchenrechtlich
noch nicht um eine Messe zu Ehren der verehrten Person, die helfen soll (da diese ja nur kanonisierten Seligen und Heiligen
vorbehalten ist), sondern um eine Votivmesse in bestimmten Anliegen; diese Unterscheidung ist jedoch in großen Kreisen der
Verehrerschar nicht bewußt, und so schicken Devotanten Stipendien (Geldopfer) für Messen zu Betkaspar[156] oder zum guten Bruder Jordan[157], und zwar manchmal in solchen Mengen, daß die
Vizepostulatur Bruder Jordans öffentlich bat, "nicht möglichst
viele Stipendien zu schicken"[158], sondern sich mit der dienst-
täglichen Meßfeier für die Anliegen der Verehrer Bruder Jordans zu begnügen.

Durch das Gebet in der Meßfeier soll das den Devotanten bedrük-
kende Anliegen verstärkt zum Heiligen und somit zu Gott gebracht werden.

Eine weitere "Intensivierung" des fürbittenden Gebetes finden
wir in der Gewohnheit, die Gebetsanliegen nicht nur selbst dem
Verehrten anzuvertrauen, sondern sie auch der tragenden kirch-

lichen Instanz, meist den Orden, mitzuteilen und so durch eine
größere Betergruppe vertreten zu sein. Diese Mitteilung von Gebetsanliegen - und zwar in großer Zahl[159] - finden wir besonders bei Pauline von Mallinckrodt, Euthymia Ueffing und Jordan
Mai[160]. Die Anliegen werden entweder schriftlich den Ordensmit-
gliedern anvertraut (z.B. durch Aushang am "schwarzen Brett"
des Klosters der Schwestern der Christlichen Liebe in Paderborn) oder mit ins sogenannte Chorgebet der Ordensleute übernommen.

4.2.2
Grabbriefe

Auch die Grabbriefe sind eine Form des fürbittenden Gebetes an
die verehrte Person. Sie sollen deshalb in einem gesonderten Abschnitt behandelt werden, weil sie besonders geeignet sind, genauer auf die Anliegen der Devotanten einzugehen, sind sie doch
eine konkrete schriftliche Quelle über die Gebetsbitten an die
Diener Gottes.

Grabbriefe gibt es bei den westfälischen Kulten nur in Paderborn bei Pauline von Mallinckrodt[161], etwa seit 1926 (Beginn
des Seligsprechungsprozesses). Begründet wird diese Tatsache
durch die Lage des Grabes in der Konraduskapelle, die es zuläßt, bei jedem Wetter Brief auf das Grab zu legen und sie dort
geraume Zeit liegen zu lassen, was ja bei auf öffentlichen Friedhöfen gelegenen Gräbern nur schwer möglich ist. Der Grund für
das Vorbringen der Bitten in dieser Form liegt für Schauerte
darin, daß "in diesem Brauch der Grabbriefe der urtümliche Glaube an die Macht des geschriebenen Wortes zum Ausdruck kommt.
Die geschriebenen Bitten sollen ferner dem gesprochenen Gebet
Dauer und intensive Wirkung verleihen, sollen Gebetsverstärkung
und ein fortwährendes, dauerndes Gebet sein; sie sind Manifesta-
tionen eines interessebetonten Betens..."[162].

Die Briefe werden entweder von den Hilfesuchenden persönlich am
Grab niedergelegt oder mit der Post an die Schwestern geschickt,
die sie dann stellvertretend für den Devotanten zum Grab bringen. Dort bleiben sie etwa sechs bis acht Wochen liegen, dann
werden sie von der zuständigen Schwester weggenommen und archiviert. Von den Briefen aus der Zeit von 1926 bis 1945 sind keine mehr vorhanden, da sie alle beim Brand des Klosters im Krieg
vernichtet wurden. Auch aus der Folgezeit fehlen die Belegexem-
plare, da man erst 1955 mit dem Sammeln begann.

In der Zeit von 1955 bis 1979 wurden rund 550 Grabbriefe archiviert, jährlich zwischen zehn und 100.

Bei den Absendern handelt es sich größtenteils um weibliche Personen verschiedenen Alters, um Ordensfrauen, Hausfrauen und sehr
viel um Kinder und Jugendliche, besonders aus dem Gebiet um Paderborn sowie ganz Nordrhein-Westfalen (hier wieder aus Orten
und Institutionen, in denen die Schwestern der Christlichen Liebe tätig sind, so aus dem Agnesstift, einem Mädchen-Heim in
Bonn), aber auch aus den USA und Südamerika, wo ebenfalls Klöster der Schwestern der Christlichen Liebe existieren.

Formal handelt es sich um wirkliche Briefe, - teils sehr lang
und ausführlich, teils Notizzettel, wenig maschinenschriftlich,
sondern meistens mit der Hand geschrieben, manchmal mit Absendern versehen oder von Kindern mit Zeichnungen verschönert.
Nach der persönlichen Anrede (z.B. "Ehrwürdige Schwester Mutter
Pauline!" oder "Liebe Mutter Pauline!" oder "Selige Schwester
Pauline von Mallinckrodt!") wird das Anliegen vorgetragen, dessen Erfüllung häufig mit einem Geschenk (Wallfahrt nach Paderborn, Werl oder Lourdes / Gebete / Geldspenden / Blumen- oder
Kerzengeschenke) belohnt werden soll. Bei der Formulierung dieser Bitten gehen die Absender nicht immer "dogmatisch richtig"
vor, d.h. sie bitten nicht nur um Fürbitte Pauline von Mallinckrodts, sondern auch um deren persönliche Hilfe und Wunderwir-
kung, - ein Zeichen für die Unklarheit über die Funktion der
Heiligen, die die katholische Kirche lehrt ("Du mußt ein Wunder wirken, du mußt helfen, wir glauben, daß du hilfst, du
kannst gar nicht anders!").

Den Abschluß des Briefes bildet oft ein Gruß oder ein vorheriges Dankeswort. Manchmal wird zur Verstärkung der Bitte, etwa als "Erinnerung" für Mutter Pauline, auch ein Foto des Bittstellers beigelegt[163].

Inhaltlich bieten die Briefe eine große Fülle unterschiedlicher Anliegen, die häufig vom Alter des Schreibers abhängig sind. So bitten Erwachsene um Gesundheit, Hilfe in einer Krankheit (z.B. Krebsleiden) für Angehörige (Vater, Mutter, Sohn, Bruder, Mann), für das Wiederfinden verlorener Gegenstände ("Hilf, daß wir unsere Sparbücher wiederfinden!"), um eine gute Sterbestunde, für den Erhalt des Glaubens, um die Gnade der Bekehrung, in seelischer Not, um Heilung des Mannes von Trunksucht, für die Ehe oder um das rechte Finden eines Ehepartners ("Liebe heilige Pauline, bring meinem Bruder Johann ein gutes katholisches Mädchen als Lebensgefährtin. Wir vertrauen auf Deine Hilfe."), für Priester und Ordensleute.

Kinder und Jugendliche beten in den Anliegen, die entweder ihr Leben gerade bestimmen oder in Zukunft bestimmen werden, wenig um Gesundung in Krankheiten, mehr um gute Berufswahl und -chancen, um Friede unter den Eltern, in Prüfungen und anderen schulischen Angelegenheiten oder um Glauben.

Schauerte interpretiert die Briefdevotion folgendermaßen: "Der Brauch der Grabbriefe hat... eine religions-psychologische Bedeutung. Was die Bittenden sonst nicht mitteilen, was sie geheim halten, worüber sie nicht mit anderen sprechen, verraten solche Briefe; sie gewähren Einblick in äußere und innere Schwierigkeiten, in wirtschaftliche, religiöse und sittliche Nöte einer Familie, lassen Blicke tun in die religiöse Innenwelt, in starken Glauben und festes Vertrauen, überhaupt in eine intensive Form der Frömmigkeit, enthalten mehrfach auch ein Schuldbekenntnis und den Vorsatz der Besserung. Die Briefe lassen auch erkennen, um was unsere Gläubigen alles bitten und in welcher Formulierung; all das bleibt Außenstehenden, auch dem Seelsorger, ja sonst verborgen"[164].

Mit dieser Deutung hat er grundsätzlich sicherlich recht. Sie muß jedoch wohl erweitert werden:

Gerade die Grabbriefdevotion läßt ihrem Inhalt und ihrer Form nach Parallelen zu einer heute sehr geläufigen - allerdings profanen - Form der Mitteilung von Problemen, zum Briefeschreiben an die sogenannten "Briefkasten-Tanten" der Illustrierten und Wochenzeitschriften, erkennen. Auch diese Personen werden um Hilfe ersucht, oft in ähnlichen Anliegen, die auch Mutter Pauline von Mallinckrodt mitgeteilt werden (Eheprobleme, Trunksucht, Partnerwahl usw.). Sie sollen durch ihren Rat helfen, genau wie Pauline übernatürlich zur Hilfe kommen soll. Dieser Vergleich soll Pauline von Mallinckrodt nicht etwa zu einer "religiösen 'Briefkasten-Tante'" degradieren, muß aber angestellt werden, um zu zeigen, daß die Mitteilung von vermeindlichen Nöten heute nicht mehr nur auf Heilige beschränkt ist, von denen Rat erbeten wird. Im Zuge einer Verlagerung dieser Bitte um Hilfe in den profanen Bereich könnten die "Briefkasten-Tanten" möglicherweise sogar die Stellung eingenommen haben, die einmal allgemein die Heiligen besaßen.

Für die Mitteilung von Nöten durch Kinder schließlich sei noch ein weiterer Aspekt durchdacht. Formal sind sie wie die Anliegen der Erwachsenen durchaus mit denen in Jugendzeitschriften (z.B. "Bravo") abgedruckten Problemen, zu denen dann "Dr. Korff" Stellung nimmt ("Bravo") vergleichbar. Allerdings müssen sie auch für die Pastoraltheologie weiter interpretiert werden. Gerade die Briefe von Kindern und Jugendlichen wecken beim Durchlesen oft den Eindruck eines Hilferufes an Mutter Pauline von Mallinckrodt nicht nur infolge eines besonderen religiösen Vertrauens für sie, sondern auch wegen des Fehlens sonstiger menschlicher Bezugspersonen; Briefe, die Menschen schreiben, die sich allein gelassen fühlen, die sich nur auf diese Weise verbalisieren können, weil ihnen sonst der Gesprächspartner fehlt (ähnlich wie bei der Führung von "Tagebüchern"). Für diese Menschen ist Mutter Pauline Bezugsperson, bei Jugendlichen oft "Mutterersatz", der man seine Anliegen sagen kann und muß, weil es keinen anderen Menschen gibt, der zuhört. So werden gerade

die Briefe jugendlicher Devotanten auch zu einer Anklage gegen
unpersönliche Verhältnisse in unserer Gesellschaft. Sie sind
Zeugnisse für Verhältnisse, in denen eigentlich mehr von Menschen als von Heiligen Hilfe kommen könnte und müßte ("Bitte
hilf mir doch, daß meine Eltern sich wieder vertragen, Das mein
Vater meine Mutti nicht mehr haut. Und das meine Oma nicht mehr
so was Dummes erzählt. Das stimmt ja doch nicht..." / Bitte
beim Heimweh eines Kindes im Kinderheim, wieder nach Hause zu
dürfen. / Bitte eines Kindes aus einem Kinderheim um Post von
den Eltern.)

So müßten gerade diese Briefe auch für Eltern, Erzieher, Priester, Ordensleute usw. zu einem Ansporn werden, Kindern und
Jugendlichen als Bezugsperson zur Verfügung zu stehen und nach
ihren Kräften Probleme zu lösen, damit ein Ausweichen auf Heilige unnötiger wird. (Mit dieser Bemerkung soll nicht gesagt
sein, daß alle Bittbriefe von Kindern und Jugendlichen in diese
Richtung gehen, sondern es muß nur klar unterschieden werden
in religiöse Bitte (z.B. Gesundheit) und in solche, die auch
auf menschlicher Ebene zu lösen sind.)

4.2.3
Gebetserhörungen

Im Punkt 3.4.2 wurde der Beginn von Fürbitte und Gebetserhörung
für die westfälischen Kulte bearbeitet mit dem unterschiedlichen
Ergebnis, daß bei Jordan Mai und Euthymia Ueffing bald nach dem
Tod der Gebetskult einsetzt, bei den übrigen Personen erst nach
einer längeren Wartezeit.

Im Folgenden soll auf die weitere Entwicklung dieses Gebetskultes eingegangen werden. Das kann jedoch nicht geschehen, ohne
vorher in grundsätzlicher Weise kurz auf das Phänomen Gebetserhörung einzugehen.

4.2.3.1

Umschreibungsversuch

Im offiziellen kirchlichen Sprachgebrauch wird deutlich unterschieden zwischen einem Wunder und einer Gebetserhörung. Diese
Unterscheidung bezieht sich auf die kirchlich-objektive Wer-
tung eines Vorganges: Während ein Wunder im Sinne des kirchlichen Selig- und Heiligsprechungsprozesses ein durch Zeugen
beglaubigtes Eingreifen der übernatürlichen Macht in diese Welt
meint (nur deshalb sind bei kirchlichen "Wunderprozessen" über
Heilungen Stellungnahmen objektiver Stellen wie Ärzte notwendig), also einen objektiv feststellbaren Tatbestand darstellt,
handelt es sich bei Gebetserhörungen um subjektive Erfahrungen
der einzelnen Devotanten, die häufig objektiv nicht beweisbar
sind, da sie sich nicht selten außerhalb objektiv nachprüfbarer
Vorgänge in der Psyche der erhörten Personen abspielen[165]. So
kann es hier nicht darum gehen, zu untersuchen, ob eine Erhörung wahr, also wirklich geschehen ist oder nicht; stattdessen
muß in dieser Arbeit Form und Inhalt der Erhörungen, wie sie
von den Devotanten mitgeteilt werden, untersucht werden. Assion
versucht, die heutigen Erhörungen zu charakterisieren: "Das
'Wunder' scheint heute weniger dazu da, die Wirklichkeit zu
korrigieren, als ihr vielmehr einen Sinn zu verleihen"[166]. Der
Heilige gibt dem Erhörten ein "Gefühl der Sicherheit", das die
Verhältnisse nicht geben können, der Mensch fühlt sich geborgen in überweltlicher Fürsorge[167]. Für Assion stellt diese Ver-
änderung der Probleme durch Gebet und Erhörung jedoch keine
eigentliche Lösung dar, da durch sie die bemängelte Wirklichkeit nicht verändert, sondern nur weiter stabilisiert wird. Im
Bereich der Nöte, die besser durch Menschen als durch übernatürliche Mächte zu lösen sind, wie oben unter 4.2.2 (Grabbriefe) angesprochen, muß dieser Bewertung wohl zugestimmt werden.

Diese Unterscheidung von Wunder und Gebetserhörung ist jedoch
bei den Devotanten nicht gegenwärtig; hier gilt alles, was den
Hauch des Besonderen und Ungewöhnlichen an sich hat, bereits
als mögliches Wunder. Schauerte stellt fest: "Dieser unkriti-
sche Wunderglaube, der mehr oder minder allen Volksreligionen

eigen ist, hat sich in abgeschwächter Form bis heute erhalten. Man will Zeichen und Wunder sehen, sonst glaubt man nicht an die Heiligkeit"[168]. Gerade an dieser unkritischen Gläubigkeit, die leider durch zu massive Betonung der möglichen Hilfe durch die Diener Gottes eher noch gesteigert wird, aber liegt es, daß manche Gebetserhörungen, Assion nennt sie "triviale Wunder", auf den Außenstehenden unchristlich (Streitigkeiten, Prozeßangelegenheiten), andere auch lächerlich wirken.

Nicht von ungefähr beurteilen selbst die kirchlichen Vizepostulatoren eine größere Anzahl von Erhörungen als schlicht und einfach uninteressant, da sie wohl einer übersteigerten Phantasie der Devotanten entspringen. Neben diesen gibt es allerdings auch sehr ernst zu nehmende Mitteilungen, und selbst die "uninteressanten" können volkskundlich wieder interessant werden, da auch in ihnen Bedürfnisse, Wünsche und Vorstellungen der Devotanten mitgeteilt werden.

4.2.3.2
Gebets-"Methodik"

Der Gebetserhörung geht - wie oben dargestellt - das fürbittende Gebet voraus.

Für dieses Gebet aber ist wohl immer ein Anstoß nötig, sei es durch Erzählungen, Literatur, Zeitungsnotizen oder auch Diavortrag[169], irgendwie muß auf die Person des jeweiligen Dieners Gottes aufmerksam gemacht werden, manchmal sogar durch übernatürliche Vorgänge, wie etwa Träume[170].

Ist man aufmerksam geworden, so wird zur betreffenden Person gebetet, häufig in Verbindung mit äußeren Handlungen ("Wallfahrt", Grabbesuch, Auflegen von Erde, Bildern oder "Reliquien", Berühren des Grabes oder einer Figur der verehrten Person) oder Versprechen (Kerzen-, Blumen- oder Geldopfer, weitere Gebete, Mitteilung und Veröffentlichung der Erhörungen, Verbreitung der Verehrung des Helfers usw.)[171].

Um nicht nur auf die Fürbitte eines Heiligen angewiesen zu sein, bitten manche Devotanten sofort mehrere Helfer um ihre Fürbitte bei Gott, etwa Bruder Jordan und Antonius von Padua[172], die Gottesmutter, den heiligen Joseph und Bruder Jordan[173] oder etwa Theresia vom Kinde Jesu und Bruder Jordan[174]. Ist man erhört worden, so wächst das Vertrauen zum betreffenden Nothelfer, und er wird wiederholtermaßen zum Beistand erwählt, eine Tatsache, die bei der Auswertung der Anzahl der Erhörungen zu beachten ist, da nicht selten im Verlauf der Zeit mehrere Erhörungen von ein und demselben Devotanten mitgeteilt werden.

4.2.3.3
Quantitäten und Inhalte

Auch der Gebetskult entwickelt sich. Am Anfang stehen die kleineren Gruppen, z.B. die Orden, die die Hilfe eines Diener Gottes erbittet[175] und erfahrene Hilfe durch Veröffentlichungen bekanntmacht. Diese Veröffentlichungen haben neue Gebete und Erhörungen zur Folge[176].

Graphisch dargestellt ergibt sich folgendes Bild:

Schaubild I: Mitteilung von Gebetserhörungen bei Theresia Bonzel[177]

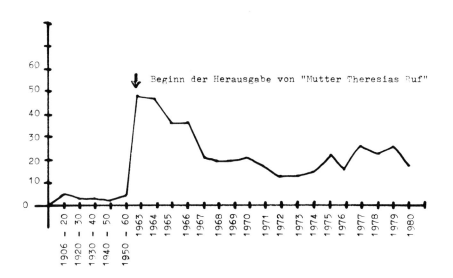

Beginn der Herausgabe von "Mutter Theresias Ruf"

1906-1920: 4 Erhörungen / 1920-1930: 2 Erhörungen / 1930-1940:
2 Erhörungen / 1940-1950: 1 Erhörung / 1950-1962: 3 Erhörungen /
1963: 48 Erhörungen / 1964: 47 Erhörungen / 1965: 36 Erhörun-
gen / 1966: 36 Erhörungen / 1967: 21 Erhörungen / 1968: 20 Er-
hörungen / 1969: 20 Erhörungen / 1970: 21 Erhörungen / 1971:
18 Erhörungen / 1972: 14 Erhörungen / 1973: 14 Erhörungen /
1974: 15 Erhörungen / 1975: 23 Erhörungen / 1976: 19 Erhörungen /
1977: 26 Erhörungen / 1978: 24 Erhörungen / 1979: 27 Erhörungen /
1980: 17 Erhörungen

Gesamtzahl: 458 in Mutter Theresias Ruf veröffentlichte Erhörungen

Schaubild II: Mitteilung von Gebetserhörungen bei Kaspar
Schwarze[178]

1911-1932: keine Erhörungen / 1933: 14 Erhörungen / 1934: 8 Erhörungen / 1935: 3 Erhörungen / 1936: 3 Erhörungen / 1937: 4
Erhörungen / 1938: 7 Erhörungen / 1939: 1 Erhörung / 1940: 1
Erhörung / 1941: 5 Erhörungen / 1942: 1 Erhörung / 1943: 1 Er-
hörung / 1944: keine Erhörung / 1945: 1 Erhörung / 1946: 1 Er-
hörung / 1947: 2 Erhörungen / 1948: 1 Erhörung / 1949: keine
Erhörung / 1950: keine Erhörung / 1951: 4 Erhörungen / 1952-
1977: nicht feststellbar / 1978: 2 Erhörungen / ohne Jahr: 10
Erhörungen

Gesamtzahl: 71 Erhörungen, die Kaspar Schwarze zugeschrieben
werden

Schaubild III: Mitteilungen von Gebetserhörungen bei Pauline
von Mallinckrodt[179]

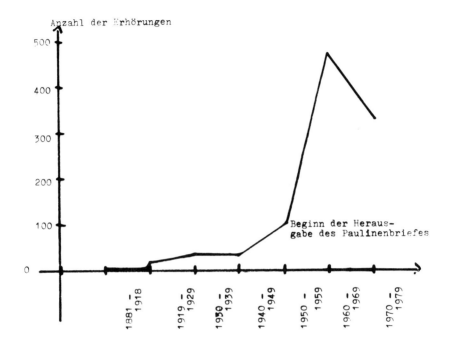

Anzahl der Erhörungen

Beginn der Heraus-
gabe des Paulinenbriefes

1881-1918: keine Erhörungen / 1919: 3 Erhörungen / 1928: 1 Erhörung / 1930: 1 Erhörung / 1931: 10 Erhörungen / 1933: 4 Erhörungen / 1934: 3 Erhörungen / 1936: 2 Erhörungen / 1939: 5 Erhörungen / 1940: 10 Erhörungen / 1942: 1 Erhörung / 1944: 1 Erhörung / 1945: 1 Erhörung / 1946: 1 Erhörung / 1947: 4 Erhörungen / 1948: 1 Erhörung / 1949: 4 Erhörungen / 1950: 4 Erhörungen / 1951: 1 Erhörung / 1952: 4 Erhörungen / 1953: 5 Erhörungen / 1954: 16 Erhörungen / 1955: 14 Erhörungen / 1956: 13 Erhörungen / 1957: 17 Erhörungen / 1958: 23 Erhörungen / 1959: 24 Erhörungen / 1960: 39 Erhörungen / 1961: 30 Erhörungen / 1962: 31 Erhörungen / 1963: 41 Erhörungen / 1964: 54 Erhörungen / 1965: 44 Erhörungen / 1966: 54 Erhörungen / 1967: 60 Erhörungen / 1968: 63 Erhörungen / 1969: 59 Erhörungen / 1970: 50 Erhörungen / 1971: 53 Erhörungen / 1972: 18 Erhörungen / 1973: 36 Erhörungen / 1974: 34 Erhörungen / 1975: 40 Erhörungen / 1976: 26 Erhörungen / 1977: 33 Erhörungen / 1978: 22 Erhörungen / 1979: 13 Erhörungen

Gesamtzahl: 966 Erhörungen, die Pauline von Mallinckrodt zugeschrieben werden.

Hierzu kommen noch etwa 500 Erhörungen, die in der Zeit von 1953 bis 1965 aus den USA nach Paderborn geschickt wurden.

Obwohl die drei bisher dargestellten Verlauflinien der Gebetserhörungsmitteilungen sehr unterschiedlich aussehen, lassen sich auch einige Gemeinsamkeiten erkennen. Alle Höhepunkte der Kurven sind zugleich gekennzeichnet durch irgendwelche Höhepunkte des Kultes, durch Umbettungsfeierlichkeiten (Kaspar Schwarze) oder durch Herausgabe der Schriftenreihen (Pauline von Mallinckrodt und Theresia Bonzel) oder durch interne Feiertage wie den Todestag der verehrten Person (Kaspar Schwarze).

Gleichzeitig zeigen die Kurven auch die beiden Entwicklungsmöglichkeiten, die ein Kult nehmen kann. Immer beginnt er relativ klein und wird durch äußere fördernde Anlässe verstärkt. Wenn diese Verstärkung jedoch dann nicht von einer tragenden Organisation übernommen wird - wie bei den Kulten von Theresia Bonzel und Pauline von Mallinckrodt -, so nimmt der Kult, der

sich selbst überlassen bleibt immer stärker ab, wie die graphi-
sche Verlaufslinie des Kultes von Kaspar Schwarze zeigt.

Als letztes Schaubild folgt nun die Darstellung des Kultes von
Jordan Mai. Sie bringt zwar nichts wesentlich Neues, da sie äußerlich der Darstellung von Pauline von Mallinckrodt ähnelt,
soll aber deshalb hier auftauchen, weil es sich beim Kult Jordan Mais um den verbreitetsten (aufgrund der meisten Gebetserhörungen) und bislang "stabilsten" handelt.

Schaubild IV a: Mitteilung von Gebetserhörungen bei Jordan Mai
von 1922[180] bis 1933 (Todesjahr bis zum Jahr
vor Beginn des Seligsprechungsprozesses) /
Aufgrund der geringen Zahl der Erhörungen in
den ersten Jahren ergeben sich Ungenauigkeiten
in der Zeichnung.

Schaubild IV b: Mitteilung von Gebetserhörungen bei Jordan Mai
von 1934 bis 1949 (Beginn des Seligsprechungsprozesses bis zur Umbettung in die Dortmunder
Franziskanerkirche)

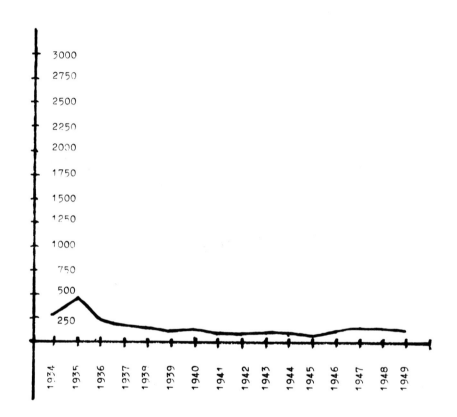

Schaubild IV c: 1950-1976

1923: 3 Erhörungen / 1924: 6 Erhörungen / 1925: 36 Erhörungen /
1926: 105 Erhörungen / 1927: 37 Erhörungen / 1928: 79 Erhörungen / 1929: 71 Erhörungen / 1930: 110 Erhörungen / 1931: 109
Erhörungen / 1932: 145 Erhörungen / 1933: 169 Erhörungen / 1934:
281 Erhörungen / 1935: 467 Erhörungen / 1936: 251 Erhörungen /
1937: 171 Erhörungen / 1938: 163 Erhörungen / 1939: 105 Erhörungen / 1940: 135 Erhörungen / 1941: 64 Erhörungen / 1942:
69 Erhörungen / 1943: 92 Erhörungen / 1944: 61 Erhörungen /
1945: 35 Erhörungen / 1946: 74 Erhörungen / 1947: 100 Erhörungen / 1948: 99 Erhörungen / 1949: 82 Erhörungen / 1950: 237
Erhörungen / 1951: 364 Erhörungen / 1952: 526 Erhörungen /
1953: 454 Erhörungen / 1954: 748 Erhörungen / 1955: 1096 Erhörungen / 1956: 1230 Erhörungen / 1957: 1588 Erhörungen /
1958: 1719 Erhörungen / 1959: 1872 Erhörungen / 1960: 2017 Erhörungen / 1961: 2187 Erhörungen / 1962: 2472 Erhörungen /
1963: 2457 Erhörungen / 1964: 2725 Erhörungen / 1965: 2818 Erhörungen / 1966: 2706 Erhörungen / 1967: 2713 Erhörungen /
1968: 2605 Erhörungen / 1969: 2094 Erhörungen / 1970: 2149 Erhörungen / 1971: 2108 Erhörungen / 1972: 2933 Erhörungen /
1973: 2140 Erhörungen / 1974: 2427 Erhörungen / 1975: 2491 Erhörungen / 1976: 2292 Erhörungen / 1977: 2276 Erhörungen /
1978: 2058 Erhörungen / 1979: 2047 Erhörungen

Gesamtzahl: 60.139 Gebetserhörungen, die Jordan Mai zugeschrieben werden.

An der vorliegenden Auflistung und graphischen Darstellung sind
wiederum eindeutige Merkmale zu erkennen: Langsamer Beginn des
Kultes, durch besondere Ereignisse (erste Forschungen im Orden
1925 / Bischöflicher Prozeß 1934 / Umbettung 1950 / Herausgabe
von Bruder Jordans Weg 1954) stark angewachsen.

Interessant ist bei weiterer Betrachtung der Kurve das Ergebnis,
daß sie über viele Jahre relativ konstant bleibt. Es fällt weiter auf, daß gerade in den Kriegsjahren, in einer Zeit, in der
es den Menschen schlecht ging und sie deshalb - nach landläufi-
ger Meinung - mehr beteten, der vermutete Zuwachs an Erhörun-

gen ausbleibt, ja die Erhörungsanzahl sogar abnimmt. An den
feierlich begangenen Todestagen (50. Todestag Bruder Jordan
Mais 1972) steigt die Anzahl der Erhörungsmitteilungen erheb-
lich an. Bei manchen Kulthöhepunkten allerdings kann man auch
von einem "Strohfeuer" sprechen (z.B. bei Kaspar Schwarze,
1933), das zwar durch Publikationen und Feiertage entzündet
worden ist, aber schnell wieder verlischt, weil sich keine tragende Organisation um die Erhaltung des Kultes kümmert. Die
steigende Anzahl der Erhörungsmitteilungen ist also nicht nur
ein Zeichnen wachsender Verehrung, sondern auch eine Folge
äußerer werbewirksamer Ereignisse im Kult.

Auffällig ist weiter der große Quantitätsunterschied. Während
Kaspar Schwarze lediglich 71 Erhörungen "verzeichnet" und es
bei Graf von Galen bisher ebenfalls nicht wesentlich mehr gibt
(etwa 100), finden wir bei Theresia Bonzel schon etwa 500 Mitteilungen, bei Anna Katharina Emmerick und Pauline von Mallinckrodt je ungefähr 1500. Die beiden "Spitzenreiter" in diesem Punkte sind aber ohne Zweifel Euthymia Ueffing mit über
30.000 und Jordan Mai mit über 60.000 Erhörungsmitteilungen.

Worauf diese Unterschiede zurückzuführen sind, bleibt letztlich
unbeantwortbar. Es kann nicht nur an Fragen der Werbung für diese Kulte liegen, denn diese ist bei Euthymia Ueffing und Jordan Mai nicht wesentlich besser als bei Theresia Bonzel, Anna
Katharina Emmerick oder Pauline von Mallinckrodt (nur die beiden Kulte von Kaspar Schwarze und Clemens August Graf von Galen werden schlechter gefördert), sondern muß auch darauf zurückzuführen sein, daß sich die Devotanten gerade mit den beiden im Leben sehr einfachen und unbedeutenden Dienern Gottes
(vergl. Punkt 2.2) besonders identifizieren können und sie deshalb mehr verehren.

Inhaltlich sind die Erhörungen der verschiedenen Kulte sehr
miteinander verwandt. Es geht immer wieder um dieselben Nöte
allgemeinmenschlicher wie wirtschaftlicher Hilfsbedürftigkeit.
Interessant ist hierbei die Feststellung, daß die Anliegen der
Devotanten recht zeitabhängig sind: Betete man früher häufig
nur um Heilungen von Krankheit, so trifft man heute auch oft

auf seelische und familiäre Nöte. In einer Zeit wirtschaftlicher
Not (Weltwirtschaftskrise der 20er Jahre) steigt z.B. deutlich
die Bitte um Erhalt des Arbeitsplatzes[181], betete man nach dem
Zweiten Weltkrieg unverhältnismäßig oft in Wohnungsanliegen, so
nimmt diese Bitte heute deutlich ab. Stattdessen finden wir
neuere Nöte wie Schul- und Examensprobleme und immer wieder die
sogenannte "seelische" Not, worunter sicherlich auch psychi-
sche Krankheiten, Orientierungslosigkeit oder Einsamkeit zu verstehen sind.

Insgesamt können folgende Anliegen festgestellt werden:
1) Heilung von Krankheiten
2) Hilfe in seelischer Not
3) Hilfe in beruflichen Angelegenheiten (Lehrstelle, Erhalt
   des Arbeitsplatzes)
4) Bitte um Schutz auf Reisen und im Urlaub
5) Hilfe in Schul- und Studienprüfungen (hier wird die Bitte
   auch oft von den Müttern der Examenskandidaten vorgetragen,
   seltener von den Kandidaten selbst)
6) Hilfe bei der Führerscheinprüfung (ein heute sehr verbrei-
   tetes Anliegen)
7) Hilfe bei Trunksucht (oft nicht vom Betroffenen selbst, sondern von seinen Angehörigen vorgebracht)
8) Hilfe im Streit mit den Nachbarn
9) Bitte um Kindersegen
10) Hilfe in Wohnungsangelegenheiten
11) Hilfe in Prozessen
12) Hilfe in finanziellen Schwierigkeiten
13) Bitte um das Finden eines Ehepartners
14) Bitte um eine gute Geburt
15) Hilfe bei Erbstreitigkeiten

Häufig werden die Anliegen, in denen eine Erhörung stattgefunden haben soll, auch einfach mit "Not" angegeben, ohne konkre-
ter zu werden.

Formal sind die Erhörungsmitteilungen sehr unterschiedlich, sie
reichen von seitenlangen Briefen über kürzere Notizen bis hin
zu Kurzmitteilungen auf Zahlkartenabschnitten der Post.

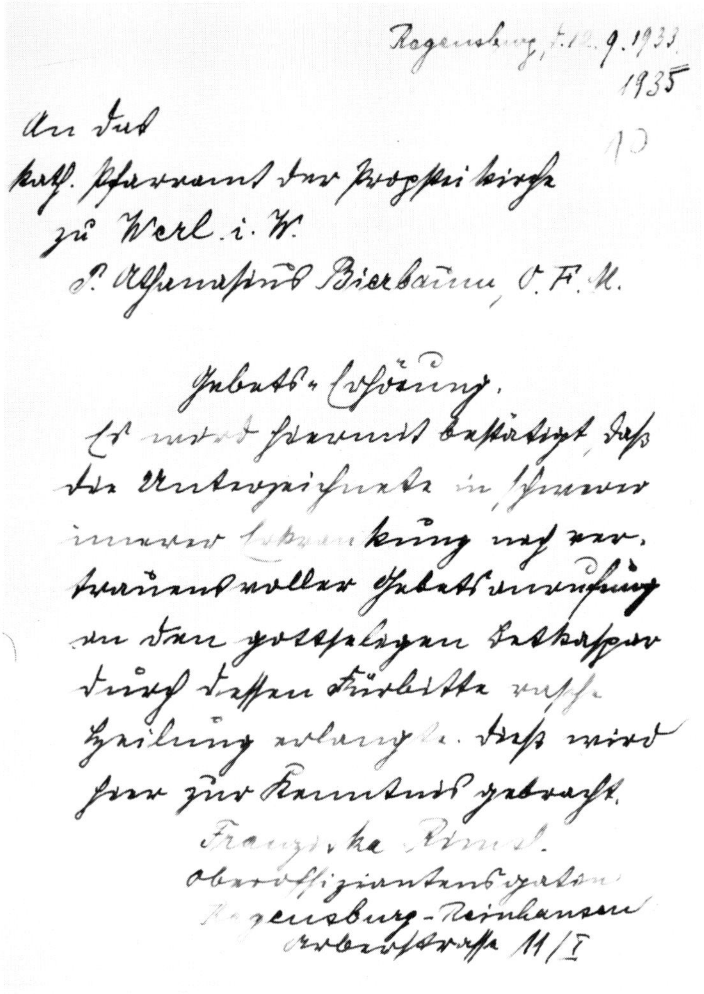

Regensburg, 12.9.1935

1935

10

An das
kath. Pfarramt der Propsteikirche
zu Werl i. W.
P. Chrysostomus Bierbaum, O.F.M.

[handschriftlicher Brief, überwiegend unleserlich]

Franziska Ernst
Oberoffiziantenswitwe
Regensburg-Reinhausen
...straße 11/I

Abb. 43:
Mitteilung einer Gebetserhörung über Hilfe in
"schwerer innerer Krankheit" (als Beispiel für
eine neutral gehaltene Erhörung), Propsteiarchiv
Werl, Akte "Betkaspar", fol. 10

Auf die Absender soll an dieser Stelle nur kurz eingegangen
werden, da dieser Frage ein eigener Abschnitt zugedacht ist:
Es handelt sich, wie die Briefe zeigen, großenteils um Kinder
oder ältere Menschen, mehr um Frauen als um Männer. Beruflich
scheint es sich um unterschiedliche Gruppen zu handeln, Kon-
kretes ist in dieser Frage selten feststellbar[182].

Beheimatet sind die Devotanten jeweils stärker in der direkten
Umgebung des jeweiligen Kultortes, wobei in dieser Frage ebenfalls keine genaueren Abgrenzungen möglich sind. So finden
sich bei allen Kulten eine Anzahl Briefe aus Westfalen, darüber hinaus aber auch viele aus anderen deutschen Gegenden oder
dem Ausland. Im Abschnitt, der sich mit der Devotantenfrage
näher beschäftigt, ist der Versuch gemacht worden, die Herkunft der Verehrer aufgrund der Mitteilungen von Spenden topographisch darzustellen.

Selten ist bei den Erhörungen von deutlicheren "Begegnungen"
mit den Helfern zu erfahren. Hier sind dem Verfasser drei Fälle
bekannt:

1) Nachdem ein Devotant in tiefer Ratlosigkeit gebetet hatte,
   traf er einen Mann, der ihm weiterhalf. Als er kurz darauf
   ins Dortmunder Franziskanerkloster kam, erkannte er auf
   einem Bild, das den lange verstorbenen Bruder Jordan Mai
   darstellte, diesen Helfer wieder[183].

2) Ein alter Mann aus Hoinkhausen, Kreis Soest, teilte dem Verfasser 1978 folgendes mit:
   "Vor etwa 15 Jahren hatte ich viel unter Gallenschmerzen zu
   leiden. In einer Nacht hatte ich eine besonders schwere Ko-
   lik.
   Ich hatte schon alle Heiligen angerufen, aber keiner half
   mir. - Da stand plötzlich "Betekäsperken" in voller Person
   am Fußende meines Bettes. Da habe ich ihm gesagt: 'Meine
   Mutter hat dir soviel Gutes getan, hilf du mir doch wenigstens.'
   Ich hatte es noch nicht ausgesprochen, da waren die Schmerzen wie weggeblasen"[184].

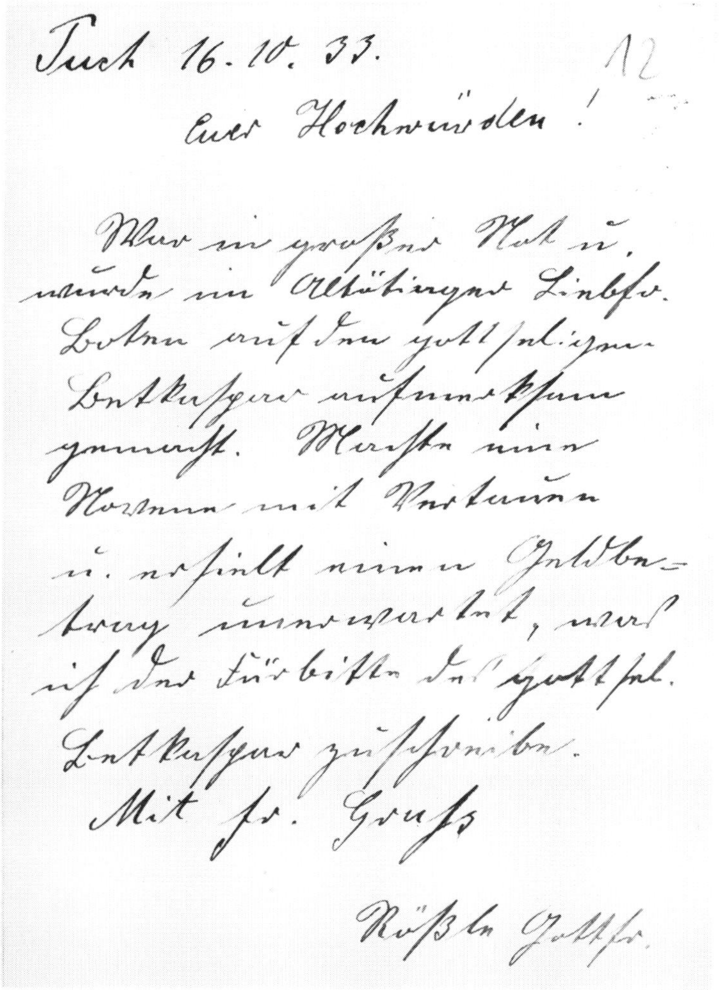

Tuch 16. 10. 33.

Euer Hochwürden!

[handschriftlicher Text, schwer lesbar]

Mit fr. Gruß

[Unterschrift]

Abb. 44:
Mitteilung einer Gebetserhörung über Hilfe in
Geldnot, Propsteiarchiv Werl, Akte "Betkaspar",
fol. 12

3) Von Bruder Verecundus Lether ofm, der unter einer Geschwulst
am Gaumen litt, ist folgendes zu erfahren. Er betete zu Bruder Jordan Mai: "Du, Bruder Jordan, Du Heinrich, ... bringst
anderen Trost, mich aber läßt du ohne den Beistand deiner
Hülfe?"
"In diesem Augenblick," sagte derselbe Verecundus, "glaubte
ich, eine geheimnisvolle Stimme zu vernehmen, die antwortete: 'Binnen drei Tagen wird's besser sein!'"
Bruder Verecundus betete eine Novene zu Jordan Mai, bei deren
dritten Tag er bereits eine Besserung verspürte. Nach einem
Monat war er völlig geheilt[185].

4.2.3.4
Patronate[186]

Oberflächlich betrachtet werden alle westfälischen Diener Gottes in den gleichen Anliegen, die das ganze wirtschaftliche und
soziale Leben der Gegenwart betreffen, angerufen[187]. Es stellt
sich hier jedoch trotzdem die Frage, ob nicht auch Spezialisie-
rungen vorkommen, ob nicht neue Patronate entstehen. Es müßte
sich hierbei dann um Nöte handeln, die bisher noch keinem bekannten Heiligen als unmittelbare Aufgabe zugeordnet waren[188],
oder aber um Sorgen, die in der Gegenwart besonders bedeutsam
und relativ neu sind.

Von kirchlicher Seite hat bisher lediglich Bruder Jordan Mai
ein eigenes Patronat zugeschrieben bekommen als "Patron der Arbeiter des Ruhrgebietes"[189]. Dieser recht neutrale Titel ist
zwar mit allerlei Inhalten zu füllen, hat sich im Volk aber anscheinend nicht weiter durchgesetzt. Im Volk nennt man Jordan
Mai manchmal den "heiligen Antonius von Dortmund"[190], eine Bezeichnung, die seine Zuständigkeiten weiter umschreibt: Er hilft
wie der heilige Antonius in fast allen Nöten. Untersucht man die
Frage des Patronates jedoch noch genauer, so findet sich auch
ein spezielles. Jordan Mai ist zuständig für Kopfschmerzen und
Gehirnkrankheiten. Dieses Patronat ist aus dem Leben Jordans

leicht zu erklären, denn er selbst litt dauernd unter heftigen
Kopfschmerzen[191]. Und so finden wir auch unter den Gebetserhörungen zahlreiche Mitteilungen von Hilfen in gerade diesem Anliegen, über Hilfen bei Kopfschmerzen, Gehirnkrankheiten, Ge-
hirnhautentzündungen, Gesichtsrose usw. Bei den Untersuchungen
zu dieser Arbeit wurde dem Verfasser von einer Devotantin denn
auch mitgeteilt: "Der Bruder Jordan hatte selbst immer Kopfschmerzen, deshalb hilft er auch dabei besonders".

Aber auch bei den anderen verehrten Personen lassen sich Ansätze eines spezifischen Patronates erkennen: Kaspar Schwarze wird
besonders in Geldnöten angerufen[192], vielleicht deshalb, weil
er selbst nie viel Geld besessen hat; Bischof Clemens August
Graf von Galen besonders bei Konversionen[193]; Schwester Euthymia anscheinend viel in Krankheiten, bei Prozessen, Führer-
scheinprüfungen und Examina[194], was wohl auf die Lage ihres
Grabes in der Universitätsstadt Münster zurückzuführen ist;
Pauline von Mallinckrodt in Anliegen, die Ehe und Familie und
hier besonders Mischehen betreffen, - wie Schauerte vermutet -
wohl deshalb weil sie selbst in einer Mischehe aufgewachsen
ist[195].

Wenn Assion in bezug auf den Kult der Ulrika Nisch urteilt, daß
das "triviale Wunder" Sonderpatronate der Verehrten[196] aus-
schließt, so kann dieser Auffassung für die westfälischen Kulte
nicht ohne weiteres zugestimmt werden.

4.2.3.5
Publizierung der Erhörungen

Die Devotanten koppeln - wie gezeigt -, ihre Gebete zum Heiligen häufig mit dem Versprechen, Erhörungen mitzuteilen, wohl
auch deshalb, weil gerade diese Mitteilungen vonseiten der tragenden Institutionen, die sie ja als Beweise einer volkstümlichen Verehrung benötigen, oft erbeten werden[197].

Veröffentlichung versprochen

In schwerer Krankheit: F. K. in W.; E. H. in T.; E. J. in G.; A. H. in V.; F. G. in E.; F. S. in M. (USA); B. S. in R.; F. W. in B. L.; G. K. in H.; E. F. in J.; E. F. in A.; S. H. in O.; M. L. in V.; M. S. in O.; K. D. in E. (Luxemburg); E. Ch. in H.; M. W. in G.; R. B. in H. (Schweiz); E. B. in F.; M. H. in S.; R. G. in R.; Sr. M. in V. (Frankreich); J. R. in G.; M. P. in U.; M. S. in W.; H.

St. in A.; G. R. in C. R.; T. Z. in H.; A. in H.; G. B. in G.; E. B. in P. (USA); G. F. in O.; J. D. in D.; A. S. in X.; M. H.; Sr. O. in St. (Norwegen); H. S. in B. L.; L. H. in B.; L. W. in J.

Bei schwieriger Geburt: M. H. in D.; N. N.; M. E. in O.; M. S. in L.

Bei Prüfungen: M. S. in H.; K. F. in P.; B. E. in A.; M. R. in B.; A. H.; E. P. in H. (England); B. V. in B.; M. B. in O.; A. S. in M.

In wichtigen Anliegen: E. H.; M. W. in H.; E. J. in M.;

M. D. in M.; A. S. in H.; M. W.; N. N.; E. R. in B.; E. B. in W.; E. S. in R.; Sr. A. in D.; H. in E.; T. S. in S.; A. K. in D.

In Sorgen um eine Arbeitsstelle: A. S. in O.; R. B. in S.; W. in L.; M. H. in H.; M. R. in U.; H. D. in E.; M. E. in H.

In Wohnungsanliegen: F. G. in B.; H. E. in D.; M. S. in W.; M. P. in A.; A. H. in L.

In ungenannten Anliegen: N. M. in B.; A. H. in D. (USA); A. N. in B.; F. H. in B. (England); F. H. in H.; M. H. in T.

Abb. 45:

Veröffentlichung von versprochenen Mitteilungen ("Bruder Jordans Weg", 1,1979, S. 10)

Zum Dank: Veröffentlichung gelobt

M. Th. in Sch.; E. R. in O. (bei schwieriger Operation); E. R.; T. W. in W.; A. P. in V.; H. H. in W. und A. H. in P. (schwere Krankheit); S. K. in W. (Operation); H. W. in W. (in seelischer Krise); L. G. in S.; G. H. in M. (Wohnung); G. L. in O.; M. M. in H.; F. W. in P.; M. S. in B. und S. L. in R. (Prüfung); F. S. in L.; J. V. in S. („zur Familie zurückgefunden"); F. J. in D. (Arbeitsplatz); N. N. in B. (Lehrstelle); W. B. in B.; S. A. in E.; M. E. in E.; G. R. in G.; E. A. in B. D. K. (Arbeitsstelle); T. M. in J./Brasilien (in finanzieller Sorge); H. Sb.; M. B. in D. (in vielen Sorgen); M. S. in H. (in gro-

ßem seelischen Leid); F. F. in M. (Hilfe bei Operation); M. K. in E.; M. P. in H.; A. H. in D./USA; A. L. in B.; R. L. in D.; E. K. in D.; K. und E. S. in B.; M. F. (in seelischer Not); T. S. in R.; N. N. in D.; A. M. in H. (Prüfung); N. N. (Hilfe bei schwerer Operation); M. L. in C.; A. N. in A. (in mehreren Anliegen); E. B. (glückliche Geburt); K. O. in O.; M. E. in M. (Auffallende Hilfe in schwieriger Rentensituation); J. St. in W. und P. G. in R. und F. P. in M. (in schwerer Krankheit); G. B. in G. („in auffallender Weise dreimal wunderbar geholfen"); H. F. in M.; G. K. in H. und V. J. (Lehr-

stelle); M. J. in W.; A. P. in K.; H. J. in P./Polen (Beistand in schwerer Krankheit); N. N. (in finanzieller Sorge); M. R. in O. („Hilfe in einer schlimmen Krankheit"); E. J. in B. (Genesung nach schwerem Unfall); M. S. in A. (Krankheit, Schule, Autofahrt); M. R. in P. (bestandene Prüfung); E. P. in R./England (Krankheit); B. T. in R. (in vielen Nöten); E. G. in S. (überstandene Operation); A. B. in S.; F. P. in M. (Krankheit); K. H. in B. (Unfall); E. A. in B. und H. B. in M. (in schweren Anliegen); C. T. und P. W. in W. (Prüfung); H. L. in M. (Lehrstelle); F. F. in B.; T. S. in S.; B. P. in P.; A. F. in I.; M. D. in M. (Arbeitsstelle); H. E. in W. und J. R. in S. (in mehreren Anliegen); M. A. in G. (Prüfung); K. Z. in H.

Abb. 46:

Veröffentlichung von versprochenen Mitteilungen ("Bruder Jordans Weg", 4, 1978, S. 10)

Wir danken Bruder Jordan

Hilfe in schwieriger Lage

Bruder Jordan hat in einer wirtschaftlich schwieriger Lage geholfen. Wochenlang habe ich auf eine wichtige Entscheidung gewartet; während einer neuntägigen Andacht traf die gute Nachricht ein. Dafür danke ich Bruder Jordan herzlich. Seit vielen Jahren verehre ich Bruder Jordan.   B. D.

In Krankheit

Seit zwei Jahren leide ich an einem Darmkrebs, wurde operiert und bekam seitdem alle sechs Wochen Spritzen, die zu schrecklichen Depressionen und Übelkeit führten. Nur durch die Fürbitte und das Vertrauen zu Bruder Jordan habe ich die Prozeduren überstanden. Dazu kam jetzt noch die freudige Überraschung, daß nach eingehender Untersuchung die Ergebnisse sehr gut waren und mein größter Wunsch, keine Spritzen mehr zu bekommen, erfüllt werden konnte. Ich führe diese Heilung nur auf das Vertrauen zu Bruder Jordan, den ich schon jahrelang verehre und der mir in vielen Nöten oft geholfen hat, zurück.   M. S.

In auswegloser Lage

In einer schier ausweglosen Lage habe ich nur eine neuntägige Andacht zu Bruder Jordan gebetet. Schon nach kurzer Zeit geschah das Unfaßbare, es hat sich alles zum Guten gewendet, wofür ich Gott und dem Bruder Jordan von ganzem Herzen dankbar bin.   N. N.

In vielen Anliegen

In vielen Anliegen und in festem Vertrauen auf Hilfe habe ich mich oft an Bruder Jordan gewandt. Ich bin fest überzeugt, durch seine Fürsprache Hilfe gefunden zu haben. Meine Bitten waren sehr vielseitig. Dem lieben Gott und seinem treuen Diener Bruder Jordan nochmal tausendfachen Dank! Das Vertrauen zu Bruder Jordan gibt mir neuen Mut zum Leben, wenn es auch oft gar nicht so einfach ist.   G. W.

Ein Zeugnis aus den USA

Ich hatte mein Knie gebrochen und die beiden Knochen unter dem Knie. War acht Wochen im Gipsverband. Die Röntgenaufnahme zeigte, daß ich Arthritis hätte, die das Heilen verlängert. Herr Pater Burger hatte mir jeden Tag die heilige Kommunion in mein Haus gebracht. Der Doktor sagte, es würde ein Jahr dauern, bis ich wieder gehen könnte. Dann habe ich eine neuntägige Andacht zu Bruder Jordan gehalten. Am Ende der Andacht konnte ich gehen. Pater Burger war so erstaunt, als er mich in der Hospitalkapelle sah, und ich zur heiligen Kommunion gehen konnte. Nachmittags habe ich P. Burger angerufen und ihm gesagt, daß ich eine neuntägige Andacht gehalten habe und daß ich am Ende der Novene gehen konnte. P. Burger sagte mir, ich solle es dem Franziskanerkloster berichten, das sei ja ein Wunder.   E. B. in P. / USA

Prüfung bestanden

Lieber Bruder Jordan! Jetzt möchte ich mein Versprechen einlösen und Dir ganz besonders danken, daß ich meine Prüfung zum Führerschein bestanden habe. Mit 57 Jahren habe ich die theoretische und praktische Prüfung mit dem ersten Anlauf geschafft. Da kann nur Bruder Jordan mir mitgeholfen haben. Ich freue mich so, weil ich es für meinen Mann, der kriegsbeschädigt ist, getan habe.   M. H.

Zwei frohe Menschen

Wir möchten Bruder Jordan danken, denn er hat uns geholfen. In schwerer Sorge und Ungewißheit bei einer Krankheit hat er die ärztliche Diagnose vor einer Operation nicht eintreten lassen. Die Operation brachte einen normalen Gallen- und Blinddarmbefund und verlief, dank Bruder Jordans Hilfe, ohne Komplikationen. Es soll ein kleines Wunder sein . . .   Zwei frohe Menschen

Abb. 47:

Veröffentlichung von ausführlichen Mitteilungen über Gebetserhörungen ("Bruder Jordans Weg", 4, 1978, S. 18)

Wir danken Mutter Theresia

Dankschreiben aus den Jahren:

1906 — 1920

In einem schwierigen Anliegen betete ich zu Mutter Maria Theresia und bat sie um ihre Hilfe. Ich besuchte in dieser Meinung mehrmals ihr Grab auf dem Olper Friedhof. Ich danke ihr, daß sie mir ihre Hilfe gewährt hat. S. D.

Zu Anfang des ersten Weltkrieges wurde ich schwer operiert. Während dieser Krankheit habe ich sehr innig zur Mutter Theresia gebetet. Die Operation und die Krankheit habe ich gut überstanden. Ich schreibe dieses der Fürbitte Mutter Theresias zu. Im Laufe der folgenden Jahre habe ich oft zu ihr gebetet und bin überzeugt, daß sie mir öfter ihre Hilfe gewährt hat. S. L.

Während des ersten Weltkrieges habe ich, als ich als Krankenschwester im Felde war, in einem sehr dringenden Anliegen die Hilfe der Mutter Theresia angerufen. Ich ging an diesem Tage 9 mal in die Kathedrale zu Rethel, um innig zu ihr zu beten. Am nächsten Tage wurde die Schwierigkeit gegen alle Erwartungen behoben, was ich der Hilfe der Mutter Theresia zuschreibe. Schw. O.

Von meiner Schwester erfuhr ich, daß in unserer Familie Unfrieden herrschte. Ich hielt daraufhin eine Neuntägige Andacht zu Mutter Theresia. Am neunten Tage bekam ich die Nachricht, daß der häusliche Frieden wiederhergestellt sei. Ich danke Mutter Theresia für ihre Hilfe. S. I.

1920 — 1930

Eine Bekannte erkrankte im Jahre 1926 sehr schwer. Der hinzugezogene Arzt erklärte mir gegenüber: nach menschlichem Ermessen sei keine Rettung mehr. Wir hielten eine Neuntägige Andacht zu Mutter Theresia und gelobten Veröffentlichung. Wider Erwarten besserte sich der Zustand der Kranken und die Genesung machte schnelle Fortschritte. Wir sind überzeugt, daß wir die Genesung der Fürbitte der Mutter Theresia zu verdanken haben, welche wir so vertrauensvoll anriefen. P. Sch.

Mein Bruder, der eine Frau und fünf Kinder zu ernähren hatte, suchte schon seit Monaten eine Anstellung und war in großer Not. Ich hielt eine Neuntägige Andacht zu Mutter Theresia und versprach Veröffentlichung, wenn sie helfen würde. Nachdem die Novene beendet war, erhielt ich einen Brief, daß mein Bruder eine sehr gute Anstellung gefunden hatte. Ich danke Mutter Theresia für ihre Hilfe. Schw. Fr.

1930 — 1940

Im Jahre 1934 erkrankte ich schwer. Der Arzt stellte eine schwere Nierenerkrankung fest. Als ich mich durch Hilfe der Ärzte etwas erholt hatte, trat die Krankheit nach einigen Wochen noch heftiger auf, so daß man für mein Leben fürchtete. Als sich der Zustand nicht besserte, nahm ich meine Zuflucht zu Mutter Theresia und bat sie um ihre Hilfe. Während der zweiten Neuntägigen Andacht stand ich am sechsten Tage frisch und gesund auf und verlangte nach einer gesunden Mahlzeit. Meine Mutter wollte es mir aus Angst vor den Folgen wehren. Als ich ihr sagte, Mutter Theresia habe mich erhört, glaubte sie mir. Alle ärztlichen Untersuchungen ergaben: „gesund". Eine Nierenerkrankung trat nicht wieder auf. Ich schreibe diese Hilfe der Fürsprache der Mutter Theresia zu. L. B.

Abb. 48:
Veröffentlichungen von ausführlichen Mitteilungen über Gebetserhörungen ("Mutter Theresias Ruf", 1, 1963, S. 20 f.)

Gebetserhörungen

Wir danken Mutter Pauline

Viel Hilfe habe ich durch die Fürbitte von Mutter Pauline erfahren. Ich bete weiter zu ihr für mein zuckerkrankes Kind. Ohne die Hilfe von Mutter Pauline, die ich ständig gespürt habe, hätte ich die letzten Wochen nicht überstanden.
M. Sch. B.

Ich sage Dank für alle Gnaden und Erhörungen auf die Fürbitte von Mutter Pauline. Ich werde weiter auf sie vertrauen und auf ihre Hilfe bauen.
A. H. R.

Herzlichen Dank der lieben Mutter Pauline für ihre Hilfe. Ich bete weiterhin in mehreren Anliegen, ich vertraue auf sie und verehre sie.
W. B. A.

Herzlichen Dank der lieben Mutter Pauline für die Erhörung meiner Bitten. Ich werde weiterhin in meinen Anliegen meine Zuflucht zu ihr nehmen.
K. N. B.

Mutter Pauline hat uns durch ihre Fürsprache wunderbar geholfen.
E. Ü. St.

Herzlichen Dank der lieben Mutter Pauline für ihre Hilfe in schweren Anliegen. Sie hat mir wunderbar geholfen und ich vertraue weiterhin auf ihre mächtige Fürbitte und werde auch weiterhin zu ihr beten.
E. W. L.

Dank der guten Mutter Pauline! Ich vertraue immer wieder ihrer Fürsprache, da ich schon oft ihre Hilfe erfahren durfte. Jetzt wieder bei einer schweren Operation wurde mir sichtbar geholfen.
E. O. L.

Hiermit danke ich Mutter Pauline, die mir in einem persönlichen Anliegen geholfen hat. Ich werde auch weiterhin zu ihr beten und ihre Fürsprache erbitten.
U. Sch. G.

Wieder habe ich Mutter Pauline zu danken. Sie hat mir und meinem Sohn geholfen. Wir bleiben dankbar.
N. N. N.

So oft schon habe ich Mutter Paulines gütiges Herz erfahren. Als Dank eine Spende. Möge ihr bald die Ehre der Altäre zuteil werden.
E. H. H.

Mutter Pauline Dank für Hilfe bei den Prüfungsarbeiten!
D. H. W.

Mutter Pauline hat wieder einmal wunderbar geholfen. Es ist alles wieder gut und wir beten weiter zu ihr. Sie steht uns bei!
M. S. Sch.

*

20

Abb. 49:

Veröffentlichungen von ausführlichen Mitteilungen über Gebetserhörungen ("Paulinenbrief", 54, Juni 1979, S. 20)

So ist es verständlich, daß tatsächlich eine große Anzahl der
Gebetserhörungen, die mitgeteilt und in den Archiven gesammelt
werden, den Vermerk tragen "Veröffentlichung gelobt", "Bitte
veröffentlichen" oder ähnliches[198].

Für diese Veröffentlichungen wurden dann die oben bereits beschriebenen Schriftenreihen eingerichtet, die unter der Rubrik
"Veröffentlichung gelobt" kurze und kürzeste Mitteilungen machen. Namen und Orte werden lediglich durch ihre Anfangsbuch-
staben angegeben und auch das Anliegen ("Not") wird nur in
einem Stichwort angedeutet, da viele dieser Mitteilungen anonym bleiben wollen.

So unterscheiden sich diese Veröffentlichungen, die eher eine
Art "Pflichterfüllung" sein sollen, deutlich von der anderen
Gruppe der Mitteilungen, die in oft langen Briefen genauestens
ihre Nöte und deren Lösung mit Hilfe der verehrten Person schil-
dern. Diese zweite Gruppe von Erhörungen, die ebenfalls veröffentlicht werden, da in ihnen - wie Assion es nennt - die
"Mitteilsamkeit, ja Redseligkeit der Schreiber gesteigert ist,
die man bei direkten Befragungen wohl kaum antreffen wird"[199],
ist für die volkskundliche Betrachtung wesentlich wertvoller
als die erste, da sie genauere Rückschlüsse auf die Anliegen
der Devotanten zuläßt.

Gebetserhörungen und deren Veröffentlichungen in religiösen
Schriftenreihen stehen in einem Abhängigkeitsverhältnis zuein-
ander. Zwar sind Mitteilungen von Erhörungen schon vor der Herausgabe der Schriftenreihen zu verzeichnen, die Anzahl steigt
jedoch deutlich mit der Publizierung. Das wird mehrere Gründe
haben: Zunächst werden Menschen sicherlich durch die Veröffentlichung auf diese Form des Gebetes aufmerksam und "versuchen"
es - angeleitet durch die angebotene Literatur - auch selbst
einmal. Letztlich auszuschließen ist jedoch auch nicht der Gedanke, "daß durch die laufenden Veröffentlichungen von Gebetserhörungen viele sich ermutigt fühlen, auch ihrerseits für erlangte Gebetserhörungen Dankschreiben abzufassen"[200].

Deshalb ist aus der Anzahl der mitgeteilten Erhörungen nie auf
die absolute Zahl der Hilfen, die vom jeweiligen Diener Gottes
ausgegangen sein sollen, zu schließen, da über die "Dunkelzif-
fer", die nicht genannten Erhörungen, keinerlei Aussagen zu
machen sind.

Durch die manchmal merkwürdigen Inhalte der Erhörungen steht
die "offizielle Kirche" ihnen kritisch gegenüber. Schauerte be-
mängelt an diesem "zwar gut gemeinten, aber nicht immer gutzu-
heißenden Brauch", daß er kirchenfeindlichen Gruppen "willkommenen Anlaß zum Spott gibt"[201].

Volkskundlich gesehen aber stellt diese Gewohnheit eine neu entwickelte Form der Votivgabe dar[202], die von der Hilfe durch den
Heiligen Zeugnis geben soll.

4.2.3.6
Bedeutung der Mitteilungen für die Devotanten

Neben der theologisch-kirchlichen Bedeutung, die diese mitgeteilten Erhörungen für den Verlauf des Prozesses haben, zeigen
sie auch eine psychologische Bedeutung für die mitteilenden
Devotanten. Sie sind sicherlich Ausdruck des Dankes für eine
erfahrende Hilfe, die die Devotanten auf die jeweils verehrte
Person zurückführen. Gerade für alte Menschen aber bieten sie
auch eine Möglichkeit, durch Briefe Kontakt zu anderen Personen zu pflegen. Hier bietet irgendeine Mitteilung über die verehrte Person oft die Chance, in Briefwechsel zu den Ordensleuten zu treten, in einen Briefkontakt, auf den eine Antwort
folgt, da alle Schreiben von den jeweiligen Orden beantwortet
werden. In dieser Frage sprechen die Zahlen für sich: So ant-
worteten etwa die Franziskaner des Dortmunder Klosters jährlich mit ungefähr 22.000 Briefen auf Fragen und Bitten von
Devotanten[203]. Neben diesen Briefkontakten bieten andere Anlässe, z.B. Fahrten zu Bruder Jordan Mai, willkommenen Anlaß, mit
anderen Menschen zusammenzukommen.

Schließlich muß auch auf den "seelischen Trost", den Devotanten durch die Diener Gottes erfahren, hingewiesen werden. Hier
sollen nicht die Bemerkungen, die oben über die oft dringend
nötige menschliche Hilfe für die Devotanten gemacht wurden[204],
zurückgenommen werden. Solange aber diese menschliche Hilfe
ausbleibt, findet man in persönlichen Nöten zumindest Trost
bei den Heiligen, ähnlich wie bei "Dr. Korff", "Dr. Heimberg",
"Frau Barbara" und wie sie alle heißen.

Hierfür zwei Beispiele:

1) "Wenn Unfriede herrscht, dann halte ich eine Novene zu Bruder Jordan und bekomme sehr oft nach dem achten oder neunten
   Tag Hilfe. Es ist für mich so beruhigend, einen himmlischen
   Fürsprecher zu haben; er gibt mir das Bewußtsein, geborgen
   zu sein, was ich sonst nicht finde"[205].
2) "Bin jetzt 71 Jahre alt, sitze schon sechs Jahre allein in
   meinem Stübchen und fühle mich glücklich mit Bruder Jordan"[206].

4.3
Grabkult

Im Punkt 3.4.1 ist bereits auf die Anfänge des Grabkultes eingegangen worden; die folgenden Überlegungen sollen daher kurz
die weitere Entwicklung mit besonderer Berücksichtigung des
heutigen Standes beschreiben.

Die einzelnen Grabkulte entwickelten sich sehr unterschiedlich,
was besonders durch die unterschiedliche Lage der Gräber zu erklären ist.

Diese stellt sich folgendermaßen dar:

Theresia Bonzel:

1905	Begräbnis auf dem Olper Friedhof
1930	Umbettung ins Kloster
1961	Elevatio der Gebeine im Zuge des Bischöflichen Prozesses
1967	Erneute Umbettung in die neue Grabeskapelle[207]

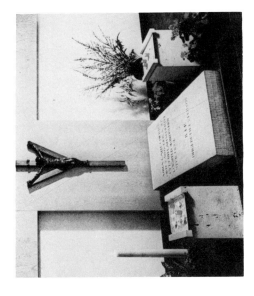

Abb. 51:

Grab der Anna Katharina Emmerick in
der heutigen Form (aus: Grabstätte
der Anna Katharina Emmerick in der Krypta
der Heilig-Kreuz-Kirche Dülmen, Titelseite

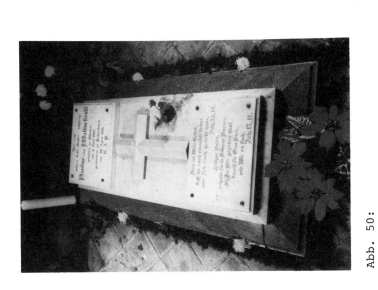

Abb. 50:

Grab der Pauline von Mallinckrodt
(Postkarte)

Abb. 52 a:
Grab von Bruder Jordan Mai auf dem
Ostenfriedhof (aus: Eilers, wie Abb.
17, S. 144 a)

Abb. 52 b:
Grab von Bruder Jordan Mai im Seitenschiff
der Kirche (Postkarte)

Anna Katharina Emmerick:

1824 Begräbnis auf dem Dülmener Friedhof, im Volksmund "Emmerickfriedhof"[208]

1975 Umbettung in die Krypta der Heilig-Kreuz-Kirche in Dülmen[209]

Clemens August Graf von Galen:

1946 Begräbnis in der Ludgerikapelle des Domes zu Münster[210]

Jordan Mai:

1922 Begräbnis auf dem Dortmunder Ostenfriedhof

1932 Elevatio im Zuge des Bischöflichen Prozesses

1950 Umbettung in die Dortmunder Franziskanerkirche[211]

1970 Verlegung des Grabes innerhalb der Kirche vom Mittelschiff ins Seitenschiff[212]

Pauline von Mallinckrodt:

1881 Begräbnis in der Konraduskapelle im Garten des Mutterhauses in Paderborn[213]

1963 Elevatio der Gebeine im Zuge des Bischöflichen Prozesses[214]

Kaspar Schwarze:

1911 Begräbnis auf dem Werler Stadtfriedhof

1933 Elevatio der Gebeine[215]

Euthymia Ueffing:

1955 Begräbnis auf dem Zentralfriedhof in Münster

4.3.1
G r a b b e s u c h

4.3.1.1
Lage des Grabes

Fünf der verehrten Personen liegen also in Kirchen oder Kapellen begraben, zwei (noch) auf öffentlichen Friedhöfen[216]. Diese Lage der Gräber wirkt sich zweifellos auf Quantität und Form

des Grabkultes aus. Bestimmte Devotionsformen, wie das Mitnehmen von Erde, sind in Kirchen und Kapellen unmöglich, andere
wie Blumen- und Kerzenschmuck werden durch Küster oder Orden
reguliert.

Die Lage des Grabes in einer Kirche oder einer Kapelle schränkt
außerdem die Anzahl der Grabbesucher deutlich ein. Daran ändern
auch Hinweisschilder, die die Besucher auf die Lage des jeweiligen Grabes aufmerksam machen sollen, nicht viel[217].

Nur das Grab von Euthymia Ueffing erfreut sich eines dauernden
Besucherstromes, besonders von Einzeldevotanten, alle anderen
Gräber sind mehr oder weniger auf organisierte Gruppenbesuche
beschränkt[218]. Die Kulte sind mehr und mehr "institutionalisiert" worden.

Begründet ist diese Tatsache darin, daß die Devotanten - zumindest die Einzelverehrer - möglichst anonym und unbeobachtet
sein wollen, ein Wunsch, der auf einem öffentlichen Friedhof
besser erfüllt werden kann als in einem Dom, in dem sich dauernd Besucher oder Touristengruppen aufhalten oder beim Besuch
einer Kapelle im Mutterhaus eines Klosters, zu dem man zuerst
die Pforte dieses Mutterhauses passieren muß. Diese Entwicklung ist auch den zuständigen Orden klar. Euthymias Grab erfreut sich gerade deshalb einer so großen Besucherzahl, weil
die Devotanten die Pflege und den Besuch der Gräber ihrer Angehörigen oder die Teilnahme an einer Beerdigung mit dem Besuch dieses Grabes verbinden können. Und auch die zuständigen
Schwestern für das Grab der Pauline von Mallinckrodt haben gemerkt, daß der Besucherstrom zum Grab ihrer Stifterin merklich
abgenommen hat, seit die Kapelle nicht mehr durch eine "anony-
me" kleine Tür in der Klostermauer erreicht werden kann.

Um einen Eindruck von den heutigen Besucherzahlen der einzelnen
Gräber zu erhalten, hat der Verfasser jedes Grab (mit Ausnahme
des Grabes von Theresia Bonzel) an einem beliebigen Werktag besucht und sich dort eine Stunde aufgehalten. Gerade auch die
Quantitäten der Grabbesucher sind ja ein wichtiges Zeichen für
die Lebendigkeit des Kultes, da der Grabbesuch häufig als Bitt-
oder Dankmotiv in den Gebeten versprochen wird[219].

Die Beobachtungen des Verfassers hatten folgendes Ergebnis:

Anna Katharina Emmerick:
Kein Devotant, da die Kirche, in der das Grab liegt, verschlossen war.

Clemens August Graf von Galen:
Zwei Devotanten, die das Grab nach einem Gottesdienst besuchten.
Die Touristen, die den Dom besichtigten, sind nicht eindeutig
einzuordnen. Auf Anfrage sagte der Domküster, daß täglich einzelne Devotanten das Grab besuchten, er relativierte diese Aussage sofort mit der Bemerkung: Aber es ist längst nicht soviel
los wie bei Euthymia.

Pauline von Mallinckrodt:
Keine Besucher.

Jordan Mai:
Keine Besucher.

Kaspar Schwarze:
Keine Besucher.

Euthymia Ueffing:
Zwanzig Besucher verschiedener Altersgruppen: ein jüngerer Mann
(etwa 25 Jahre alt); ein Pfarrer (etwa 60 Jahre alt); fünf Männer zwischen 40 und 70 Jahren alt; dreizehn Frauen zwischen 30
und 70 Jahre alt.

Die Devotanten verhielten sich bei ihren Grabbesuchen sehr unterschiedlich. Einzelne beteten kurz, brachten Blumen mit oder
zündeten Kerzen an und gingen wieder. Andere beteten mehr als
eine Viertelstunde. Ein Indiz für die soziale Herkunft der Devotantinnen könnte deren Kleidung sein: Überdurchschnittlich
viele trugen Pelzmäntel gehobener Qualität, vielleicht ein Zeichen dafür, daß die Devotantinnen Euthymias in der Mehrheit dem
"Mittelstand" angehören.

Recht unterschiedlich reagierten die Devotanten auf den Versuch,
sie anzusprechen. Während einzelne keinerlei genaue Antworten
gaben, eine Frau sogar angab, von allem nichts zu halten (ob-

wohl sie kurz vorher eine Kerze am Grab Euthymias angezündet
hatte), gaben andere Devotanten kurze Antworten, meist dahingehend, daß sie Euthymia besonders verehren und "immer vorbei-
kommen, wenn sie auf den Friedhof gehen, manchmal Blumen mit-
bringen, aber noch keine Erhörung hatten".

Sehr redselig zeigte sich ein Devotant, der längere Zeit am Grabe gestanden hatte, auf die Frage des Verfassers, "ob das das
Grab von Schwester Euthymia sei"; er antwortete mit der Schilderung einer persönlichen Erhörung aus seiner Familie:

"Da könn Sie gar nich andächtig genug sein! Ich will Ihnen mal
ne Geschichte erzählen. Unsere Älteste ist jetzt seit mehreren
Jahren verheiratet, merkt beim Kind, das ist oben nicht so ganz
richtig, nicht, ist bei mehreren Ärzten gewesen, der eine sagt
dieses, der eine sagt jenes, da sag ich zu unsere Tochter, geh
doch mal hin, hielt sie erst nicht viel von, ... da regnet es
Binfäden, ... viele Ärzte sagen, da ist nichts zu machen, da
gehn wir hin, inständig haben wir hier gebetet, hatten Tränen
in den Augen, und jetzt ist das Kind vollständig gesund, ...,
ist Tatsache, kein Witz, in der Schule klappt alles".

Die Devotanten sind teilweise also recht scheu und zurückhaltend und teilen nichts über die Formen ihrer Verehrung mit,
manche sind redseliger.

Verallgemeinert werden dürfen die oben genannten Besucherzahlen
keineswegs, da sie nur von einer Beobachtung stammen. An Sonn-
und Feiertagen, besonders aber an den "eigenen Feiertagen" der
verehrten Personen (Namens- und Geburtstag, Todestag, Profeßtag, Allerheiligen, Ostern, Wallfahrtstage) dürften die Zahlen
ganz anders aussehen[220].

Um etwas zuverlässigere Aussagen über die Quantität der Devotanten zu machen, muß deshalb auf weitere Quellen zurückgegrif-
fen werden.

4.3.1.2
Besucherlisten

Diese Quellen stehen uns u.a. in den sogenannten Besucherlisten
zur Verfügung. Diese Listen werden geführt als ein Nachweis der
Verehrung im Volke ("litterae postulatorii"); es handelt sich
normalerweise um Bücher, die an den Gräbern ausliegen und in die
sich die Besucher eintragen sollen. Wenn man auch nicht davon
ausgehen kann, daß sich in diese Verzeichnisse alle Besucher
- besonders an den größeren Gebets- und Feiertagen - eintragen,
so bieten sie trotzdem möglicherweise eine genauere Unterlage
bei der Erforschung der Anzahl der Grabesbesucher. Bekannt sind
diese Listen bei Theresia Bonzel, Anna Katharina Emmerick[221],
Pauline von Mallinckrodt und Jordan Mai; dem Verfasser standen
die Listen von Pauline von Mallinckrodt und von Jordan Mai zur
Auswertung zur Verfügung.

Die Listen für Jordan Mai beginnen 1928[222], als das Grab werk-
tags von etwa 20 und sonn- und feiertags von etwa 100 Besuchern
besucht wurde[223]. Diese alten Verzeichnisse befinden sich jetzt
in Rom bei den Prozeßakten, so daß nur das neueste Buch einge-
sehen werden konnte. Es ist im "Jordan-Gedächtnisraum" des Dortmunder Klosters ausgelegt, wo sich alle Besucher eintragen sollen, die den Raum besichtigen; allerdings wohl nur ein kleiner
Teil aller Devotanten. Das Buch trägt auf der ersten Seite die
Inschrift:
"Heiligster Vater,
wir haben am Grabe des Dieners Gottes
Bruder Jordan Mai OFM
gebetet
und bitten Eure Heiligkeit
um die Seligsprechung Br. Jordans."

An Devotanten verzeichnet das Buch mehr Frauen als Männer, aber
auch eine große Zahl Kinder; die Herkunftsorte liegen meist in
Westfalen, manchmal auch im Ausland[224]. Die meisten Eintragungen stammen verständlicherweise von den größeren Pilgertagen,
besonders vom 20. Februar jeden Jahres.

Seit 1964 sind für jedes Jahr etwa folgende Besucherzahlen zu ermitteln:

1964:	540 Besuchereintragungen,
1965:	700 Besuchereintragungen,
1966:	600 Besuchereintragungen,
1967:	480 Besuchereintragungen,
1968:	390 Besuchereintragungen,
1969:	450 Besuchereintragungen,
1970:	420 Besuchereintragungen,
1971:	300 Besuchereintragungen,
1972:	480 Besuchereintragungen,
1973:	600 Besuchereintragungen,
1974:	1000 Besuchereintragungen,
1975:	1000 Besuchereintragungen,

ingesamt also 6960 Personen.

Wie allein die Pilgerzahlen der einzelnen Gebetstage zeigen (siehe unten!), ist dies jedoch nur ein kleiner Teil der eigentlichen Devotanten.

Das Besucherbuch für Pauline von Mallinckrodt[225] liegt unmittelbar am Grab aus, so daß sich eine genauere Zahl der tatsächlichen Grabbesucher erkennbar macht. Es befindet sich auf einem Tisch, Schreibmaterial ist vorhanden, dort liegen ebenfalls überschüssige Exemplare des "Paulinenbriefes" aus, die die Devotanten als Andenken mitnehmen können. Ein Schild weist auf das Besucherbuch hin: "Die Besucher des Grabes werden gebeten, sich in die oben ausliegende Liste einzutragen."

Dieser Aufforderung folgen wohl die meisten Devotanten. Diese stammen wie die Eintragungen zeigen - in der Mehrzahl wie bei Jordan Mai aus Westfalen (besonders Paderborner Land und Sauerland), teilweise aus anderen deutschen Gebieten und dem Ausland (USA, Chile, Brasilien, Argentinien, Afrika, Ferner Osten).

Das Verzeichnis weist für die letzten Jahre etwa folgende Zahlen auf:

1940-1943:	112 Besuchereintragungen,
1944:	71 Besuchereintragungen,

1949:	1200 Besuchereintragungen,
1950:	1300 Besuchereintragungen,
1951:	1500 Besuchereintragungen,
1952:	2400 Besuchereintragungen,
1953:	2500 Besuchereintragungen,
1954:	1500 Besuchereintragungen,
1955:	1500 Besuchereintragungen,
1956:	1800 Besuchereintragungen,
1957:	1500 Besuchereintragungen,
1958:	1500 Besuchereintragungen,
1959:	2000 Besuchereintragungen,
1960:	2700 Besuchereintragungen,
1961:	2700 Besuchereintragungen,
1962:	2181 Besuchereintragungen,
1963:	2316 Besuchereintragungen,
1964:	1565 Besuchereintragungen,
1965:	2096 Besuchereintragungen,
1966:	1972 Besuchereintragungen,
1967:	1240 Besuchereintragungen,
1968:	1481 Besuchereintragungen,
1969:	997 Besuchereintragungen,
1970:	600 Besuchereintragungen,
1971:	500 Besuchereintragungen,
1972:	600 Besuchereintragungen,
1973:	490 Besuchereintragungen,
1974:	530 Besuchereintragungen,
1975:	680 Besuchereintragungen,
1976:	700 Besuchereintragungen,
1977:	900 Besuchereintragungen,
1978:	800 Besuchereintragungen,
1979:	800 Besuchereintragungen,
1980:	bisher etwa 400 Besuchereintragungen,

insgesamt also etwa 45.000 Eintragungen.

Neben diesen Listen, in die sich alle Besucher des Grabes eintragen sollen, existieren im Paderborner Kloster mehrere weitere Verzeichnisse, die lediglich für prominente Gäste gelten, wie für Bischöfe, Politiker, Adelige usw. Diese Listen zählen jährlich durchschnittlich fünf Besucher.

Versucht man eine Zusammenstellung der Devotantenzahlen an den Gräbern der verehrten Personen in Westfalen, in der alle Gruppen berücksichtigt sind (Einzelbesucher, Gruppenpilger usw.), so kommt man für die Gegenwart auf etwa folgendes Ergebnis[226]:

Theresia Bonzel:

Einzelpilger (geschätzt):	1.000
Pilgergruppen (geschätzt):	1.000
	2.000

Anna Katharina Emmerick:

Einzelpilger:	1.000
Pilgergruppen:	2.000
	3.000

Clemens August Graf von Galen:

Einzelpilger:	1.000
Pilgergruppen:	500
	1.500

Pauline von Mallinckrodt:

Einzelpilger:	700
Pilgergruppen:	500
	1.200

Jordan Mai:

Einzelpilger:	7.000
Pilgergruppen:	18.000
	25.000

Kaspar Schwarze:

Einzelpilger:	600 (besonders Allerheiligen)
Pilgergruppen:	---
	600

Euthymia Ueffing:

Einzelpilger:	50.000
Pilgergruppen:	5.000
	55.000

Diese unterschiedlichen Zahlen sind zurückzuführen auf die unterschiedliche "Beliebtheit" der einzelnen Diener Gottes, aber auch auf die unterschiedliche Werbung und die unterschiedliche Unterstützung des Kultes am "Gnadenort" sowie auf die besondere Lage der Gräber.

Jordan Mais Grab und Euthymia Ueffings Grab zählen so viele Besucher wie die mittelgroßen westfälischen Wallfahrtsorte (z.B. Kleinenberg, Verne, Stromberg).

4.3.2
Bitt- und Dankopfer

Genau wie an den traditionellen Wallfahrtsorten werden an den Gräbern der "nichtkanonisierten Heiligen" Votivgaben dargebracht, entweder in Verbindung mit dem Gebet als Bittopfer oder nach der Erhörung als Dankopfer. Im folgenden Abschnitt sollen die materiellen Opfergaben dargestellt werden; neben ihnen gibt es ja auch noch die "geistigen" wie etwa Bitt- und Dankwallfahrten oder Gebete oder das Verrichten guter Werke und auch der Besuch des Grabes stellt manchmal schon nach Erhörungen ein Dankopfer dar.

4.3.2.1
Kerzen

Zu den verbreitetsten Opfergaben zählen heute wieder die Kerzen. Wir finden sie allerdings nicht an allen Gräbern der Diener Gottes, da sie am Grab von Bruder Jordan Mai durch den Franziskanerorden nicht geduldet werden. Dieses Kerzenverbot stammt noch aus der Zeit nach 1950, als das Grab in das Mittelschiff der Dortmunder Klosterkirche verlegt worden war und die Vizepostulatur befürchtete, durch übermäßigen Kerzenschmuck das Grab zu einem "echten" Heiligengrab zu machen und so mit den

kirchlichen Prozeßregeln in Konflikt zu geraten. Aber bereits
1925 war von den Franziskanern versucht worden, Kerzenschmuck
am Grabe Bruder Jordan Mais (die Kerzen wurden von den Devotanten in "Ermangelung eines Leuchters" einfach in die Erde gesteckt[227]) zu verhindern[228], und zwar aus der gleichen Furcht.

Noch heute gilt dieses Verbot, so daß wir am Grabe Bruder Jordan Mais keine Kerzen finden. Die trotzdem gestifteten werden
stattdessen bei der Muttergottesfigur abgebrannt.

An den übrigen sechs Gräbern finden wir Kerzenschmuck vor, allerdings in sehr unterschiedlicher Ausprägung.

Am Grab Clemens August Graf von Galens ein "ewiges Licht", eine
Kerze und ein kleines Opferlicht (am 11.01.1980); am Grab Pauline von Mallinckrodts ein "ewiges Licht" und eine große Kerze
(am 14.02.1980); am Grab von Kaspar Schwarze eine große und
fünf kleine Kerzen (am 11.01.1980); am Grab Anna Katharina Emmericks keine Lichter, da die Kirche verschlossen war; am Grab
von Euthymia Ueffing vier große "ewige Lichter" aus Bronzeguß,
dazu 96 weitere Kerzen, zum großen Teil sogenannte 24-Stunden-
Brenner (am 11.01.1980).

Bei diesem quantitativ sehr unterschiedlichen Ergebnis ist noch
zu berücksichtigen, daß an den Gräbern von Anna Katharina Emmerick und Clemens August Graf von Galen sogar Kerzen zum Preis
von 0,30 DM zum Kauf angeboten waren, die Kerzen zu den übrigen Gräbern aber von den Devotanten mitgebracht werden mußten.

4.3.2.2
Blumen

Neben den Kerzen sind Blumen als Geschenke und Schmuck für die
Gräber der verehrten Personen sehr verbreitet. Wir finden sie
je nach Jahreszeit verschieden, im Sommer häufig frische Schnittblumen, im Winter mehr Topfblumen und Tannengrüngebinde. Beim
Grab von Euthymia Ueffing hat sich zusätzlich zum Blumenschmuck
auch die Form der Kranzspende erhalten.

Über den Umfang an Blumenschmuck geben folgende Beobachtungen
des Verfassers Auskunft:

Theresia Bonzel:
Foto des Grabes um 1974, fünf Blumensträuße und drei Topfblumen[229].

Anna Katharina Emmerick:
(am 06.02.1980) mehrere Topfblumen (Weihnachtssterne), die
aber nicht unbedingt Votivgaben sein müssen, sondern möglicherweise von der Dülmener Krippe stammen und nachträglich vom Küster am Grab aufgestellt worden sind.

Clemens August Graf von Galen:
(am 11.12.1979) mehrere Topfblumen und ein Strauß frischer Blumen
(am 11.01.1980) vier Azaleen, drei Weihnachtssterne, vier Usam-
bara-Veilchen, elf Grünpflanzen, keine Schnittblumen.
Nach Auskunft des Domküsters werden ab und zu von Devotanten
Blumen an das Grab gebracht, manche Verehrer geben auch ihm
das Geld, damit er dafür das Grab schmücke.

Pauline von Mallinckrodt:
(am 14.02.1980) eine große Vase blühender Zweige, ein Gesteck
aus Rosen, ein Gesteck aus Forsythien, ein Gesteck aus Nelken,
eine Topfblume ("Kalla"), alles anscheinend von den Ordensschwestern aufgestellt[230].

Jordan Mai:
(am 15.02.1980) vier Primeln, fünf Alpenveilchen, eine Hyazin-
the, zwei Azaleen, vier Weihnachtssterne, sechs grüne Topf-
pflanzen, sechs Sträuße Schnittblumen, insgesamt also 30 Ein-
zelstücke.

Kaspar Schwarze:
(am 11.01.1980) ein Strauß aus fünf Spinnen-Crysanthemen.
Ansonsten wird das Grab von der Werler Stadtgärtnerei gepflegt
und mit Blumen bepflanzt[231].

Euthymia Ueffing:
(am 11.01.1980) eine große Blumenschale, dreißig Gestecke aus
Tannengrün, zum Teil mit Schleifen, zehn Sträuße frische Blu-

men, dreißig Hyazinthen und Tulpenschalen, siebenundzwanzig
Kränze, zum Teil mit Schleifen mit folgenden Aufdrucken:
"Der lieben ehrwürdigen Schwester Maria Euthymia. In Dankbar-
keit".
"Als Dank"
"In Dankbarkeit"
"Hab Dank und hilf bitte weiter"
"Danke"
"Hab Dank"
"Hab Dank für deine Hilfe"
"Dank!"
"Hab Dank, Schwester Euthymia"
"Schwester Maria Euthymia zum Dank"
"Eine dankbare Familie"
"Dank für bestandene Examen"
"Wir danken"
"Wir danken. Hilf uns bitte weiter"
"Der lieben Schwester Maria Euthymia in Dankbarkeit"
(am 17.03.1980) neue Kränze, keine Tannengrüngestecke mehr,
sondern frische Blumensträuße, die Art der Blumenspenden ist
also deutlich jahreszeitbedingt.

Gekauft werden diese Blumen und Kränze zum größten Teil in den
beiden Gärtnereien am Friedhof. Wie diese mitteilten, geben die
Devotanten nur selten lediglich Bestellungen auf; die meisten
wollen die Gabe selbst ans Grab legen. Neben den Blumen erhalten die Verehrer in den Gärtnereien auch Kerzen und Gebetshefte über Euthymia. Bei den Devotanten handelt es sich nach Meinung der Gärtner zum Teil um ehemalige Patienten der Raphaels-
klinik, die sich bei Euthymia bedanken wollen. Häufiger kommen ganze Gruppen mit Bussen.

"Entrümpelt" wird das Grab einmal pro Woche in der Mittagszeit
von den Clemensschwestern. Diese entfernen welke Blumen, abge-
brannte Kerzen und alte Kränze, die einige Wochen am Grab waren.

Wenn man die westfälischen Kulte in bezug auf ihren Grabschmuck
untereinander vergleicht, kann man zwei Gruppen unterscheiden:

Die Gräber in Kirchen und Kapellen wirken infolge bescheidenen
Schmucks als gepflegte sakrale Orte, die Friedhofgräber werden
schneller zu Orten "wilder" Volksverehrung, was man besonders
an den Blumen- und Kerzenmengen auf Euthymia Ueffings Grab erkennt. Daß diese Ausmaße des Grabkultes nicht erst seit kurzem
existieren, zeigen die Aussagen einer Gärtnerei: "Früher war's
noch schlimmer!" Und die einfache lapidare Antwort eines städtischen Arbeiters auf die Frage des Verfassers, was denn da am
Grab los sei: "Das ist doch immer so!"

4.3.2.3
Weitere Formen der Votivgabe

Neben diesen sehr verbreiteten Formen der Kerzen- und Blumen-
votive finden wir noch andere, die teils unmittelbar zum Schmuck
des Grabes, teils aber auch für den Seligsprechungsprozeß oder
caritative Unternehmen geopfert werden.

Zu den ersteren gehören die geschenkten Grabkreuze (Anna Katharina Emmerick, Jordan Mai, Kaspar Schwarze) oder Grabdenkmäler
aus Stein wie Kaspar Schwarzes neueres Grabmal ("Heiligenhäuschen" aus Stein von 1933). Aber auch in bezug auf das Aufstellen solcher Grabgeschenke reagieren einige Orden aufgrund des
kirchlichen Prozeßrechtes sehr zurückhaltend. So wurde das Aufstellen eines Grabsteines, eines Kreuzes und einer Kniebank sowie das Einfrieden von Euthymia Ueffings Grab, das eine sauer-
ländische Familie als Dankopfer gelobt hatte, von den Clemensschwestern strikt abgelehnt.

Sehr selten finden wir Votivtafeln. Hier sind lediglich eine
für Jordan Mai (heute im Gedenkraum des Dortmunder Klosters)
und zwei für Pauline von Mallinckrodt nachweisbar. Die letzteren sind in der Konraduskapelle in der Nähe des Grabes angebracht.

Sie tragen die Inschriften:
"Mutter Pauline
hat uns erhört.
Innigsten Dank.
19. März 1965"
bzw.
"M. Pauline
zum Dank.
A.G. T.P."

Außer den Votivgaben für das Grab sind weiterhin solche verbreitet, die im übertragenen Sinne Dank zeigen sollen.

Hierzu gehören einmal die schon oben bearbeiteten gelobten Ge-
betserhörungs-Veröffentlichungen, die Votivmessen, zum anderen
aber besonders das heute "salonfähig" gewordene Geldvotiv.

Hierbei handelt es sich um Spenden, die entweder in die Opfer-
stöcke an den Gräbern (besonders in den Kirchen) gegeben werden oder mit der Post - häufig in Verbindung mit Fürbitten
oder Danksagungen - an die Orden geschickt werden. Auf diese
Weise kommen besonders bei Euthymia Ueffing und Jordan Mai
große Geldmengen zusammen, die wohl in die 100tausende DM
gehen, da fast kein Brief ohne ein wenigstens kleines Geldgeschenk ankommt. Im Normalfall gibt man heute zwischen 10,--
und 50,-- DM als Dankvotiv.

Verwendet wird dieses Geld zu einem Teil für die Unkosten des
Seligsprechungsprozesses[232], der Rest (der größere Teil!) wird
für caritative Zwecke des Ordens gebraucht (mit dem Einver-
ständnis der Spender). So entstand mit Hilfe der Verehrer Bruder Jordan Mais in Indien ein "Jordan-Kinderheim"[233], oder es
werden in Kamagasaki alte Menschen mit Nahrungsmitteln ver-
sorgt[234].

4.3.3
Graberde

Die Devotanten bringen jedoch nicht nur Gegenstände zum Grab, sie nehmen oft auch etwas mit. Hier muß noch einmal die schon genannte "Graberde" erwähnt werden, die - genau wie Blumen und Blätter[235] - von den Devotanten mitgenommen und gegen Krankheiten angewendet wurde und noch wird. Deshalb muß die Erde auf dem heute noch auf dem Friedhof liegenden Grab von Schwester Euthymia noch regelmäßig aufgefüllt werden[236]. Die Erde wird dann in ein Stoffbeutelchen eingenäht und so dem Kranken aufgelegt[237] oder als Andenken bei sich getragen. Diese Beutelchen mit Erde von Jordans Grab wurden in den 50iger Jahren, als das Grab in die Klosterkirche verlegt worden war, noch zu Tausenden an Pilger verteilt[238].

4.3.4
Berührungskult

Gerade am Grab von Bruder Jordan Mai entwickelte sich eine neuere Form der Grabdevotion. Nachdem es vom Ostenfriedhof in die Dortmunder Klosterkirche verlegt worden war, war das Mitnehmen von Erde nicht mehr möglich. Deshalb berührte man jetzt die Grabesfigur, besonders deren Hände, Füße und Kopf, - die heute völlig abgegriffen sind und golden glänzen -, in der Absicht, sich so besonders unter den Schutz Bruder Jordan Mais zu stellen. Fotos von diesen Berührungsszenen sind häufiger veröffentlicht[239].

Man begnügt sich nicht damit, einfach nur selbst die Figur anzufassen, sondern berührt an ihr Tücher und Bildchen von Jordan Mai, die dann den Kranken aufgelegt oder unter deren Kopfkissen gelegt werden. Gerade auf diese Weise werden die Gebetszettel besonders verbreitet. Ähnliche Berührungskulte wie an Jordan Mais Grab sind auch bei den anderen Dienern Gottes bekannt, besonders dort, wo am Grab selbst Gebetszettel zu haben

sind (Anna Katharina Emmerick, Clemens August Graf von Galen).
Schauerte deutet diese Formen der Berührung dahingehend, daß
"durch die Berührung, die Kontaktnahme mit dem Grabe bzw. dem
dort ruhenden Leibe eine besondere, jedoch nicht magische Wirkung, eine Kraftübertragung hervorgerufen" wird[240].

In bezug auf Form und Quantität der Grabverehrung bei den westfälischen Kulten kommen wir zum folgenden Ergebnis:
Die Formen sind in der Regel überall gleich (Besuch, Gebet, Blu-
men- und Kerzenvotive, Erde, Berührung), eine Ausnahme bilden
die Grabbriefe an Pauline von Mallinckrodt. Quantitativ zeigen
sich deutliche Unterschiede.

Wir können verschiedene Stufen und Stadien des Grabkultes unterscheiden:
den eigentlichen Volkskult ohne größeren kirchlichen regelnden
Einfluß (Euthymia Ueffing), den Volkskult, geregelt durch die
Instanz der Kirche (Jordan Mai), den Kult durch einzelne Devotanten (Pauline von Mallinckrodt, Theresia Bonzel, Kaspar
Schwarze) sowie den kirchlichen Versuch, einen Grabkult (wie-
der-) entstehen zu lassen (Anna Katharina Emmerick und Clemens
August Graf von Galen).

"Welche Reihenfolge das Volk den Heiligen in seiner Verehrung
zuweist, läßt sich ersehen aus der Höhe der Gaben, ... Das
Volk verehrt eben die Heiligen am meisten, von denen es die
meiste Hilfe erwartet"[241].

4.4
"Wallfahrten"

Wenn wir volkskundlich Wallfahrt als Gemeinschafts- oder Einzel-
besuch eines Gnadenortes definieren[242], so gehören einige der
Gräber der westfälischen Diener Gottes im Bewußtsein der Devotanten sicherlich mit zu diesen "Gnadenorten" und können für
sie durch diesen Besuch als "Wallfahrtsorte" gelten. Über die
Quantitäten der Pilgerzahlen wurde schon oben Auskunft gegeben;

hier soll näher auf die Formen der Verehrung eingegangen werden.

Wir finden sie in Ansätzen bei allen westfälischen Kulten: Sowohl Einzelpilger als auch einige kleinere Gruppen kommen an die Gräber von Theresia Bonzel, Anna Katharina Emmerick, Graf von Galen, Pauline von Mallinckrodt und Kaspar Schwarze[243]. Diese übersteigen allerdings alle nicht die Zahl 3.000 Pilger im Jahr.

Mit einigen Gruppen mehr haben wir bei Euthymia Ueffing zu rechnen. Neben den Einzelpilgern, die mit Sicherheit hier die Hauptmenge der Besucher ausmachen, kommen auch etliche "Bus-Wallfahrten", wie die Gärtnereien am Friedhof mitteilten. Die Teilnehmer gehen dann geschlossen ans Grab und halten dort eine Andacht.

Die intensivste Ausprägung eines "Pilgerbetriebes" finden wir dann bei Bruder Jordan Mai. Hier können wir unterscheiden in besondere außergewöhnliche Feiertage (z.B. Umbettungsfeier), in Pilgertage (20. Februar = Todestag / 1. Dienstag im Juli = Pilgertag des Dritten Franziskanerordens / 1. Dienstag im September = Geburts- und Profeßtag) und in einfache Gedenktage (jeder 1. Dienstag im Monat = "Jordan-Dienstag"). Neben diesen festen Gebetstagen kommen zahlreiche Gruppen an beliebigen Tagen des Jahres nach Dortmund, um das Grab Bruder Jordan Mais zu besuchen.

Gestaltet werden die Tage in einer Form, die sie nur noch schwer von "etablierten Wallfahrtsorten" unterscheidbar macht: An den großen Pilgertagen wird das Hochamt oft als Pontifikalamt[244] gefeiert oder - wenn dies nicht möglich ist - zumindest von bekannten und bedeutenden Franziskanerpatres zelebriert (Provinziäle, Guardiäne).

Nach dem Amt besteht die Möglichkeit, das alte Grab zu besuchen oder die Diavorträge über das Leben Jordan Mais, die vom Kloster aus angeboten werden, zu sehen. Pilgerandacht mit Segnung der Andachtsgegenstände (genau wie an "etablierten offiziellen Wallfahrtsorten" wie z.B. Werl) beschließen den Pilgertag.

Bitt-Tag am Grab Bruder Jordans

Dienstag, 20. Februar

Alle Freunde und Verehrer Bruder
Jordans sind herzlich eingeladen,
in der Franziskanerkirche zu
Dortmund mit uns um die
Seligsprechung Bruder Jordans zu
beten.

Gottesdienstordnung:

9.00 Uhr heilige Messe
10.00 Uhr heilige Messe mit Predigt
14.00 Uhr Wortgottesdienst mit
          Ansprache
18.00 Uhr Abendmesse

Im Gottesdienst um 10.00 Uhr wird
Herr Weihbischof Dr. Paul Nordhues
die Predigt halten.

**Bruder-Jordan-
Bitt-Tag**

Werl. Zur 58. Wiederkehr des
Todes des Franziskanerbruders
Jordan wird in der Pfarr- und
Klosterkirche St. Franziskus zu
Dortmund am Donnerstag, dem
21. Februar, der Bruder-Jordan-
Bitt-Tag begangen. An diesem
Tage findet eine Busfahrt von
Werl, ab Markt, um 8 Uhr statt.
Anmeldungen an Omnibus-Be-
trieb Goebel, Hammerstraße 85,
oder Tel. 31 73. Fahrpreis 6,—
DM.

Abb. 54:
Aufruf in der "Westfalenpost"
im Werler Lokalteil zur Teilnahme an der Fahrt zum Jordan-
Tag, Ausgabe vom 9. Februar
1980

Abb. 53:
Einladung zum Jordantag
1979 (als Muster aus
"Bruder Jordans Weg")

Etwas einfacher gestaltet sind die Jordan-Dienstage. An ihnen
wird um 10.00 Uhr ein Hochamt mit sakramentalem Segen gehalten
"um die baldige Seligsprechung und in den Anliegen der Devotanten". An den übrigen Dienstagen des Jahres ist um 7.15 Uhr
Hochamt mit sakramentalem Segen.

In der Schriftenreihe "Bruder Jordans Weg", in der Diözesan-
presse "Der DOM" und der lokalen Presse werden die Devotanten
auf den jeweils bevorstehenden Bitt-Tag hingewiesen und zur
Teilnahme eingeladen[245]; damit die Dortmunder Kirche auch gefüllt wird, ist manchmal der Weg genau beschrieben[246].

Die Pilger kommen dann entweder einzeln, etwa mit der Straßen-
bahn oder in eigenen Pilgergruppen, die von "lokalen Bruder
Jordan Verehrern" vorbereitet und geleitet werden[247].

Manchmal wird von Gruppen aus dem Sauerland, die sowieso über
Werl nach Dortmund fahren, die Jordan-Fahrt mit einem Besuch
bei der Muttergottes von Werl "gekoppelt", so z.B. am 02.09.
1980, als um 16.00 Uhr in Werl eine Andacht für "Jordanpilger
aus Schmallenberg" gehalten wurde.

Die Form der Jordan-Pilgertage erfreut sich reger Teilnahme von
Seiten der Devotanten.

Wenn auch Feiertage wie die Umbettung 1950, an der etwa 100.000
Pilger teilnahmen, die Ausnahme bilden und nicht zur Regel gehören, so kann man doch auch an den "normalen" Pilgertagen eine
große Anzahl Pilger zählen.

An den drei größeren "Wallfahrtstagen" kommen heute etwa je
2.000 Personen, eine Zahl, die seit etwa 30 Jahren konstant
geblieben ist[248], die aber heute etwas nachläßt, da - wie der
Vizepostulator P. Sturmius feststellte - man doch spürt, daß
die älteren Verehrer gestorben sind.

Neben diesen "Großwallfahrten" kommen an den "Jordan-Diensta-
gen" je etwa 200 Pilger.

An Pilgergruppen über 50 Personen kommen jährlich etwa 20[249]
und an Einzelpilgern täglich etwa 20 Personen.

Insgesamt kommt man jährlich etwa auf diese Weise auf 25.000
Pilger (18.000 in Gruppen oder an Pilgertagen und 7.000 Einzelpilger im Laufe des Jahres).

Daß die Devotanten diese Besuche in Dortmund oft als wirkliche
Wallfahrten verstehen, zeigt sich in vielen Mitteilungen an die
Vizepostulatur[250].

Sollte es einmal unmöglich sein, an den Pilgertagen teilzunehmen, sei es aus Altersgründen, wegen einer Krankheit oder wegen der Höhe der Fahrtkosten, kommt es sogar vor, daß sich Devotanten für ihr Fehlen in Dortmund im Kloster schriftlich ent-
schuldigen[251].

4.5
"Reliquien" und andere Andenken

Reliquien sind Überreste von Personen (im christlichen Sinne
von Heiligen), sei es Reste ihres Körpers oder auch Dinge, die
in ihrem Leben zu ihnen in irgendeiner näheren Beziehung standen. Ursprünglich werden diese Überreste des Leibes von den
Christen aufgrund des Auferstehungsgedankens in Ehren gehalten
und pietätvoll bestattet[252]. Mit der wachsenden Heiligenverehrung wächst dann auch der Reliquienkult[253].

Nach katholischer Lehre ist dieser Kult ein relativer Kult, das
heißt "die Verehrung wird den Reliquien nur erwiesen in ihrer
Beziehung zur Person des Märtyrers oder des Heiligen"[254]. Die
Reliquien sollen Andenken und Erinnerung an den Verstorbenen
sein, nur deshalb gebührt ihnen Beachtung; aus sich selbst haben sie keinerlei Kräfte und können nichts bewirken. Dieser
Einstellung entspricht auch das Konzil von Trient, welches beschloß, daß den Reliquien Ehre gebührt, aber aller Aberglaube
bei der Verehrung der Reliquien vermieden werden solle[255]. Auch
das Zweite Vatikanische Konzil legt fest, daß die echten Reliquien in Ehren gehalten werden sollen[256].

Auch in den hier zu untersuchenden Kulten finden sich Ansätze
der Reliquienverehrung. Dabei handelt es sich allerdings ausschließlich um "Reliquien zweiten Grades", also um Andenken
aus dem Besitz der Diener Gottes. Die Gebeine sind ja im Zuge
der Elevatio sichergestellt worden[257].

Ein Teil der verbreiteten "Reliquien" ist schon genannt worden:
Erde sowie Blumen- und Pflanzenblätter vom Grab.

4.5.1
Andenken aus dem Nachlaß der Diener Gottes

Ähnlich beliebt sind Stoffstücke aus dem Nachlaß, meist von der
Kleidung der Verstorbenen. Wie bei Bruder Jordan Mai Teile seines Habits verteilt worden sind, so verbreiteten die Schwestern
der christlichen Liebe Gebetszettel und Postkarten mit kleinen
Stoffstücken aus Pauline von Mallinckrodts Kleidung, herausgegeben in der Zeit nach Beginn des Seligsprechungsprozesses, so
1926 und 1958 (Belegstücke in der Sammlung des Verfassers).

Keine Reliquien dieser Form gibt es bisher von Kaspar Schwarze
und Graf von Galen. Für den letzteren treffen zwar auch manchmal in Münster Briefe mit Bitten um Reliquien ein, sie werden
aber abgelehnt.

Neben diesen Andenken, die an die Devotanten weitergegeben werden, wird von den zuständigen kirchlichen Instanzen auch alles
aus dem persönlichen Besitz der verehrten Person gesammelt.

So existieren von Kaspar Schwarze noch dessen Stuhl, Stock und
Eßnapf, alles heute im Besitz einer Familie in Werl-Holtum. Der
Nachlaß von Euthymia Ueffing wird im Archiv in Münster verwahrt.
Die persönlichen Dinge und Andenken an Anna Katharina Emmerick,
Graf von Galen, Pauline von Mallinckrodt und Jordan Mai sind
sogar für die Öffentlichkeit ausgestellt, teilweise (Pauline
von Mallinckrodt) sogar in deren historischer Umgebung, in den
Wohnräumen der Dienerin Gottes.

4.5.2
Gedenkräume

Museale Gedenkräume existieren bei Anna Katharina Emmerick,
Graf von Galen, Pauline von Mallinckrodt und Jordan Mai. Es
handelt sich hierbei manchmal um die originalen Wohnräume,
wenn sie noch erhalten sind, manchmal um andere Räumlichkei-
ten.

So gibt es einen "von Galen Gedenkraum" im Bistumsarchiv in
Münster.

Von Anna Katharina Emmerick wird deren "Original-Geburtshaus"
gezeigt (obwohl es schon mehrere Male abgebrannt ist), außerdem werden die Ausstattung ihres Sterbezimmers sowie viele einzelne Andenken an sie - Wäsche, Schriften, Bilder -, die seit
1900 von den Augustinern gesammelt wurden[258], im Anna-Kathari-
na-Emmerick-Museum im Augustinerkloster in Dülmen gezeigt[259].
Hier befinden sich aus ihrem Schlafzimmer u.a. das Sterbebett,
von dem Devotanten häufig Andenkenteile erbitten.

Der Gedenkraum für Pauline von Mallinckrodt wurde 1962 eingerichtet. Er befindet sich exakt in den alten originalen Wohn-
und Schlafräumen der Ordensgründerin[260]. In ihnen ist alles zu
sehen, was mit der Familie und dem Leben der Pauline von Mallinckrodt zu tun hat oder ihren Orden betrifft: Möbel genauso
wie Kleinigkeiten, ihr Brevier, ihre Strümpfe, Fotos, Feder-
halter, Bücher, Aufsatzhefte, Zeugnisse, Briefe, Poesiealbum
usw. In Verbindung mit der Geschichte Paulines von Mallinckrodt werden auch einige Andenken an Bischof Konrad Martin gezeigt, u.a. seine Pantoffeln und sein Pileolus (Bischofskäpp-
chen). Wie hoch diese Räume auch in der Achtung der Paderborner Schwestern stehen, zeigt die Aussage, daß jede Schwester
sich freut, die Pflege dieser Räume übertragen zu bekommen.

In Jordan Mais alter Klosterzelle befindet sich heute eine
Hauskapelle des Dortmunder Klosters. Ursprünglich war die Zelle so gelassen worden, wie sie zu seinen Lebzeiten gewesen war,
mit einfachem Tisch, Stuhl und Bett. Nachdem sie am 24. März
1943 durch Bomben zerstört worden war, entschlossen sich die

Franziskaner, beim Wiederaufbau des Klosters dort eine Kapelle
einzurichten[261]. Am 12. Juli 1962[262] wurde dann der neue Jordan-Gedenkraum eingeweiht, in dem die Franziskaner alle in
ihrem Besitz befindlichen Dinge aus dem Leben Bruder Jordan
Mais und aus der Entwicklung seiner Verehrung ausstellten.

Als der Verfasser 1980 diesen Raum besuchte, fand er folgende
Ausstellungsobjekte:
Schaubild über den Lebenslauf Bruder Jordan Mais, Fotos vom al-
ten Grab, seinen Habit mit Kapuze (einige kleinere Teile fehlen, da sie als Andenken an Devotanten weitergegeben sind),
Rosenkranz, Sandalen, Regenschirm, Kopfende des Bettes (im
Krieg teilweise verbrannt), den alten Sarg, alte Grabkreuze
(von 1922 bis 1946 / bzw. von 1946 bis 1950), eine Votivtafel
mit der Aufschrift "Der Bruder Jordan hat geholfen", den alten
Tabernakel der Dortmunder Klosterkirche, Dankschreiben, die
Prozeßakten des bischöflichen Prozesses, einige bildliche künst-
lerische Darstellungen, etwa 20 verschiedensprachige Gebetszettel, verschiedene Hefte der Gebets- und Erbauungsliteratur sowie das Besucherbuch, das zur Eintragung des Namens ausliegt.

Diese Gedenkräume spielen für den Kult eine größere Rolle als
man zu Anfang denkt. Sie sind nicht nur Andenken für den jeweiligen Orden oder die Genossenschaft, sondern werden weiter-
gehend genutzt. Die Besucher sind nämlich häufig die "Wallfah-
rer" an den großen Pilgertagen (bei Jordan Mai), Einzelpilger
und kleinere Gruppen (bei Anna Katharina Emmerick), Exerzitien-
teilnehmer, Firmgruppen, Besucher des Klosters und Schulklas-
sen (bei Pauline von Mallinckrodt).

4.5.3
Weitere Andenken

Neben Graberde oder Stoffpartikeln, Erbauungs- und Gebetsliteratur oder Gebetszetteln, sind an den Gräbern der Diener Gottes
weitere Devotionalien zu erwerben: Spruchkarten, Ansichtskarten
und Medaillen.

Abb. 55 und 56:
Spruchkarten der Mutter M. Theresia Bonzel

Abb. 57:

Spruchkarte der Mutter M. Theresia Bonzel

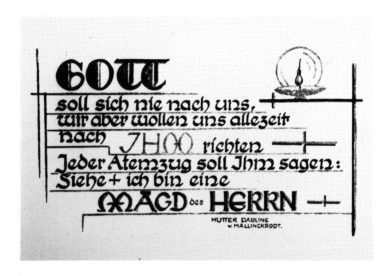

Abb. 58:
Spruchkarte der Pauline von Mallinckrodt

4.5.3.1
Spruchkarten

Bei den Spruchkarten handelt es sich um Andenken, auf denen
markante Aussprüche der verehrten Person abgedruckt sind. Wir
finden sie bei Theresia Bonzel, Pauline von Mallinckrodt und
Jordan Mai zum Preis von 0,10 bis 0,50 DM. Ihre Aufmachung ist
zeitgebunden, heute überwiegen Farbdrucke mit modernen Buchsta-
ben.

An Sprüchen finden wir u.a. folgende:

Theresia Bonzel:
"Er führt, ich gehe." / "Geduld überwindet alles." / "Wandelt
in der Treue und seid wachsam." / "Der Herr weiß alles für uns
gut zu lenken." / "Gibt der Herr ein Kreuz, so kommt er mit
und hilft es tragen." / "Der Herr gebe uns ein fröhlich Herz." /
"Laßt uns in allem gern die letzten sein, nur in der Liebe soll
uns keiner zuvorkommen."

Pauline von Mallinckrodt:
"Lieben und schweigen, das sind die goldenen Worte, die ich
meinem Herzen einprägen will." / "Befleiße dich allzeit mit
einer milden Freundlichkeit, daß Friede und Freude herrsche,
wohin du kommst." / "Gott soll sich nie nach uns, wir aber wollen uns allezeit nach IHM richten. Jeder Atemzug soll IHM sagen: Siehe, ich bin eine Magd des Herrn." / "Armut und Demut,
wer die hat, der ist des Herrn." / "Oft findet man, daß Gott
das Kleine wunderbar segnet, daß es tiefe Wurzeln schlägt, er-
starkt und herrlich erblüht zu seiner Ehre." / "Alles, was Arbeit, was Kreuz heißt für mich! Alles, was nützlich ist für
den Nächsten! Alles, was Ehre ist, für Gott!" / "Es ist eine
große Gnade, wenn Gott uns würdigt, an der Ausbreitung seines
Reiches mitzuwirken." / "Ich will da stehen, wo Gott mich haben will und die Werke tun, die er von mir verlangt." / "In
Schwierigkeiten, in allem, was der Tag bringt, gleich den Blick
auf Jesus richten, so wird er für uns wirklich der Weg, die
Wahrheit und das Leben." / "Solange die Welt in uns redet, kön-

ARMUT
und DEMUT
wer die hat
der ist des
HERRN

Pauline v. Mallinckrodt

IN SCHWIERIGKEITEN
IN ALLEM
WAS DER GLEICH DEN
TAG BRINGT
BLICK
AUF JESUS RICHTEN
SO WIRD ER FÜR UNS WIRKLICH
DER WEG DIE WAHRHEIT UND
DAS LEBEN Pauline von Mallinckrodt

Abb. 59 und 60:
Spruchkarten der Pauline von Mallinckrodt

nen wir die Stimme Gottes nicht hören." / "Im richtigen Ver-
hältnis der Seele zu Gott liegt alle wahre Weisheit für diese
und jene Welt."

Jordan Mai:
"Ich setze alles daran, durch mein Leiden und Opfer soviele
Sünder wie möglich zu retten." / "Ich habe ein Verlangen, Gott
mehr zu lieben, als ich es tue."

4.5.3.2
Ansichtskarten

Ansichtskarten sind Karten mit Fotographien des Grabes, des Or-
tes oder der verehrten Person; sie kosten zwischen 0,10 und
0,30 DM.

Wir finden sie mit folgenden Motiven:

Jordan Mai:
Bild von Jordan Mai (in vier verschiedenen Darstellungen durch
Foto, Gemälde oder Mosaik), Bild des Grabes, Bild des Gedenk-
raumes, Bild der Klosterkirche von innen und von außen, Bild
der Hauskapelle (alte Zelle Bruder Jordans), Bild eines Bronze-
reliefs von Bruder Jordan im "Bruder-Jordan-Altenheim" in Dortmund).

Pauline von Mallinckrodt:
Bild von Pauline von Mallinckrodt (als junges Mädchen bzw. als
ältere Frau), Bild der Konraduskapelle, Bild des Grabes, Bild
des Schlafraumes.

Theresia Bonzel:
Bild des Olper Franziskanerinnenklosters, Bild des Grabes.

Clemens August Graf von Galen:
Bild eines Gemäldes, Bild der Bronzeplastik auf dem Domplatz
in Münster.

Kaspar Schwarze:
Bild von Kaspar Schwarze.

Anna Katharina Emmerick:
Gemälde bzw. Federzeichnung von Anna Katharina Emmerick, Federzeichnung der Anna Katharina Emmerick beim Kreuzweggebet, La-
geplan von Flamschen und dem Coesfelder Kreuzweg, Geburtshaus,
Wohnhaus, Kloster, Sterbehaus, Sterbezimmer, Grab in der Dülmener Heilig-Kreuz-Kirche, Dülmener Augustinerkloster, Coesfelder Kreuz.

4.5.3.3
Medaillen

An Medaillen sind zur Zeit im Handel:

Anna Katharina Emmerick:
Alluminium, Ø 1,8 cm, rund
Vorderseite: Brustbild der Anna Katharina Emmerick
Rückseite: "Gottselige Anna Katharina Emmerick von der Liebe
             verwundet * 8. Sept. 1774 + 9. Febr. 1824"

Theresia Bonzel:
Silber, oval, Ø 1,9 bzw. 2,4 cm
Vorderseite: Brustbild von Theresia Bonzel und Inschrift:
             "Mutter Maria Theresia Bonzel"
Rückseite: "Nichts besitzen als Gott allein."

Jordan Mai:
1) Silber, rund, Ø 1,9 cm
Vorderseite: Brustbild von Jordan Mai und Inschrift:
             "Diener Gottes Bruder Jordan"
Rückseite: Abbildung des Grabes in der Dortmunder Kirche, im
             Hintergrund Zechen und Schornsteine.
2) wie 1, nur Alluminium
3) wie 1, nur Ø 1 cm
4) Taschenetui,
darin: links: **Medaille, Vorderseite**
       rechts: Medaille, Rückseite

BRUDER-JORDAN-LITERATUR

P. Alois Eilers:
Bruder Jordan Mai. Ein Bericht seines Lebens, 2. Aufl., 222 Seiten mit acht Bildern auf Kunstdruckpapier, kart. 4,– DM

P. Waltram Schürmann:
Bruder Jordans Weg zu Gott (Kraft ohne Maß) 48 Seiten, 1,– DM

P. Theo Maschke:
Neuntägige Andacht zu Bruder Jordan Mai
48 Seiten, geh. 1,20 DM

P. Theo Maschke:
Mit Bruder Jordan beten, 135 Seiten, Balacron 2,50 DM

P. Theo Maschke:
Die Briefe des Bruder Jordan Mai
84 Seiten, geh. 3,– DM

BRUDER-JORDAN-DEVOTIONALIEN

Bruder-Jordan-Autoplaketten

mit Haftfolie	(Ø 3 cm) 1,50 DM
mit Magnet	(Ø 4 cm) 2,50 DM

Bruder-Jordan-Plakette

in Holzrähmchen	(Ø 6 cm) 4,– DM
in Nickelständer	(Ø 6 cm) 4,– DM

Bruder-Jordan-Medaillen

Aluminium	(Ø 1,8 cm) 0,15 DM
Neusilber versilb. oxyd.	(Ø 1,2 cm) 0,50 DM
Neusilber versilb. oxyd.	(Ø 1,8 cm) 0,70 DM
Silber	(Ø 1,2 cm) 2,– DM
Silber	(Ø 1,8 cm) 4,– DM

Bruder-Jordan-Taschenetui in versch. Farben (gefaltet 6 x 5 cm) 1,50 DM

Ansichtskarten, Spruchkarten, Andachtsbildchen

Zu beziehen: JORDANWERK - FRANZISKANERSTRASSE 1 - 4600 DORTMUND 1

Abb. 61:
Werbeanzeige für Devotionalien in "Bruder Jordans Weg"

oben: Ich bin Katholik. Bei Unfall bitte einen Priester
rufen.

....

Name

....

Wohnort

Die Kosten der Medaillen betragen zwischen 0,05 und 1,40 DM,
für das Taschenetui 0,75 DM.

Über den Beginn des Verkaufs dieser Devotionalien ist Genaue-
res nicht bekannt. Die Medaille von Anna Katharina Emmerick
war bereits 1930 im Umlauf; von Jordan Mais Devotionalien waren 1961 insgesamt bereits 166.800 Stück verkauft[263]. Daß sie
nicht nur gekauft, sondern auch benutzt wurden und werden, zeigen zahlreiche Mitteilungen an das Jordan-Werk[264].

4.6
Ikonographie

Verehrte Personen werden bildlich oder figürlich dargestellt,
als Kultbild und Andenken für die Devotanten.

Als Erkennungszeichen des jeweils dargestellten Heiligen dienen spezielle Attribute, die in irgendeinem Zusammenhang mit
dem Leben, dem Patronat, sonst einer Eigenschaft oder der To-
desart des Heiligen stehen. Anhand dieser Attribute soll es
dem Gläubigen möglich sein, zu erkennen, um welche Person es
sich handelt[265].

"Die christliche Ikonographie befaßt sich mit der Feststellung
des sachlichen Inhalts und des symbolischen Sinnes einzelner
Darstellungen..."[266].

4.6.1

Bilder und Figuren der westfälischen Diener Gottes

Auf eine Reihe von bildlichen Darstellungen ist im Verlauf der
Arbeit schon an anderen Stellen hingewiesen worden: auf die Fotos in der Erbauungs- und Gebetsliteratur und in den Schriftenreihen, auf die Gebetszettel, auf die Medaillen und die Ansichtskarten. Diese Darstellungen sollen im folgenden nicht
mehr berücksichtigt werden, weil es sich bei ihnen (mit Aus-
name der Medaillen) um Fotographien handelt, die die verehrte
Person abbilden, "wie sie wirklich war", ohne Attribute oder
religiöse Symbolik und Deutung. Gleichwohl werden auch diese
Bilder bei den Devotanten rasch zu Kultobjekten.

An weiteren Darstellungen finden wir:

Clemens August Graf von Galen:
Aufgrund seines bischöflichen Amtes und seiner adeligen Herkunft existieren eine größere Anzahl Darstellungen (z.B. Gemälde im bischöflichen Generalvikariat), die grundsätzlich bei
jeder solchen Amtsperson geschaffen werden und nichts mit der
Frage des Kultes und der Verehrung zu tun haben.

Hier sollen die Darstellungen aufgezählt werden, die eher unter
dem Aspekt seiner Bedeutung als vielleicht künftigem Heiligen
entstanden sind[267].

1) Bronzebüste in der Ludgeri-Kapelle des Domes in Münster,
   links neben dem Grab, etwa 60 cm hoch, Graf von Galen als
   Bischof mit Mitra.
2) Denkmal auf dem Domplatz in Münster, Bronzeguß, Graf von
   Galen als Bischof in Soutane, etwa lebensgroß.
3) Bronzerelief in Münster, S. Lamberti.
4) Bronzerelief in Telgte in der Außenwand der Propsteikirche,
   angebracht anläßlich des Beginnes des Seligsprechungsprozesses.
5) Bronzefigur in der Pfarrkirche in Dinklage, Graf von Galen
   als Bischof mit Mitra, Stab und sämtlichem bischöflichen Ornat.

6) "Poster" mit dem Bild Graf von Galens, Darstellung der Bedeutung als Gegener des Nationalsozialismus, herausgegeben
vom "Päpstlichen Werk für geistliche Berufe" (PWB) und käuflich zu erwerben.

Jordan Mai:

1) a) Bronzeplastik auf der Grabplatte, Jordan Mai im Ordenshabit ohne weitere Attribute.

b) Bronzeplatte[268], geschaffen von Bruder Gangulf Stumpe ofm,
Bruder Jordan Mai im Ordenshabit, mit Küchenschürze, Rosenkranz und Kerze. In der linken oberen Ecke: Darstellung der Muttergottes. Inschrift: Bruder Jordan Mai.

c) Bruder Jordan Mai als Helfer im Ruhrgebiet zwischen Fa-
briken und Zechen, etwa 1975 entstanden, im Dortmunder
Altenheim "Bruder-Jordan-Haus".

2) Holzfiguren:

a) Statue, etwa 50 cm hoch, für die Devotanten käuflich zu
erwerben[269]: Bruder Jordan Mai als Franziskaner mit Habit, Rosenkranz und gefalteten Händen. Nach Auskunft der
Vizepostulatur wurden von diesen Figuren etwa 100 verkauft.

b) Holzsäule: Bruder Jordan Mai und sein Ordensvater Franziskus, ausgestellt im Jordan-Gedenkraum im Dortmunder
Franziskanerkloster.

c) Halbrelief: Bruder Jordan Mai[270].

d) Eichenholzfigur im neuen Chorgestühl (von 1980) im Paderborner Dom, geschaffen von Heinrich-Gerhard Bücker[271].

3) Bilder und Gemälde:

a) Gemälde von W. Lautenbach, um 1927[272]: Bruder Jordan,
"ein Helfer für Viele in den Nöten des Leibes und der
Seele", Jordan Mai zwischen hilfesuchenden Menschen, auf
der Straße vor dem Dortmunder Franziskanerkloster.

b) Gemälde im Kloster in Dorsten[273].

c) Gemälde in Osaka/Japan, das von einem japanischen Katholiken geschaffen wurde[274] (wohl unter dem Einfluß des
franziskanischen Japanmissionars P. Paulinus Stöber ofm).

d) Mosaik im Pfortenraum des Dortmunder Franziskanerklo-
sters[275]: Kreuzigung Christi, unter dem Kreuz stehen Franziskus und Bruder Jordan Mai.

e) Kachel mit Bild von Jordan Mai, heute im Dortmunder Jordan-Gedenkraum.

f) Tonrelief, Bruder Jordan Mai, im Dortmunder Jordan-Gedenkraum.

g) Tonplatte, Bruder Jordan Mai, im Dortmunder Jordan-Gedenkraum.

h) Kupferbild, Bruder Jordan Mai, im Dortmunder Gedenkraum, für die Devotanten käuflich zu erwerben.

4) Kirchenfenster:

a) Münster, St. Ludgeri[276].

b) Dingelstädt, Franziskanerklosterkirche[277].

c) in der Pfarrkirche in Flieden, Kreis Fulda, Abbildung Bruder Jordan Mais auf Wunsch des Pfarrers[278].

d) im Attendorner Franziskanerkloster[279], entworfen vom Glasmaler Göbel aus Werl.

e) Kirchenfenster, unbekannte Herkunft, Bruder Jordan Mai zwischen Industriegebäuden und Zechen[280].

Pauline von Mallinckrodt:

1) Eichenholzfigur im neuen Chorgestühl des Paderborner Domes, geschaffen 1980 von Heinrich-Gerhard Bücker[281].

Kaspar Schwarze:

1) Liturgische Gegenstände:

a) Bild auf einem Meßbuch "in einer Pfarrei im Ruhrgebiet" (so in der Literatur angegeben, der Ort ist leider nicht genauer feststellbar).

b) Bild auf einem Meßkelch, der 1927 von Pater Lambert Fester für seine Heimatpfarrei Werl-Sönnern gestiftet wurde (heute nach Nachforschungen des Verfassers nicht mehr vorhanden).

2) Figuren:

a) kleine Tonplatik des Werler Künstlers Berges: Betkaspar auf einer Bank kniend, im Privatbesitz des Künstlers.

3) Bildstöcke:

a) am Grab Kaspar Schwarzes in Werl, seit 1933 (Umbettung). Sog. "Heiligenhäuschen", darin: Bronzekreuz und "stilisierter Tabernakel" mit Inschrift: ECCE PANIS ANGELORUM,
FACTUS CIBUS VIATORUM,

als Hinweis auf die Tätigkeit Kaspar Schwarzes. Weitere
Inschrift oben bereits angegeben!

b) "Betkaspar-Heiligenhäuschen" in Ense-Bremen[282], am Eingang des Bremer Friedhofes. Dieser Bildstock mußte 1977
dem Bau einer Straße weichen, wurde 1978 dann originalgetreu an einem neuen Standort wieder aufgebaut. Er ist
etwa 1935 entstanden und dient als Station für die Fronleichnamsprozession unter dem Gedanken "Tod" (am Eingang
des Friedhofes) und "Verehrung des Altarsakramentes"
(Darstellung von Kaspar Schwarze).

Im Mittelteil des Bildstockes befindet sich ein Halbrelief, Eiche, etwa 150 x 130 cm Umfang, geschaffen vom
Werler Bildhauer Wäscher. Vor der ausgesetzten Monstranz
kniet Kaspar Schwarze, dargestellt mit gefalteten Händen,
langem Bart, unter der Figur die Inschrift: "Betkaspar".

Als Attribute finden sich Hut, Stock, Bündel, Bart und
Monstranz.

Inschrift unter dem Bild:
+Vor meinem Tod   Reich Mir o Gott
Das Himmelsbrot Dann bleib bei mir
O Herr und führ mich Heim zu Dir+[283]

Inschrift am Dachfirst:
links: + Mitten + im + Leben +
rechts: + sind wir vom Tod umgeben +
Mitte: ob wir leben oder sterben, wir gehören dem Herrn,
        Röm. 14,8.

Euthymia Ueffing:
Infolge der kirchlichen Bestimmungen bei der Durchführung des
Seligsprechungsprozesses bemühen sich die Klemensschwestern,
jede Herstellung von (Kult-) Bildern zu unterlassen.

Sie geben lediglich Literatur und Foto-Postkarten über Euthymia heraus.

1979 kam trotzdem eine Bronzemedaille, die Euthymia Ueffing als
Ordensschwester (Brustbild) zeigt, geschaffen von Heinrich-Gerhard Bücker, "auf den Markt". Sie wird den Devotanten angebo-

ten, ist aber - nach Aussage der Schwestern - wenig gefragt.
Der Grund liegt nach deren Meinung darin, daß die Plakette
Schwester Euthymia nicht originalgetreu darstellt ("So sah sie
doch gar nicht aus!").

Spezielle bildliche Darstellungen der verehrten westfälischen
Personen finden sich also vorwiegend in Klöstern und kirchlichen Räumen. Auch hier macht sich die Funktion einer aktiven
tragenden Organisation bemerkbar, die die Möglichkeiten hat,
die Herstellung von bildlichen Darstellungen anzuregen oder
auch zu "verhindern". Trotzdem existieren auch bei den Kulten,
die weitgehend auf diese Organisationen **verzichten müssen**
(Kaspar Schwarze) einige interessante Darstellungen (z.B. Bildstöcke!).

An Attributen finden wir bisher sehr wenig Spezielles: Die Ordensleute werden in ihrer Tracht dargestellt, Graf von Galen
im bischöflichen Ornat. Lediglich andeutungsweise sind Spezia-
lisierungen bei Jordan Mai (Rosenkranz und Küchenschürze / Umgebung häufig Industriegebäude infolge des kirchlichen beabsichtigten Patronats als "Arbeiterpatron und -vorbild") und
bei Kaspar Schwarze (Landstreicherkleidung, Bart, Stock, Hut,
Bündel und - besonders - Monstranz und Tabernakel) festzustellen.

4.6.2
Verehrung der Bilder und Figuren

Von den Devotanten verehrt werden die bisher aufgeführten bildlichen und figürlichen Darstellungen in den seltensten Fällen.
Hier ist nur die Berührung der Grabfigur von Jordan Mai und das
gelegentliche Schmücken der Bildstöcke des Kaspar Schwarze bekannt. Der Kult selbst aber verlagert sich auf die oben genannten Ansichtskarten und Gebetsbildchen, die eingerahmt und in
der Wohnung als Kultobjekte aufgehängt werden. Eine große Anzahl von Nachweisen dieser Bilderverehrung ist in der Schriftenreihe über Bruder Jordan Mai zu finden, da Devotanten regel-

mäßig ihre Formen der Verehrung eines Bildes des Dieners Gottes mitteilen[284].

Hierbei haben die Bilder deutlich religiöse, manchmal schützende Funktion[285]. Sie werden eingereiht in die Folge von anderen Heiligenbildern, mit Heiligen gleichgestellt[286].

Daß es den Devotanten auch sehr auf die jeweilige Darstellungsweise des Dieners Gottes geht, zeigt eine Auseinandersetzung über die Änderung des Titelbildes auf "Bruder Jordans Weg" seit 1979[287]. Das alte Bild war immer recht beliebt aufgrund seines etwas melancholischen Ausdruckes[288]. Als deshalb 1979 die Herausgeber es für notwendig hielten, das Titelbild nach zwölf Jahren zu ändern[289], waren eine Reihe Devotanten lange nicht dieser Meinung[290]. Nach Aussage des Jordanwerks trafen etliche Briefe ein, die das Verschwinden des alten Bildes bedauerten. Auch eine Umfrage des Verfassers unter einer Anzahl Theologiestudenten ergab, daß der größte Teil die ältere Aufmachung von "Bruder Jordans Weg" (Titelseite, nicht Inhalt!) für gelungener hielten. Ob wirklich die meisten Äußerungen zum neuen Titelbild zustimmend waren[291], muß deshalb fraglich bleiben, schon deshalb, weil die Diskussion hierüber noch im Gange ist[292].

4.7
"Namengebung"

Eine häufig geübte Gewohnheit, die Erinnerung an besondere Personen wachzuhalten, ist die Benennung öffentlicher Einrichtungen mit deren Namen. Diesen Brauch finden wir auch bei Anna Katharina Emmerick, Graf von Galen, Jordan Mai, Kaspar Schwarze und Euthymia Ueffing. Häufig sind es kirchliche Institutionen, Personen oder Gegenstände, die den Namen erhalten, manchmal auch kommunale wie etwa Straßen.

Folgende Erinnerung durch "Namengebung" ist dem Verfasser bekannt:

Anna Katharina Emmerick:
- am heutigen Augustinerkloster in Dülmen eine "Anna-Katharina-
  Emmerick-Straße".

Clemens August Graf von Galen:
- mehrere Krankenhäuser,
- die große Glocke des Domes in Münster (= "Kardinalsglocke",
  verziert mit Löwenkopf, der auf den Volksnamen von Galens
  als "Löwe von Münster" hinweist),
- in Münster der "Kardinal-von-Galen-Ring"
- in Lippborg, Kreis Soest, die "Clemens-August-Brücke" über
  der Lippe.

Jordan Mai:
Mehrere kirchliche Häuser tragen den Namen Bruder Jordans:
- 1) Bruder-Jordan-Haus (Altenheim) in Recklinghausen-Marl,
     dessen Bau 1959 durch den sogenannten "Bruder-Jordan-
     Pfennig" gefördert wurde,
- 2) "Bruder-Jordan-Haus (Altenheim) in Gelsenkirchen-Buer[293],
- 3) "Bruder-Jordan-Siedlung", von der Kolpingsfamilie in Trier
     gebaut[294],
- 4) "Bruder-Jordan-Kinderheim" in Indien[295], finanziert durch
     das Jordan-Werk,
- 5) "Bruder-Jordan-Pfarrzentrum" in Piripiri/Brasilien[296], fi-
     nanziert durch das Jordan-Werk,
- 6) Katechetisches Seminar "Bruder-Jordan-Haus" in Bacabal/
     Brasilien[297], finanziert durch das Jordan-Werk,
- 7) "Bruder-Jordan-Heim" (Altenheim) in Dortmund, das unmit-
     telbar in der Nähe des Franziskanerklosters liegt. Es wur-
     de am 27.05.1977 durch den Erzbischof von Paderborn Dr.
     Johannes Joachim Degenhardt eingeweiht. Ein Wandrelief aus
     Bronzeguß erinnert die Bewohner an "Bruder Jordan als Not-
     helfer im Ruhrgebiet".
- 8) "Bruder-Jordan-Haus" in Neva-Ignacu/Brasilien (Pfarrzen-
     trum), eingeweiht am 12. Juni 1978, finanziert durch das
     Jordan-Werk.

Nach katholischem Brauch wird der Name auch auf Personen über-
geben, die in besonderer Beziehung zum Namenspatron (z.B. unter
dessen Schutz) gestellt werden sollen: So gibt es bei den Franziskanern öfter den Namen P. Jordan (oft Missionare). Außerdem
werden Kinder in der Mission gern auf den Namen des "kommenden
Heiligen" getauft, etwa in Japan in der Missionsstation von Pater Paulinus Stöber[298].

In der Namensgebung kommt es ab und zu sogar zu gewissen Kurio-
sitäten: "Mein Schwager (Pfarrer), der in der Diaspora tätig
ist, hat seinem Miva-Volkswagen den Namen Bruder Jordan gegeben. Möge Bruder Jordan ihm auf seinen Fahrten ein guter Weg-
geleiter sein!"[299]

Kaspar Schwarze:
- Straßenname in Werl in Planung.

Euthymia Ueffing:
- 1) "Euthymia-Altenheim" in Meschede, unter der Leitung der
     Klemensschwestern,
- 2) "Euthymia-Wohnheim" des Hospitals in Dinslaken, unter der
     Leitung der Klemensschwestern,
- 3) "Euthymia-Druckerei" in Kenia-Ruanda.

4.8
Kirchliche Förderung der Kulte: Werbung oder Manipulation?

Wie die vorausgehenden Erläuterungen des Punktes 4 zeigen, ist
eine deutliche Aufwärtsentwicklung der Kulte, die in kleinsten
Spuren ihren Anfang nahmen (Punkt 3), durch Förderung durch
verschiedene, meist kirchliche Gruppen, erkennbar. Diese Förderung (Schriften, Erzählen, Rundfunk- und Fersehsendungen[300],
Pflege der Grabstätten, Devotionalien, Gebetszettel, Karten
usw.) ist größtenteils indirekter, informierender Art und wi-
derspricht deshalb nicht den kirchlichen Prozeßbestimmungen,
die eine direkte Kultförderung, etwa durch "besonders intensive Grabpflege" verbieten.

Sie stößt jedoch in der neueren volkskundlichen Literatur (z.B. bei Assion) auf Kritik, da in dieser Förderung eine kirchliche Manipulation des gesamten Kultes gesehen wird.

Zunächst muß hier eine betonte Unterscheidung gemacht werden: Die Orden bzw. anderen kirchlichen Instanzen, die "ihren" Heiligenkult fördern, sind nicht "die Kirche", sondern lediglich ein kleinerer Teil derselben. Die Heiligenkulte selbst sind nicht Hauptpunkte der kirchlichen dogmatischen Lehre, sondern eher "Randerscheinungen", die für bestimmte kirchliche Gruppen (Orden oder bestimmte Bistümer) und für einen umgrenzten Personenkreis interessant sind. Diese Aspekte müssen berücksichtigt werden, um den beschriebenen Bemühungen um neue Heiligenkulte nicht eine unverhältnismäßig große Bedeutung zuzuschreiben, die sie für die Gesamtheit der Kirche nicht haben.

Man spräche statt von Manipulation besser von Werbung für die Heiligenkulte. Diese Werbung wird von Personen betrieben, die - wie die Untersuchungen zu dieser Arbeit deutlich gezeigt haben - fest von der Richtigkeit ihrer Sache überzeugt sind und in guter Absicht handeln. Irgendwelche negativen Manipulationen liegen den tragenden Ordensleuten fern.

Allerdings herrscht auch auf kirchlicher Seite eine gewisse Angst vor dem Ausdruck "Werbung", die vielleicht daher stammt, daß mit der profanen Werbung häufig Formen der Suggestion, Verführung zu unnötigen Bedürfnissen und Manipulation verbunden sind. Von diesem negativen Beigeschmack sollte die kirchliche Werbung in jedem Fall frei bleiben und sich statt dessen des ehrlichen Mittels der reinen Information bedienen, die ja eigentlich Hauptaufgabe der Werbung sein soll[301].

So führt die Beobachtung gleicher Phänomene zu unterschiedlichen Deutungen. Ob man die kirchliche Förderung der neu entstehenden Heiligenkulte als Manipulation oder legitime Form der Werbung ansieht, hängt letztlich vom Standpunkt ab, den man grundsätzlich gegenüber der Kirche und deren Bedeutung vertritt.

5.

DEVOTANTEN

Nachdem bisher hauptsächlich die Kultentstehung und Entwicklung untersucht worden ist, soll im folgenden Abschnitt auf
die Träger des Kultes, die Devotanten, eingegangen werden.

5.1

Quantitäten

Die ersten Träger des Kultes sind meist Personen, die den verehrten Diener Gottes noch selbst gekannt haben; es können Or-
densmitglieder (Theresia Bonzel / Anna Katharina Emmerick /
Pauline von Mallinckrodt), Weltpriester (Clemens August Graf
von Galen) oder Laien im Welt- und Ordensstand (Jordan Mai /
Kaspar Schwarze / Euthymia Ueffing) sein.

Im Laufe der Kultentwicklung nimmt dann auch die Devotantenzahl
immer mehr zu, so daß die oben angegebenen Zahlen, die etwa für
1975-1980 gelten (Theresia Bonzel: etwa 2.000 / Anna Katharina
Emmerick: etwa 3.000 / Clemens August Graf von Galen: etwa
1.500 / Pauline von Mallinckrodt: etwa 1.200 / Jordan Mai: etwa 25.000 / Kaspar Schwarze: etwa 600 / Euthymia Ueffing: etwa
55.000) zustande kommen.

Diese Zahlen verändern sich im Verlauf der Verehrungsgeschich-
te[302].

Um aber kein falsches Bild von der Verehrungsintensität entstehen zu lassen, müssen diese Zahlen etwas näher untersucht
und interpretiert werden. Zunächst dürfen die Zahlen nicht einfach addiert werden, um so eine Gesamtzahl der Devotanten der
westfälischen Diener Gottes zu erhalten, denn viele Devotanten
verehren Jordan Mai wie Euthymia Ueffing wie die anderen Diener Gottes gleichzeitig, so daß die Gesamtzahl der westfälischen
Devotanten 60.000-70.000 wohl nicht übersteigen wird.

Weiterhin sind auch die für die einzelnen Kulte angegebenen
Verehrerzahlen nicht absolut zu sehen, denn in ihnen tauchen
viele Devotanten "doppelt und dreifach" auf: Wenn z.B. wöchent-
lich am "Jordan-Dienstag" 200 Gottesdienstbesucher in Dortmund
gezählt werden, so sind dies ja normalerweise immer dieselben
Personen; für den Jahresdurchschnitt aber ergibt sich die Zahl
von 52 x 200 Devotanten = 10.400 Besucher. Oder wenn am Grab
von Euthymia Ueffing im Jahresdurchschnitt 55.000 Besucher gezählt werden, so sind in dieser (zwar durchaus echten) Zahl
auch alle die Friedhofsbesucher enthalten, die bei ihrem täglichen Friedhofsbesuch auch an das Grab der Dienerin Gottes
kommen.

Absolut gesehen sind die oben genannten Zahlen also richtig,
in ihnen sind allerdings nur die Grabbesuche ausgedrückt, nicht
die Zahl der Grabbesucher.

So betrachtet relativieren sich die angegebenen Zahlen etwas;
die westfälischen Kulte dürfen in der Anzahl der Devotanten
nicht überschätzt werden.

Eine weitere Unterscheidung ist bei den Devotanten selbst nötig. Nicht jeder identifiziert sich mit dem Kult in gleicher
Weise:

Es gibt Devotanten, die deutlich hinter der von ihnen getrage-
nen "Heiligenverehrung" stehen, aber auch eine große Zahl "Gelegenheitsdevotanten", die zwar auch zum Jordan Mai oder zu
Euthymia Ueffing beten und "wallfahrten", aber nicht zum "enge-
ren Kreis" der Verehrer gehören.

Neben diesen beiden Gruppen, die die Verehrung kennen und sich
selbst in unterschiedlicher Intensität an ihr aktiv beteiligen,
gibt es zwei weitere große Personengruppen: die eine kennt die
Verehrung zwar, hat schon einmal etwas "davon" gehört, verhält
sich aber passiv und beteiligt sich in keiner Weise, die letzte
kennt den Kult nicht.

5.2
Devotantengruppen

5.2.1
"Hauptdevotanten"

Der zur Definition gewählte Begriff mag auf den ersten Blick
ungewöhnlich sein. Gemeint ist hiermit die - an der Zahl der
Gesamtbevölkerung gemessen - kleine Gruppe der aktiven, sich
mit der Devotion beschäftigenden und identifizierenden Devotanten. Über diese Gruppe sind einige Aussagen zu machen, da
es sich hierbei um die Personen handelt, die in brieflichem
Kontakt zur jeweiligen Vizepostulatur stehen, normalerweise
auch die Schriftenreihen beziehen und sich am Grabkult beteiligen.

Es handelt sich um die Devotanten, die durch die Schrifteninformationen wirklich Kenntnisse über die verehrte Person haben
und sie nicht nur deshalb verehren, "weil sie eben hilft".

Gerade dieser Personenkreis ist es, der durch mündliche Propaganda die Verehrung weiter verbreitet, der durch finanzielle
Mittel den Kult unterstützt und die meisten Gebetserhörungen
mitteilt. Der Kreis der "Hauptdevotanten" ist durch die Herausgabe der Schriftenreihen ständig gestiegen. Diese Steigerung,
die besonders aus den in den Schriftenreihen abgedruckten Spendenlisten ersichtlich ist (die Spenden sind von den Devotanten
entweder als Bezahlung der Schriften oder als Dankopfer für eine
Erhörung gedacht), soll hier am Beispiel der jeweils ersten und
bisher letzten Schriftenreihenausgabe gezeigt werden. An diesem
Vergleich werden auch die Unterschiede in der Quantität der Devotion der einzelnen Diener Gottes deutlich:

Theresia Bonzel:
"Mutter Theresias Ruf", 1, 1963: Spenden vom 01.01.-31.03.1963:
20
"Mutter Theresias Ruf", 2, 1979: Spenden vom 01.04.-30.09.1979:
251

Für den Seligsprechungsprozeß gingen vom 1. Januar bis 31. Mai 1963 Spenden aus folgenden Orten ein. Bei mehr als einer Spende ist die Zahl angegeben.

Aachen	Hitdorf	Olpe
Aldenhoven 2	Korschenbroich	Opsen über Werl
Altenbögge	Köln	Troisdorf
Bergkamen	Meppen	Winterberg 3
Dortmund	Neheim-Hüsten	A u s l a n d
Drolshagen	Niederhenneborn	Amerika

Abb. 62:

Spendenliste ("Mutter Theresias Ruf",
1, 1963, S. 24)

FÜR DEN SELIGSPRECHUNGSPROZESS

gingen vom 1. April 1979 bis zum 30. September 1979
Spenden aus folgenden Orten ein:
(Bei mehr als einer Spende ist die Zahl angegeben)
Allen Gebern herzlichen Dank!

Aachen, Ahlen, Albaum, Aldenhoven 8, Alf, Altena, Anröchte, Arnsberg 3, Arnsberg-Neheim-Hüsten, Attendorn 3

Bad Homburg, Bad Wildungen 2, Bergisch-Gladbach, Bergkamen, Betzdorf 2, Bochum 3, Bochum-Langendreer 2, Bonn 5

Cappenberg

Dortmund 2, Drolshagen, Düsseldorf 3

Elben, Elkenroth, Emsdetten, Engelskirchen 2, Essen, Essen-Schonebeck, Eslohe 2, Euskirchen 7

Finnentrop 3, Frankfurt 3, Fritzlar 2, Fröndenberg

Gelsenkirchen 5, Greven, Gütersloh 3

Hagen, Hallenberg-Hesborn, Hambach, Hattingen, Hennef 7, Herdecke, Herdorf 5, Herne, Hildesheim-Ochtersum, Hollfeld, Höltinghausen, Höxter

Iserlohn 2

Jülich

Kirchsahr, Köln 5, Korschenbroich

Langenberg, Langenfeld 4, Leichlingen 4, Lennestadt 5, Leutesdorf, Leverkusen-Hitdorf 4, Lingen 2, Lippstadt

Meinerzhagen, Meppen, Merzig, Minden, Mönchengladbach 3, Morsbach

Netphen - Hainchen, Neu - Isenburg 2, Neunkirchen

Oberpleis 2, Olpe 32, Osnabrück, Ostenland, Ottfingen 4

Paderborn 3, Papenburg

Remscheid 4, Rheda-Wiedenbrück, Rüthen-Menzel

Schmallenberg-Bödefeld 3, Schmallenberg-Fredeburg 2, Schmallenberg-Oberhenneborn, Siegen-Geisweid 3, Siegen-Weidenau 2, Soest, Sundern, Sundern-Allendorf 4, Sundern-Enkhausen 2, St. Augustin

Troisdorf 3

Verl 2, Viersen

Waldbröl 2, Waldliesborn, Warstein-Sichtigvor 2, Wegeringhausen 2, Wenden 6, Wickede 9, Wickede-Echthausen, Winterberg, Wissen-Schönstein 2, Witten 4

„Möge Euch allen das geliebte göttliche Kind seine Gnade und seinen Segen geben und vor allem den wahren Herzensfrieden, den niemand von Euch nehmen kann. Das Kind erzähle Euch viel von der himmlischen Heimat, die es aus Liebe zu uns Armen verließ. Möge es in uns den seligen Wunsch nach dieser Heimat wecken." (Brief an eine Oberin, 12. 12. 1881)

18

Abb. 63:

Spendenliste (aus: "Mutter Theresias Weg" 2, 1979, S. 18)

Für den Seligsprechungsprozeß

gingen in der Zeit vom 1. Januar bis 31. März 1954 Spenden aus den unten aufgeführten Orten ein. Für jede Gabe sei hiermit aufrichtig gedankt.

Die Zahl in den Klammern gibt die Anzahl der Spenden aus den betreffenden Orten an; aus Orten ohne Zahlenangabe wurde in der genannten Zeit jeweils eine Spende eingesandt.

Aachen (2), Ahlen (2), Albersloh, Aldekerk, Aldenhoven, Alfeld/Leine, Allendorf, Altena (3), Altenbeken (5), Altenberge, Altenhundem, Altenmittlau, Alzsorth, Andernach, Anrath, Anreppen, Arnsberg (4), Ascheberg.

Baden-Baden, Bad Driburg (3), Bad Godesberg, Bad Meinberg, Bad Nauheim, Bad Neuenahr, Bad Oeynhausen (2), Bad Lippspringe (5), Bad Rothenfelde, Bad Salzuflen, Bad Sassendorf (3), Bad Waldliesborn (2), Bamenohl (3), Bardeaberg, Beckum (4), Benhausen, Benninghausen (2), Bentlage, Beringhausen, Berlin, Betzdorf, Beuel (2), Beverungen (3), Bigge, Bielefeld (2), Billerbeck, Blankenstein, Blumenthal, Birkesdorf, Bochum (15), Bösperde, Borghorst (4), Borken, Bottrop (6), Bracht, Brakel, Brambauer (2), Bracheln, Bremen/Westf. (2), Bremen-Blumenthal, Bremerhaven, Bremscheid, Brügge, Brüggen N.Rh., Brilon (2), Buer (17), Büderich b. Werl, Büren, Burgsteinfurt.

Castrop-Rauxel (9), Coesfeld (2), Cloppenburg.

Damme, Dattein, Deggendorf, Delbrück, Detmold, Dinslaken, Dolberg, Dorsten (8), Dortmund (124), Droishagen, Dreis, Dölken, Dülmen, Düsseldorf (10), Duisburg (17)

Erhtrop, Eckenhagen, Eltorf, Elbergen, Enkhausen, Ennigerloh, Emsdetten (3), Eslohe (3), Essen (13), Essen i.O., Epe (2), Everswinkel.

Flaesheim, Fohren, Kr. Trier, Pootsen, Frankfurt/M., Freckenhorst (2), Freiburg/Br. (2), Freienohl, Frinnentrop, Fröndenberg (2), Fürstenau, Fulda (2).

Geisweid, Gelsenkirchen (8), Geldern, Gemenwirte, Gerlingen, Gladbeck (2), Geseke (2), Göttingen, Grefrath, Greven, Grief, Grönebach, Gronau, Grüne.

Haaren, Hagen (11), Hagenohsen, Hamb, Hamburg (2), Hamburg-Bergedorf, Hamburg-Lokstedt, Hamburg-Bahrenfeld, Hamburg-Othmarschen, Hamm (3), Hattingen (3), Hausen üb. Linz (2), Havixbeck (2), Harth, Heeck, Heggen, Herbede, Heimersheim, Heimerzheim, Heldelberg, Herdecke, Herdorf, Kennel, Herne (17), Herten (6), Hiddiegsel (2), Hilkerode, Hiltrup, Hochdorf/Pfalz, Höxter (2), Holzwickede (3), Hohenholte, Hörste, Hopsen, Horstmar, Hovestadt.

Iburg, Illfezheim u. Rastatt, Iserlohn (4). Juist/Nordsee.

Kallenhardt, Kamen, Kaufbeuren (2), Kempten/Allgäu, Kevelaer (2), Kirchborchen, Kiel, Kirchweyhe (2), Koblenz, Köln (9), Körbecke (2), Kohlscheid, Konstanz, Kerschenbroich, Kleve (2), Kreuth b. Tegernsee, Kreuztal, Kükenbruch.

Laer, Langenfeld (3), Leer, Langenhorst, Legden, Lehe, Lembeck, Lengerich, Lengsdorf, Letmathe (2), Lipperode, Lippborg, Lippstadt (4), Liemke-Ost, Löningen i.O., Lohne (2), Listernohl, Löbbecke, Lübeck, Lüdenscheid, Lüdinghausen (3), Lüchtringen (3), Lünen (8).

Mainz, Marialinden, Marl (8), Massen, Maasholte, Mechernich, Medebach, Meggen (3), Meiste, Menden (3), Merten (3), Mescheid (2), Mesum, Mettingen, M. Gladbach (9), Moers (2), Montabauer, Morsbach, Millingen, Minden, Mühlheim/Mönne, Mülheim/Ruhr, Mühlen, Münster (20), Möse (2).

Nehelm (3), Neubeckum (4), Neuenbeken, Neuenburg/Baden, Neunkirchen/Bez. Köln, Neuß, Niederweningen, Nieheim, Neuenbeerse, Nordhagen, Nordhorn, Nordwalde, Neuwied, Niedermarsberg (2), Nonnenwerth, Oberhausen (3), Oeding, Obergünzburg, Oberkirchen, Oelde, Oestinghausen, Oeventrop, Oesede, Oldenburg, Olfen, Olpe (2), Osnabrück (4), Ossenberg, Ostbevern, Ostercappeln, Osterfelden, Oveigönne u. Celle.

Paderborn (19), Pirmasens, Pömbsen, Quakenbrück.

Ramsbeck, Ramsdorf, Rassenhövel, Recke, Recklinghausen (20), Rees, Rehringhausen, Remagen-Kripp (2), Rheda, Rheine, Rheinhausen-Asterlagen, Rietberg, Rödingen, Rönkhausen, Rommers, Rorup, Rönthe.

Salzkotten (2), Seppenrade (2), Siegen, Sögel, Soest (2), Solingen-Ohligs (2), Sonsbeck, Südlohn (2), Sömmern (2), Schalkamühle, Scharfenberg (2), Scheidingen/Westf., Schmallenberg, Schöppingen, Schüren üb. Mescheide, Schwelm, Schwerte (2), Stade, Stadtlohn, Stahle, Steinel, Stockum, Stolberg, Stuttgart (2).

Telgte (2), Tennenlohe üb. Erlangen, Tönnishäuschen, Troisdorf, Twistringen.

Unkel, Unna (2), Urbar. Varel, Varensell, Vechta, Velmede, Vreden (2).

Warburg (2), Warendorf (9), Waltrop (13), Wanne-Eickel (6), Wattenscheid (5), Waldorf, Walsum (3), Wasserkurl, Waldbröl, Wadersloh, Wewelsburg, Wenholthausen, Wexberg, Wellendorf, Wenniglon, Weidenau, Westenholz (2), Westerholt (3), Wettringen, Wesel (2), Weidenbach, Weseke, Werl (6), Wimbern, Winterberg, Wiedenbrück (6), Wiesbaden, Wildshausen, Wilhelmshaven, Wissen (2), Willebadessen, Wickede, Wuppertal (3), Wünnenborg.

Xanten.

Zell, Züschen.

Abb. 64:
Spendenliste (aus: "Bruder Jordans Weg", 2, 1954, S. 60)

SPENDEN AN DAS JORDANWERK

Spenden an die Vizepostulatur gingen vom 1. Juni 1980 bis 31. August 1980 aus folgenden Orten ein: Bei mehr als einer Spende ist die Anzahl angegeben. Wir danken herzlich allen Gebern.

Aachen 13, Achim, Adenau 2, Ahaus 2, Ahlen 18, Ahrbrück, Aldenhoven, Alfter 3, Alsdorf 2. Alsfeld, Altena, Altenbeken 13, Altenkirchen 2, Altenstadt, Anröchte 6, Antrifttal, Arnsberg 33, Ascheberg 2, Aßmannshausen 2, Atteln 3, Attendorn 33, Au/Freiburg, Augsburg 4

Bad Driburg 8, Baden-Baden, Bad Essen, Bad Harzburg 3, Bad Honnef 4, Bad Hönningen, Bad Kissingen, Bad Kreuznach, Bad Krozingen, Bad Laer, Bad Lauterberg, Bad Lippspringe 14, Bad Mergentheim 2, Bad Münder, Bad Münstereifel, Bad Nauheim, Bad Neuenahr-Ahrweiler, Bad Oldesloe, Bad Pyrmont 6, Bad Salzuflen 5, Bad Sassendorf, Bad Segeberg, Bad Soden-Salmünster, Bad Tölz, Bad Wildungen, Bad Wimpfen, Bakum, Balve 10, Bammental, Barntrup 2, Barssel, Bayreuth, Beckum 15, Beelen 2, Belm, Bendorf 2, Benediktbeuern 2, Bensheim, Bergheim/Erft, Bergisch-Gladbach 7, Bergkamen 8, Berlin 26, Bernkastel-Kues 3, Bernried, Besch, Bestwig 17, Beverungen 10, Biberach, Biebergemünd 3, Bielefeld 15, Bingen/Sigm., Bischoffen, Blomberg 2, Bocholt 5, Bochum 109, Bockhorst 4, Bodensee, Bohmte, Boke 3, Bönen 3, Bonn 18, Borchen 10, Borgentreich 8, Borgholzhausen, Borken 4, Bottrop 16, Boxberg, Brakel 9, Braunschweig 3, Breitbrunn, Bremen 10, Brilon 25, Bruchsal, Brühl 2, Buchholz, Bünde, Bunnen, Büren 22, Burgdorf, Bürgstadt 2, Burscheid 3

Castrop-Rauxel 34, Celle 2, Clausthal-Zellerfeld, Cloppenburg, Coesfeld 13, Coppenbrügge

Damme, Datteln 7, Daun/Eifel, Delbrück 20, Delmenhorst, Denzlingen, Detmold 6, Dickendorf, Dieburg, Diepenau, Diepholz, Dillenburg, Dinklage, Dinslaken 4, Donaueschingen, Dormagen 4, Dorsten 27, Dortmund 279, Dransfeld, Dreieich, Dreisbach, Drensteinfurt, Drolshagen, Duderstadt 11, Duisburg 27, Dülmen 12, Düren 4, Düsseldorf 24

Eichenzell, Eiterfeld, Eitorf, Elisenhof 2, Ellenstedt 3, Elsdorf, Elz, Emmerich, Emsbüren, Emsdetten 7, Ennigerloh 2, Ense 7, Enzklösterle 3, Erftstadt, Erkelenz, Erlenbach, Erwitte 7, Eschweiler 5, Esiohe 31, Essen 76, Ettringen, Eutin,

Fallingbostel, Fell, Finnentrop 22, Flensburg, Fließem, Föhren, Frankfurt 10, Frechen 2, Freiburg, Freigericht 6, Freinsheim, Frere.i 2 Freudenberg 2, Friedberg, Friedrichsdorf 2, Friesenhagen 2, Friesenheim, Fritzlar, Fröndenberg 7, Fulda 8, Fürstenberg 2, Fürth,

Garbsen, Garrel, Geilenkirchen 3, Geldern 4, Gelsenkirchen 59, Gelsenkirchen-Buer 29, Georgsmarienhütte 8, Gerolstein, Geseke 18, Gevelsberg, Gillenbeuren 4, Gladbeck 5, Goch 3, Göggingen, Göppingen 2, Goslar 12, Grebenstein, Greven 3, Grevenbroich 3, Gronau 7, Großkrotzenburg 4, Grundsteinheim 2, Gütersloh 22

Haaren 4, Hadamar 3, Hagen 80, Hagen/Pad. 5, Hakenberg, Haldenwang, Hallenberg 3, Haltern 5, Hamburg 26, Hameln 3, Hamm 38, Hankhofen, Hannover 9, Haren 3. Harsewinkel 7, Haselünne 5, Hattingen 14, Hattorf 2, Hausen, Havixbeck 5, Heek 4, Heidelberg 2, Heilbronn, Heiligenhaus 2, Heinschenwalde, Hemer 9, Helpsen, Henglarn 5, Hennef, Herborn, Herdecke 5, Herdorf, Herford, Herne 67, Herten 16, Herzebrock 2, Hessisch-Lichtenau, Hessisch-Oldendorf 2, Hilchenbach, Hilden 3, Hildesheim 4, Hilter 3, Hochheim, Hochstadt/M., Hof/Saale, Hofheim/Ts. 16, Holzwickede 3, Hontheim, Hörstel, Horstmar 2, Hövelhof 12, Höxter 15, Hückelhoven, Hückeswagen, Hünfeld, Hürth-Hermühlheim

Iserlohn 50, Isselburg, Issum

Jülich 4

Kaarst, Kalkar 4, Kaltenkirchen 2, Kamen 4, Kamp-Lintfort, Kappel-Grafenhausen, Karlsruhe 3, Kassel 3, Kempen Nrh., Kerken, Kerpen 2. Kevelaer 2, Kiel 10, Kirchbrack, Kirchen/Sieg 2, Kirchhundem 12, Kirchzarten, Kirchzell 4, Kissendorf, Kleve 9, Koblenz, Köln 43, Königstein, Königswinter 2, Konstanz, Korbach, Korschenbroich 4, Krebeck, Krefeld 11, Kreuzau, Kreuztal 2, Künzell 4, Kürten 3

Laasphe, Ladenburg, Laer 3, Lager-Lechfeld 2, Lampertheim, Landau 2, Langdorf, Langelsheim 5, Langenberg 4, Langenfeld 6, Lan-

20

Abb. 65 a und b:
Spendenliste (aus: "Bruder Jordans Weg, 4, 1980,
S. 20 und S. 21)

gerwehe, Lastrup, Lauchheim, Lauingen, Lauterbach 2, Leiberg, Leichlingen 2, Lemgo, Lengede, Lengerich, Lennestadt 32, Leuterschach, Leverkusen 9, Lichtenau 20, Limburg 3, Lindern, Lindlar 8, Lingen 8, Linnich, Lippetal 19, Lippstadt 33, Lohne, Löningen 2, Lörrach 3, Lübeck 6, Lüdenscheid 4, Lüdinghausen 12, Lüdge 3, Lünen 46,

Maintal, Mainz 2, Mannheim 2, Marburg, Marienmünster 2, Marienrachdorf, Marktheidenfeld 2, Marktoberdorf 2, Marl 24, Marsberg 26, Mayen, Mechernich 5, Medebach 7, Meerbusch 3, Melle 5, Menden 23, Mengen, Meppen, Mering, Meschede 16, Mettlach, Michelau 2, Minden 2, Moers 6, Möhnesee 7, Moisburg, Molbergen, Mönchengladbach 9, Monheim, Montabaur 3, Monzelfeld, Morsbach, Much 2, Mühlheim /R. 17, München 8, Munkbrarup, Münster 51

Naumburg/Hessen 2, Naunheim, Nauort, Neckarsulm, Netphen 8, Nettetal, Neuenkirchen/Steinf. 2, Neuenrade 8, Neuhäusel/Ww., Neuhof, Neu Isenburg, Neumagen-Dhron, Neunkirchen/Saar, Neuss 11, Neuwied 2, Nidda 2, Niederelbert 3, Niederkassel, Niedernhausen, Nieheim 7, Nierstein, Norderney, Nordhorn 3, Nordkirchen 4, Nordwalde, Nörten-Hardenberg, Nörvenich, Nottuln 6, Nürnberg 3

Oberhausen 12, Oberkirch, Oberrod 3, Oberstdorf 3, Oberthal 3,

Obertshausen 3, Oberwesel 2, Odenthal, Oelde 13, Oer-Erkenschwick 5, Offenbach 8, Olfen, Olpe 20, Olsberg 21, Osnabrück 11, Ostbevern 3, Ostenland 2, Ostrach, Otterberg, Ottersweier, Overath

Paderborn 104, Papenburg 4, Passau 2, Pechbrunn, Peheim, Pforzheim, Pillig 2, Pirmasens, Plettenberg 4, Prüm

Quirnheim

Raesfeld 5, Ramsdorf 2, Ransbach, Rasdorf, Rastatt, Ratingen 7, Recklinghausen 33, Rees 3, Regensburg 2, Reinbek, Reken 4, Remagen 5, Remscheid 3, Rennerod, Rhauderfehn 3, Rheda-Wiedenbrück 32, Rheinbach 2, Rheinbrohl, Rheine 11, Riesenbeck, Rietberg 62, Rohr, Rosendahl, Rosenheim 3, Roßhaupten, Rüsselsheim, Rüthen 47,

Saarlouis, Sachsenkam, Saffig, Salzgitter 2, Salzkotten 34, Sassenberg 4, Seeburg, Sehnde, Selbach 2, Seligenstadt 2, Selm 17, Senden 3, Sendenhorst 3, Seulingen, Siegburg 2, Siegen 16, Sigmaringen, Singen, Sinsheim, Sinzig, Soest 10, Sögel 4, Solingen 7, Sonsbeck, Sprockhövel 3, Südlohn 6, Sundern 18, Süssen 3, Swisttal, Schalkenbach, Schemmerhofen, Schlangen 2, Schloß Holte-Stuckenbrock 10, Schmallenberg 47, Schneeberg, Schönderling, Schondra, Schöppenstedt, Schramberg, Schweinfurt,

Schwelm 16, Schwerte 18, St. Martin 2, St. Peter 2, Stade 2, Stadthagen, Stavern, Stebach 3, Steinau 3, Steinebach, Steinfurt 2, Steinheim 9, Stimpfach, Stolberg 12, Stolzenau 2, Straden, Stühlingen, Stutensee 2

Tann, Tecklenburg, Telgte, Titz 2, Tondorf, Tönisvorst 3, Trier 4, Troisdorf 2

Uelzen 3, Uersfeld 2, Unna 8, Uplengen, Usingen 2

Varel, Vechta 2, Velbert 5, Verden, Verl 9, Viersen 5, Villingen 4, Vilsheim, Visbeck, Visselhövede, Voerde 2, Vreden 5

Wadersloh 4, Waldbreitbach 2, Waldbröl, Waldeck, Waldrohrbach, Walldürn, Wallenhorst, Waltrop 34, Warburg 14, Warendorf 19, Warstein 27, Weiden/Oberpf. 4, Weiberbach, Welver 4, Welzheim, Wenden 8, Wennigsen, Werl 22, Werlte 2, Wermelskirchen 5, Werne 20, Wesel 3, Westenholz 3, Wetter 2, Wettrup 2, Wickede, Wiehl, Wiesbaden 3, Wilhelmshaven, Willebadessen 4, Willich 3, Wilnsdorf 3, Winterberg 23, Wipperfürth 3, Witten 28, Wittlich 2, Wolfenbüttel 2, Worms 2, Wülfrath, Wünnenberg 4, Wuppertal 16, Würselen, Würzburg

Xanten 3,

Ausland:
Belgien, Brasilien, England 3, Frankreich, Kanada, Luxemburg, Norwegen, Österreich 6, Schweiz 2, USA 4

Unsere Zeitschrift ist eine Gabe an die Freunde Bruder Jordans; es wird kein Bezugsgeld erhoben. Für etwaige freiwillige Spenden bediene man sich folgender Anschrift und eines der beiden Konten: Jordanwerk, Franziskanerstraße 1, 4600 Dortmund 1. – Postscheckkonto 825 60-462 Dortmund. – Bankkonto: Dresdner Bank Dortmund (BLZ 440 800 50) 1 819 434. – Alle Artikel dieses Heftes werden ohne Vorbehalt dem Urteil der Kirche unterworfen. – Schriftleiter: P. Theo Maschke ofm, 5952 Attendorn, Postfach 129. – Druck: Dietrich-Coelde-Verlag, Werl. – Mit Erlaubnis der Oberen. Auf vielfachen Wunsch liegt dem Heft eine Zahlkarte bei. Sie ist keineswegs als Mahnung anzusehen.

Für den Seligsprechungsprozeß gingen Spenden aus folgenden Orten ein:

Bielefeld, Bingen, Bochum, Brilon, Burladingen, Chicago (USA), Dahlhausen, Dernbach, Dortmund, Dreisbach/Westerw., Düsseldorf, Erlabrunn, Essen-Dellwig, Frickhofen/Westerw., Gelsenkirchen, Geislautern, Hagen i.W., Lippling, Lohr/Main, Münstereifel, Müschede, Nürnberg, Paderborn, Remscheid-Lüttringhausen, Schloß Rothestein/Werra, Stahle b. Höxter, Steinheim, Uerentrop, Verden, Völklingen/Saar, Westenholz, Weißenohe

Wir danken herzlich allen Gebern

Freiwillige Spenden zur Förderung des Seligsprechungsprozesses erbeten an: Genossenschaft der Schwestern der Christlichen Liebe, Paderborn, Warburger Straße 2.

Postscheckkonto: 80 36 Dortmund

In Übereinstimmung mit den Dekreten Papst Urbans VIII. werden alle Beiträge dieses Rundbriefes ohne Vorbehalt dem Urteil der Kirche unterworfen.

Abb. 66:
Spendenliste (aus: "Paulinenbrief" 22/23, Februar 1962, S. 14)

Aachen, Aachen-Brand, Ahden, Ahlen, Alhausen, Altena 2, Altengeseke, Altdorf, Ålvsjö/Stockholm, Anreppen 3, Antfeld 3, Apeldoorn/Holl. 2, Arnsberg 4, Aschaffenburg 2, Attendorn 2, Avenwedde 2.

Bad Driburg 8, Bad Kreuznach, Bad Lippspringe 3, Bad Meinberg, Bad Neuenahr, Bad Salzuflen 3, Bad Sooden-Allendorf, Bad Schönborn, Bad Westernkotten 2, Bad Zwischenahn 3, Balingen, Balve-Garbeck, Bakve-Mellen, Bamenohl, Beckum, Bentfeld, Bergheim, Bergkamen, Beringhausen, Berlin 2, Beukenbeul, Beverungen 2, Biberach-Riß, Bielefeld 14, Biggen 2, Bingen 4, Bleiwäsche 3, Blomberg, Bochum 15, Bochum-Werne 2, Bockum-Hövel, Bokel, Bonn 4, Bonn-Beuel, Bonn Godesberg, Borchen 4, Borken 2, Bottrop, Brakel, Brakel-Bellersen, Brakel-Erkeln, Brakel-Gehrden, Brambauer, Braunschweig 2, Bredenborn, Bremen 2, Brenken 2, Brilon 23, Bruchhausen, Brühl, Brügge, Büren 4, Buxheim.

Castrop-Rauxel 4, Clarholz, Cloppenburg, Coesfeld, Cuxhaven.

Dahl, Dahlhausen, Daseburg, Delbrück 3, Dermbach, Detmold 4, Diestedde, Dorsten, Dortmund 24, Do.-Aplerbeck 2, Do.-Brackel 5, Do.-Hörde 8, Do.-Hombruch, Do.-Kirchhörde, Do.-Mengede, Do.-Sölde, Do.-Westerfilde, Do.-Wickede, Dreisbach, Dreistiefenbach, Drensteinfurt, Düsseldorf 5, Düsseldorf-Angermund 2, Düsseldorf-Oberkassel 2, Duisburg.

Eberbach, Ebersberg, Echtrop 2, Eckenhagen, Effeln, Eichenau, Eiserfeld, Elleringhausen 2, Emlinghausen, Emmendingen, Emsdetten, Ense-Parsit, Eppe, Erlangen, Erwitte 4, Essen 9, Essen-Dellwig, Essen-Frillendorf, Essen-Frintrop, Essen-Heidhausen, Essen-Huttrop, Essen-Kupferdreh 2, Essen-Rüttenscheid, Essen-Stadtwald, Essen-Werden, Essen-Ost, Essen-West 4, Essentho 2, Esslingen, Eversberg.

Feldrom, Finnentrop 5, Fleckenberg 2, Forchheim, Frankfurt, Frechen 21, Grechen-Buschbell 2, Freckenhorst, Fredeburg, Freiburg, Freienohl, Fretter, Fröndenberg 5, Fürstenberg 2, Fürth, Fulda 5.

Gelsenkirchen 3, Gelsenkirchen-Buer, Gelsenkirchen-Rotthausen, Gerlingen, Germete, Geseke 3, Gevelsberg 3, Gladbeck, Greven 2, Grönebach, Groß-Umstadt, Grünberg, Gütersloh 6.

Haaren, Hachenburg, Hagen 10, Hagen-Boele, Hagen-Haspe, Hai-

Abb. 67 a-c:

Spendenliste (aus: "Paulinenbrief" 54, Juni 1979, S. 21, S. 22 und S. 23) gerloch, Hainburg, Haltern, Hamburg 2, Hamburg-Bramfeld 2, Hamm 4, Hanau 2, Hannover 3, Hannover-Linden 2, Hattersheim 3, Hattingen 4, Hattingen-Welper 3, Hechingen 2, Heiligenhaus, Helmeringhausen 3, Hemer 4, Hemer-Becke 3, Hemer-Sundwig 2, Hemer-Westig 4, Heppenheim, Herdorf, Herford 4, Herne 8, Herringen, Herzebrock, Hildesheim, Hiltrup, Höchst, Hösel, Hövelhof 5, Höxter 16, Hö.-Albaxen 28, Hö.-Bödexen 2, Ho.-Bosseborn, Hö.-Fürstenau, Hö.-Lüchtringen 2, Hö.-Ottbergen, Hö.-Stahle 16, Hohenlimburg 3, Holthausen, Holzwickede, Holzwickede-Hengsen, Horn 3, Horstmar, Hüingsen, Hultrop, Husen.

Ibbenbüren, Iggenhausen, Iserlohn 6.

Jülich 2, Jugenheim.

Kall 2, Kamen-Heeren, Kamen-Methler, Kassel, Kassel-Oberzwehren 2, Kaster, Kaufbeuren-Neugablonz, Kempen, Kempen-Feldrom, Kempten, Kirchlengern, Klein-Krotzenburg, Kleve, Kleve-Kellen, Köln 8, Köln-Dünnwald, Köln-Lindenthal 3, Köln-Mauenheim, Köln-Mühlheim, Köln-Weidenpesch, Königswinter, Korbach, Krefeld 2, Krefeld-Traar 2, Kreuztal, Küstenberg, Kuchen.

Laggenbeck, Landau, Langenberg 6, Langeneicke, Langenhagen, Langenzenn, Lechlingen, Leiberg, Lemgo 2, Lendringsen, Lenhausen, Letmathe 5, Leverkusen, Levertsweiler, Lichtenau 3, Liesborn 4, Limburg, Lipperode 2, Lippling, Lippstadt 7, Lohmar, Lohr, Ludwigshafen, Lübbecke 3, Lügde,

Lüdge-Niese, Lünen, Altlünen, Lünen-Brambauer, Lünen-Horstmar, Lürbke.

Mainz, Mannheim 2, Marienmünster-Bredenborn, Marienmünster-Hohehaus, Marienmünster-Kollerbeck 8, Marburg, Marbeck, Marsberg 7, Mastholte, Medebach, Medelon, Meinerzhagen, Menden 21, Mengen 5, Merlsheim, Meschede, Messinghausen, Mesum, Mettlach 2, Mettlach-Orscholz, Mettmann, Minden 8, Mönchengladbach 4, Montabaur, Mülheim, Mülheim-Ruhr, München 6, München-Haar, Münster 22, Müschede.

Neheim-Hüsten 7, Nesingen, Netphen, Neuenbeken 2, Neuenheerse, Neuenkirchen, Neunkirchen, Neuß, Niederbergheim, Niederntudorf, Niederpleis, Niedersfeld 4, Niederzissen, Nieheim 3, Nienborg, Nistertal, Nörde, Nordhorn, Nordkirchen 2, Nürnberg.

Oberhausen 4, Oberkotzau 3, Oberntudorf, Oberschledorn, Oberschmeien, Oelde, Offenbach, Olpe, Olsberg 3, Olsberg-Bigge, Opladen, Orscholz, Ostenfelde, Ostenland, Ostönnen, Ostwig 4, Ottenhausen, Otterndorf, Overath 2.

Paderborn 52, Peckelsheim, Pielenhofen, Planegg, Plettenberg, Porz-Eil, Puchheim 2.

Radevormwald 2, Radlinghausen 2, Raesfeld, Ramershoven, Ratingen-Hösel, Recke, Recklinghausen 6, Regensburg, Reiste, Rheda, Rheine, Rheinbach, Rhynern, Rietberg, Rimbeck, Rottweil, Rüsselsheim, Rüthen 2, Rüthen-Oestereiden, Rüthen-Meiste.

Saerbeck, Salzkotten 6, Sande, Sennelager, Siddinghausen 3, Siegburg 2, Siegen 2, Sigmaringen 16, Sögel, Solingen, Sommersell, Soest 10, Sudhagen 6, Sundern 2, Sundern-Stockum 2, Surwold.

Scharfenberg 2, Schellerten 2, Schlangen, Schloß-Holte 3, Schloß Neuhaus 2, Schmallenberg 3, Schmallenberg-Bödefeld, Schömberg, Schöppenstedt 2, Schöppingen 2, Schwaney, Schwerte 2, Schwitten.

Stadtbergen, Steinenbrück, Steinhagen, Steinheim 3, Stetten, Sterzhausen, Störmede, Stuttgart.

Tauberbischofsheim, Thüle, Titelsen, Trier 4, Tübingen.

Überlingen, Ulm, Unterdarching, Unna.

Vallendar, Velbert, Velmar 2, Verl 4, Verlar, Viersen, Vlotho, Vorhelm, Voßwinkel.

Wadersloh, Waldeck, Waltrop 3, Warburg 5, Warburg-Welda, Warendorf 2, Warstein 4, Warstein-Belecke 2, Warstein-Suttrop, Wattenscheid 2, Weckinghausen 3, Weingarten, Welver-Illingen, Wenden, Wenden-Ottfingen, Werdohl, Werl 4, Werl-Budberg 2, Werne 3, Weroth, Westenholz, Wetter, Wewelsburg, Wickede 2, Wickede-Echthausen, Wiedenbrück 8, Wiemeringhausen, Wilhelmshaven, Willich-Anrath 5, Willich-Neersen, Willebadessen, Windhausen, Winterberg 5, Witten 2, Witten-Annen, Wünnenberg 3, Würzburg, Wuppertal-Barmen 2, Wu.-Beyenburg, Wu.-Elberfeld 3.

Züschen 2.

Ungenannt 16.

Ein herzliches „Vergelts's Gott" allen unsern Mitarbeitern, Freunden und Wohltätern.

Bei Änderung einer Anschrift durch Umzug, Eingemeindung oder Heirat bitten wir, uns die neue Anschrift mitzuteilen.

Eine etwa beiliegende Zahlkarte bedeutet keine Verpflichtung. Sie ist nur zur Erleichterung gedacht für solche, die unsere Arbeit durch eine Spende unterstützen möchten.

Kongregation der Schwestern der Christlichen Liebe,
Warburger Straße 2, 4790 Paderborn,
Postscheckkonto 80 36-469 Dortmund.

Quellenverzeichnis

Drei Jahre aus meinem Leben
Dr. Konrad Martin
Verlag Franz Kirchheim, Mainz 1877

Konrad Martin
Professor und Bischof
Professor Dr. Wilhelm Liese
Bonifacius-Druckerei, Paderborn 1936

Mit kirchlicher Druckerlaubnis

Druck: Westfalen-Druckerei, Paderborn. Redaktion: Clemens H. Sander

Jordan Mai:
"Bruder Jordans Weg", 2, 1954: Spenden vom 01.01.-31.03.1954:
<u>972</u>
"Bruder Jordans Weg", 4, 1980: Spenden vom 01.06.-31.08.1980:
<u>3.644</u>

Pauline von Mallinckrodt:
"Paulinenbrief", 22/23, Febr. 1962:   <u>32</u> Spenden
"Paulinenbrief", 54, Juni 1979   :<u>1.115</u> Spenden

Auch über die Herkunftsorte der Devotanten geben die Spendenlisten genaue Auskunft; in allen drei Listen (Theresia Bonzel
1979 / Jordan Mai 1980 / Pauline von Mallinckrodt 1979) ist in
unterschiedlicher Quantität ganz Westfalen, darüber hinaus ganz
Deutschland und andeutungsweise das Ausland durch einzelne Spen-
denüberweisungen vertreten. Interessant wird allerdings die Auflistung der Orte, aus denen überdurchschnittlich viele Spenden
eingegangen sind (als Maßzahl wurde 25 Spenden gewählt). Diese
sind bei

Theresia Bonzel:
Olpe, 32 Spenden.

Jordan Mai:
Arnsberg, 33 Spenden / Attendorn, 33 Spenden / Berlin, 26 Spen-
den / Bochum, 109 Spenden / Castrop-Rauxel, 34 Spenden / Dorsten, 27 Spenden / Dortmund, 279 Spenden / Duisburg, 27 Spen-
den / Gelsenkirchen, 59 Spenden / Gelsenkirchen-Buer, 29 Spen-
den / Hamburg, 26 Spenden / Hamm, 38 Spenden / Herne, 67 Spen-
den / Iserlohn, 50 Spenden / Lippstadt, 33 Spenden / Marsberg,
26 Spenden / Münster, 51 Spenden / Paderborn, 104 Spenden /
Recklinghausen, 33 Spenden / Rheda-Wiedenbrück, 32 Spenden /
Rietberg, 62 Spenden / Rüthen, 47 Spenden / Salzkotten, 34 Spenden / Schmallenberg, 47 Spenden / Warstein, 27 Spenden / Witten, 28 Spenden.

Pauline von Mallinckrodt:
Höxter-Albaxen, 28 Spenden / Paderborn, 52 Spenden.

Dieser Zahlenvergleich darf nicht überinterpretiert werden, da
in ihm von Natur aus zunächst einmal die Städte auftauchen, die
aufgrund ihrer höheren Einwohnerzahl auch durchschnittlich mehr
Devotanten "beherbergen" als die Dörfer.

Trotzdem macht dieser Vergleich drei Aussagen möglich:

1) Ein "Hauptdevotionsort" ist die Stadt, in der das jeweilige
   Grab liegt, selbst.
2) Weitere "Hauptdevotionsorte" sind die Städte, in denen der
   jeweilige Orden ein Kloster besitzt oder sonst tätig ist
   (Theresia Bonzel = Olpe / Jordan Mai = Attendorn, Bochum,
   Dorsten, Dortmund, Hamburg, Münster, Paderborn, Wiedenbrück,
   Rietberg / Pauline von Mallinckrodt = Albaxen, Paderborn).
3) Bei den weiteren "Hauptdevotionsorten" handelt es sich häufig entweder um "katholische Orte" oder um Städte, die in
   der Nähe des Grabes liegen (besonders auffällig bei Jordan
   Mai = Ruhrgebiet).

Um einen genaueren Eindruck von den stärker vertretenen Regio-
nen zu bekommen, sollen die Herkunftsorte der meisten Spender
graphisch dargestellt werden.

Um den Rahmen nicht zu sprengen, wurden folgende **Grenzwerte** ge-
setzt:

Theresia Bonzel:
mehr als 5 Spenden,

Jordan Mai:
mehr als 20 Spenden,

Pauline von Mallinckrodt:
mehr als 5 Spenden.

Die Städte, in denen sich das Grab befindet, wurden mit einem
Kreuz gekennzeichnet, die Orte, aus denen die genannten Spenden-
zahlen eingegangen sind, mit Punkten markiert. Die Karte verzichtet aus zeichentechnischen Gründen darauf, jeden Punkt (Ort)
mit Namen zu bezeichnen. Um festzustellen, um welche Orte es
sich in der Darstellung handelt, wurden diese in der jeweils in
Frage kommenden fotokopierten Spendenliste (siehe oben!) unter-
strichen.

Karte I:

"Hauptdevotionsorte" im Kult von Theresia Bonzel:

Karte II:

"Hauptdevotionsorte" im Kult von Jordan Mai:

Karte III:

"Hauptdevotionsorte" im Kult von Pauline von Mallinckrodt:

Die vorliegenden graphischen Darstellungen können keine er-
schöpfenden Aussagen über die genaue Lage der Herkunftsorte
der "Hauptdevotanten" machen, zeigen aber deutlich, daß
1) die Kulte quantitativ sehr unterschiedlich sind,
2) sich die Verehrung über ganz Westfalen erstreckt, dies allerdings mit folgenden Varianten:
   Jordan Mai erfreut sich in den Städten des Ruhrgebietes der
   größten Beliebtheit, etwas weniger im Sauerland; Pauline von
   Mallinckrodt wird häufig im Paderborner Raum und im Ruhrgebiet verehrt, weniger im Sauerland,
3) die Verehrung in den einzelnen Orten sehr stark abhängig ist
   von der Tatsache, ob dort Angehörige des jeweiligen Ordens
   wirken,
4) sich die Kulte gegenseitig nicht unbedingt "konkurrierend"
   gegenüberstehen, da aus Paderborn, Olpe, Münster und Werl
   zahlreiche Spenden für Jordan Mai eingehen und umgekehrt für
   die dort vertretenen Kulte auch aus dem Ruhrgebiet.

Wie die Spendenlisten zeigen, kann eine relative Konzentrierung
der "Hauptdevotanten" auf die Umgebung des Kultortes und darüber hinaus auf Westfalen festgestellt werden (eine Ausnahme bildet hier Theresia Bonzel, da eine größere Zahl der Devotanten
von außerhalb Westfalens stammen, was mit der Lage der Klöster
der Olper Franziskanerinnen zusammenhängen wird, aber auch Rückschlüsse auf die allgemeine Beliebtheit Theresia Bonzels in
Westfalen zuläßt), die Devotantenzahlen nehmen mit der Entfer-
nung immer mehr ab, das Ausland ist wenig vertreten. Die neu
entstehenden Heiligenkulte haben vorwiegend regionale Bedeutung[303].

Die "Hauptdevotanten" bleiben sich nicht selbst überlassen. Die
Verehrer von Pauline von Mallinckrodt sind im sogenannten "Paulinenbund" zusammengeschlossen, die von Anna Katharina Emmerick
im "Emmerickbund". Bei Theresia Bonzel und Jordan Mai gibt es
zwar keine zusammenfassende Organisation[304], die Devotanten fühlen sich aber trotzdem mit dem Jordan-Werk bzw. der Vizepostulatur Theresia Bonzels verbunden, was sich durch Mitteilungen
zeigt, in denen sich die Schreiber als "Mitglieder" bezeichnen[305].

Die älteste dieser Einrichtungen ist der Emmerickbund, der am
18.09.1921 in Dülmen gegründet wurde und dem damals mehrere
tausend Mitglieder beitraten. Zu seiner Aufgabe gehörte es, die
Bekanntheit Anna Katharina Emmericks zu verbreiten, den Prozeß
durch Gebet und Geldspende zu fördern und die Schriften zu verteilen[306]. Für die Finanzierung der Vorhaben des Bundes ist
eine jährliche Spende vorgesehen. Nach der Wiederaufnahme des
Seligsprechungsprozesses für Anna Katharina Emmerick sind auch
die Aktivitäten des Bundes wieder gestiegen. Er zählt heute etwa 500 Mitglieder, davon 100 in Dülmen und 100 in Coesfeld[307]
und wird von der sogenannten Emmerickkommission, einem bischöflichen Gremium, geleitet. Mitglied kann jeder Katholik werden.
In der Grabeskirche von Anna Katharina Emmerick sowie im Dülmener Augustinerkloster sind Anmeldeformulare erhältlich. Sie
geben kurz Auskunft über Geschichte und Sinn des Emmerickbun-
des und der Emmerickverehrung (Förderung des Kultes durch Gebet und Spende). Der Mitgliedsbeitrag beträgt heute jährlich
3,-- DM[308].

Die gleiche Aufgabe wie der "Emmerickbund" hat auch der "Paulinenbund"[309]. Er wurde 1948 gegründet und zählt heute etwa 15.000
Mitglieder, meist Frauen, aber auch viele Kinder und ganze Familien. Ein größerer Teil der Mitglieder sind "Altschülerinnen"
der von Schwestern der Christlichen Liebe geleiteten Schulen,
Teilnehmer der Exerzitienkurse im Paderborner "Maria-Immacula-
ta-Haus", Ordensleute und Freunde und Förderer des Ordens[310].

Nach der Anmeldung erhält jedes Mitglied eine Urkunde als Bestätigung der Mitgliedschaft. Die Jahresspende beträgt seit
1963 1,-- DM, vorher --,50 DM. Sie kann durch eine einmalige
Spende von 20,-- DM abgelöst werden. Die Mitglieder des "Paulinenbundes", die sogenannten "Paulinenbündler", sind durch
diese Organisation enger mit der Genossenschaft der Schwestern
der Christlichen Liebe verbunden; diese gedenken beispielsweise jeweils in ihrem Chorgebet der Anliegen der "Paulinenbündler".

Durch gemeinsame Exerzitien, die in den Paulinenbriefen ange-
kündigt werden, soll sich das religiöse Leben der "Paulinenbündler" vertiefen.

Diese wiederum stehen in engem Briefkontakt zum Orden, bei dem sie sich für die Gebetshilfe und die Hilfen Mutter Paulines bedanken oder um weitere Hilfe bitten, "Messen bestellen" und Geldspenden schicken.

Wie schon bei den Mitteilungen der Gebetserhörungen bemerkt, haben auch **diese** Briefe, deren Zahl jährlich zwischen 70 und 130 liegt[311], insgesamt den Charakter einer Verbalisationsmöglichkeit gerade für solche Menschen, denen häufiger anderer Kontakt fehlt. Interessanterweise stammen alle Briefe, die im Archiv des "Paulinenbundes" in Paderborn gesammelt sind, von Frauen.

Die Verehrer Clemens August Graf von Galens sind zwar in keine solche Bruderschaft zusammengefaßt, hier leitet aber möglicherweise die oben genannte Priesterbruderschaft, die ja auch um die Eröffnung des Prozesses gebeten hat, die Verehrung.

Das bedeutendste Kommunikationsmittel für die "Hauptdevotanten" mit der jeweiligen Vizepostulatur ist und bleibt die jeweilige Schriftenreihe. Dies drückt sich besonders durch Mitteilungen an die "Mitglieder" aus (Einladung zu Bitt-Tagen! Exerzitien usw.) oder durch die Veröffentlichung der Namen der verstorbenen Verehrer des jeweiligen Dieners Gottes. Dies geschieht bei "Mutter Theresias Ruf" und "Bruder Jordans Weg". Daß die Angehörigen der Verstorbenen durchaus Wert auf diese Veröffentlichung in den Totenlisten legen, zeigt u.a. folgende Bitte: "Bitte, meinen verstorbenen Mann mit in die Totenliste einzutragen, da wir stets zusammen den Bruder Jordan innig verehrt haben"[312].

Die "Hauptdevotanten" können nach den vorliegenden Ergebnissen wie folgt charakterisiert werden:

Es handelt sich mehr um Frauen als um Männer[313], wie die Briefe zeigen, meist aus der Mittelschicht. Diese Herkunft der Devotanten ist allerdings auch abhängig vom jeweiligen Diener Gottes. So verehren Graf von Galen "ganz andere Kreise" als Euthymia[314], gemeint ist der westfälische Adel, der hier besonders häufig aktiv ist.

Zu den "Hauptdevotanten" gehören weiterhin sehr viele kirchliche
Amtsträger, Priester, Ordensleute, Bischöfe usw. Diese besuchen
regelmäßig von Amts wegen zu Gottesdiensten und ähnlichem die
Gräber der jeweiligen Diener Gottes (29.08.1962: Kardinal Bea
am Grab Bruder Jordan Mais[315], 1954 mehrere chinesische Bischöfe, sowie weitere aus Japan, Brasilien und Rom[316]).

Bisher ist bei der Förderung der Kulte nur die Rolle der primä-
ren tragenden Institution, besonders der Orden, bearbeitet worden. Aber auch die Gesamtkirche, repräsentiert durch die Bischöfe und deren Verwaltung sowie katholische Politiker üben einen
nicht unbedeutenden Einfluß auf den Verlauf der Selig- und Heiligsprechungsprozesse aus. Dies kann fördernd, aber auch "drosselnd" geschehen, fördernd durch den Besuch des Grabes[317],
durch bischöfliche Stellungnahmen zum Kult[318], durch Veröffentlichung von Biographien im Diözesangesangbuch[319] und durch Einsetzen einflußreicher Vizepostulatoren[320], "drosselnd" durch
Verweigerung dieser Vorteile oder durch Verhinderung des Seligsprechungsprozesses[321].

Diese besondere Verehrung der Diener Gottes durch die "Hauptdevotanten" ist nicht notwendig konfessionsgebunden. So finden
sich bei den Devotanten immer wieder neben Katholiken auch Pro-
testanten[322] oder seltener sogar Mohammedaner[323].

Aufgrund der Information durch die Schriften sind die "Hauptdevotanten" normalerweise in der Lage, genauere Auskünfte über
die verehrte Person zu geben, und sie tun dies auch durch - oft
versprochene - mündliche Propaganda. Hier ist allerdings auch
die Fragestellung an die Devotanten von großer Wichtigkeit. Wie
Erfahrungen des Verfassers zeigen, sind die Devotanten mit Aus-
künften sehr zurückhaltend, wenn man sich als Student ausgibt
und Material für eine wissenschaftliche Arbeit sammelt. Ganz
anders ist das, wenn man sich ahnungslos stellt und den Eindruck eines unwissenden, aber interessierten möglichen neuen
Devotanten macht. In diesem Fall stößt man auf sehr redefreu-
dige Devotanten, die genau über den Kult Auskunft geben.

Der Emmerickbund
lädt zum Beitritt ein

Abb. 68 a-d:
Anmeldeformular für den "Emmerickbund"

DER EMMERICKBUND

lädt zum Beitritt ein

Anna Katharina Emmerick, die große Dulderin und Seherin von Dülmen, ist unvergessen. Das hat die große Anteilnahme der Gläubigen an den Feiern des Jubiläumsjahres 1974 gezeigt, das zeigen auch die zahlreichen Besucher der Emmerick-Gedenkstätten. Alle Emmerickverehrer haben mit Freude die Nachricht aufgenommen, daß kurz vor dem Jubiläumsjahr der lange unterbrochene Seligsprechungsprozeß in Rom wieder aufgenommen worden ist. Die für den Prozeß notwendigen Verhandlungen und Forschungsarbeiten nehmen einen guten Fortgang.

Nun kommt es darauf an, daß möglichst viele Verehrer und Freunde der Dienerin Gottes sich zusammenfinden, um den Seligsprechungsprozeß tatkräftig zu unterstützen.

In den zwanziger Jahren hat der damalige Emmerickbund eine große Aktivität entfaltet, bevor er den Wirren des „Dritten Reiches" und des Krieges zum Opfer fiel. Es erscheint dringend notwendig, daß sich wieder eine neue, große Gemeinschaft der Emmerickverehrer bildet, die auch die Freunde im Ausland mit umfaßt.

Wir laden alle Interessierten ein, dem neuen Emmerickbund, der am 7. 5. 1976 in Dülmen begründet worden ist, beizutreten. Zur Anmeldung können Sie die anhängende Karte benutzen und ausgefüllt an die vorgedruckte Adresse schicken.

Für den Emmerickbund:

Karl Heymann   Bernt Ramaker

Vorsitzender   Stellv. Vorsitzender

Anschrift: Emmerick-Bund e.V.
               An der Kreuzkirche 10
               4408 Dülmen

Bankkonten: Stadtsparkasse Dülmen, Kto. 2295
               Postscheckkto. Dortmund Nr. 1873-465

Gebet um die
Seligsprechung Anna Katharina Emmericks

Allmächtiger, ewiger Gott, von dir kommt jede gute Gabe und jedes vollkommene Geschenk. In Ehrfurcht bitten wir dich: Verherrliche dich in deiner Dienerin Anna Katharina, die ihr Leben lang zu deider Ehre und für das Heil ihrer Mitmenschen gebetet, gearbeitet und gelitten hat.

Gütiger Heiland, du gekreuzigte Liebe, wir bitten dich: Verherrliche deine Dienerin Anna Katharina, die du mit deinen Wundmalen gezeichnet hast.

Gott Heiliger Geist, du hast durch die gottselige Anna Katharina vielen Menschen große Gnadenhilfe gewährt. Laß sie auch jetzt eine Helferin sein für alle, die in ihren Nöten sie mit Vertrauen anrufen.

Heiliger, dreieiniger Gott, wir bitten dich inständig: Laß ihr bald die Ehre der Altäre zuteil werden, damit du in ihr verherrlicht wirst und deine Kirche durch sie mit Gnade und Segen bereichert wird.

Hiermit melde ich mich als Mitglied für den EMMERICKBUND an.

☐ Ich bin bereit, durch Gebet und persönlichen Einsatz für die Emmericksache aktiv zu werden und einen jährlichen Mindestbeitrag von DM 3,— zu leisten.

☐ Schicken Sie mir als Dank für eine einmalige zusätzliche Spende von DM 5,— die Broschüre „Das Kreuz am Weg."

....
(Datum)   (Unterschrift)

Genaue Anschrift:

....
(Name, Vorname)

....
(Straße)

....
(Postleitzahl und Ort)

Pauline von Mallinckrodt

wurde geboren am 3. Juni 1817 zu Minden in Westfalen als älteste Tochter des Vizepräsidenten Detmar von Mallinckrodt und der Freiin Bernhardine von Hartmann aus Paderborn

1839 — mit 22 Jahren — begann Pauline, sich in Paderborn der unbetreuten Kinder, insbesondere der blinden und verwahrlosten, liebevoll anzunehmen.

Am 21. August 1849 gründete Pauline von Mallinckrodt die Genossenschaft der Schwestern der Christlichen Liebe, die in den folgenden Jahren dank der ungewöhnlichen Tatkraft und aufopfernden Hingabe ihrer Gründerin zunächst in Deutschland, später auch in Nord- und Südamerika eine überaus segensreiche Tätigkeit entfaltete. Es entstanden in schneller Folge Schulen, Kindergärten, Waisenhäuser, Krankenhäuser, Internate.

Am 30. April 1881 starb Pauline von Mallinckrodt im Ruf der Heiligkeit.

Grabstätte und Gedenkraum der Mutter Pauline in Paderborn, Warburger Straße 2.

DER PAULINENBUND ist eine Gemeinschaft von Frauen und Männern aller Berufe und Stände, die sich nach dem Vorbild Pauline von Mallinckrodts der tätigen Liebe widmen. Die Mitglieder unterstützen die sozialfortschrittlichen Einrichtungen, die Mutter Pauline zum Wohle der Menschen und zur Ehre Gottes geschaffen hat, ihrer Zeit weit vorausschauend. Die Mallinckrodtschwestern haben diesen Gedanken der christlichen Liebe hinausgetragen in alle Welt. Sie lehren und bilden die Jugend, stehen — gestern wie heute — an den Betten der Kranken und Hilfsbedürftigen. Sie führen die Blinden liebevoll in die Selbständigkeit eines neuen Daseins. Sie leben inmitten vieler Völker, um das Gebot der christlichen Lebensgestaltung nach Mutter Paulines Vorbild in den Missionen von Chile, Uruguay, Argentinien und in USA zu verwirklichen.

DER PAULINENBUND sieht seine Aufgabe darin, in einer Gebets- und Opfergemeinschaft mit allen Schwestern der Christlichen Liebe die großen sozialen und missionarischen Aufgaben Mutter Paulines zu verwirklichen und darüber hinaus durch Gebet und Opfer von Gott ihre Seligsprechung zu erflehen.

Name _____

wurde in (Ort) _____

Straße _____ Nr. _____

unter der Mitgliedsnummer _____ als Mitglied

des Paulinenbundes eingetragen.

Abb. 69:
Formular für die Anmeldung beim "Paulinenbund"

IM FRIEDEN
ENTSCHLIEFEN

P. Heinrich Huthmacher S. J. (Hamburg)
Pfarrer i. R. Hans Klarmann (Hofheim)
Schwester M. Cypriana S. N. D. (Ahlen)
Schwester M. Walberta (Essen)
Schwester M. Luisianis (Heessen)
Ackfeld, Josef (Westenholz); Altegoer, Elisabeth (Wulfen); Ammeling, Anna (Dorsten); Benthaus, August (Dortmund); Bergmann, Willy (Oberaden); Bitter, Elisabeth (Rüthen); Bode, Erwin (Eilern); Bömelburg, Maria (Dortmund); Bomholt, Maria (Südkirchen); Bracht, Oskar (Gaggenau); Brüggemann, Anna (Dorsten); Campert, Olga (Hanau); Degenhardt, Maria (Fuhrbach); Deichmann, Carl (Mülheim Ruhr); Dolle, Gertrud (Velmede); Domke, Hildegard (Kassel); Escher, Martha (Gelsenkirchen); Ferkau, Martha (Eslohe); Ferkinghoff, Elisabeth (Gronau); Figge, Margarete (Hagen); Fischer, Maria (Kamen-Heeren); Flashove, Fritz (Lünen); Fuest, Gertrud (Dortmund); Fuhrkötter, Frau L. (Dortmund); Funke, Maria (Menden); Glück, Heinrich (Hamm); Grundei, Maria (Laasphe); Grunwald, Maria (Dortmund); Hegemann, Wilhelm Lütringhausen); Hengstebeck, Wilhelm (Olpe); Henken, Hildegard (Billerbeck); Junker, Katharina (Schloß Holte-Stukenbrock); Kakowski, Frau A. (Dortmund); Kalupa, Hedwig (Lübeck); Kentrup, Auguste (Buldern); Kiwitt, Anna (Sonsbeck); Köllmann, Rudolf (Essen); Krieg, Wilhelmine (Herne); Kuhlmann, Matthias (Nordkirchen); Langer, Elisabeth (Menden); Lehmann, Rosa (Bochum); Lehnert, Johanna (Brauneberg); Lewandowski, Martha (Dortmund); Liebler, Ludwig (Dortmund); Lindler, Franziska (Lünen-Brambauer); Louwers, Christine (Papenburg); Markmann, Theodor (Meiste); Matheja, Klara (Arnsberg); Mense, Johanna (Emsdetten); Mitscha, Schwester E. (Bad Steben); Müller, Maria (Stavern); Nahrmann, Elisabeth (Oelde); Olbrück, Maria (Bad Lippspringe) Ostermann, Hildegard (Billerbeck); Pape, Elisabeth (Benhausen); Pape, Veronika (Paderborn); Papenbreer, Gerhard (Rietberg 2); Parzentny, Barbara (Höxter); Picker, Theresia (Welver); Pieper, Therese (Kalkar-Wissel); Pollmann, Felix (Dortmund); Preute, Paula (Gelsenkirchen); Proost, Anna (Fließem); Rath, Maria (Eslohe); Reichardt, Anna (Mülheim); Richter, Martha (Frechen-Bachem); Rohm, Gertrud (Kevelaer); Rössing, Maria (Stadtlohn); Rüther, Berta (Altena); Salm, Anna (Robringhausen); Settertobulte, Elisabeth (Liesborn); Scheller, Anna (Fulda); Schering, Katharina (Herne); Schmidtmeier, Gertrud (Ahlen); Scholand, Luise (Oesdorf); Schreckenberg, Meinolf (Oberntudorf), Stark, Gertrud (Langenfeld); Steffen, Gertrud (Gelsenkirchen); Stelte, Wilhelmine (Dortmund); Stratmann, Wilhelm (Bestwig); Tacke, Heinrich (Dortmund 14); Ulsberg, Anna (Altenfeld); Vielhaber, August (Werdohl); Vogel, Maria (Bochum 6); Wallner, Elisabeth (Dortmund); Weber, Thea (Dortmund); Wolniczak, Anna (Castrop-Rauxel)

Allmächtiger Gott und Vater, wir glauben und bekennen, daß dein Sohn für uns gestorben und auferstanden ist. Im Glauben an dieses Geheimnis sind unsere Brüder und Schwestern von uns gegangen.

Wie sie in Christus gestorben sind, so laß sie auch durch Christus auferstehen.

(Aus dem Meßbuch der Kirche)

Abb. 70:
Totenliste (aus: "Bruder Jordans Weg", 1, 1979, S. 23)

UNSERE TOTEN

Rektor F. Peitz (Warburg-Germete)

Unsere Schwestern: Treuhilde Quiter (Wissen); Willirama Ganten-brink (Bonn-Venusberg); Rigoberta Tiefes (Drolshagen); Edigna Pe-ters (Drolshagen); Huberta Groß (Drolshagen); Theodosia Sonder-mann (Drolshagen); Clementilla Eichhof (Drolshagen); Prudentia Schmidt (Olpe); Gottfriedis Pfeiffer (Drolshagen); Wigberta Quast (Drolshagen); Admara Pfeifer (Drolshagen); Vitalina Zimmermann (Drolshagen); Bernwarda Haggeney (Drolshagen).

Verehrerinnen und Verehrer von Mutter M. Theresia: Benthaus, Agnes (Frankfurt); Biener, Rosa (Wickede); Gibbert, Veronika (Briedel); Habbel, Elisabeth (Wickede); Hiller, Therese (Bonn); Humpert, Augu-ste (Wickede); Hüttenhain, Heinrich (Attendorn); Kotthoff, Balduine (Meschede-Remblinghausen); Kultz, Wilhelm (Bodelshausen); Mühl-fahrt, Maria (Giesendorf); Nettebom, Erna (Essen); Plesser, Maria (Münster); Raths, Anni (Euskirchen); Richardt, A. (Düren); Sass, Else (Bonn); Schäfer, Lieschen (Euskirchen); Scheben, Eveline (Aachen-Soers); Schöne, Heinrich (Warstein 2 - Sichtigvor); Schmelzer, Berta (Olpe); Schmidt, Emilie (Brühl); Sprenger, Josef (Warstein 2 - Sichtig-vor); Vassen, Elisabeth (Aldenhoven); Velden, Maria (Aachen); Veer-kamp, Heinrich (Meppen); Winter, Lisa (Meckenheim)

„Gott und Herr, du bist unser Ziel. Für dich sind wir erschaffen, und unruhig ist unser Herz, bis es ruhet in dir. Wir bitten dich, erbarme dich deiner Diener und Dienerinnen und stille ihr Heimweh nach dir. Laß Sie heimkommen zu dir, dem Ziele ihrer Sehnsucht."

16

Abb. 71 a und b:
Totenliste (aus: "Mutter Theresias Ruf", 2,
1979, S. 16 und 17)

5.2.2

"Gelegenheitsdevotanten"

Diese Personengruppe, die in der Gesamtzahl der Devotanten etwa
75 % ausmacht, kennt den Kult und beteiligt sich in gewissem
Umfang an ihm, allerdings längst nicht in der Intensität und
mit der Identifikation wie die "Hauptdevotanten".

Die Teilnahme beschränkt sich häufig auf den Grabbesuch, das
dortige Gebet und eventuelle Kerzen- und Blumenopfer. Zu dieser
Gruppe gehören alle die Devotanten, die "eben bei Euthymia vor-
beigehen", wenn sie in Münster auf dem Zentralfriedhof sind,
aber nicht eigens für diesen Besuch den Friedhof aufsuchen.

Wie Beobachtungen an den Gräbern zeigen, kann über Geschlecht
und Herkunft in etwa das gleiche gesagt werden wie für die
"Hauptdevotanten": mehr Frauen, häufig aus der Mittelschicht
(Indikator z.B. Kleidung). Über die lokale Herkunft ist zu ver-
muten, daß es sich oft um "Einheimische" handelt, die in ihrem
Alltagsleben Friedhof und Kirche besuchen und so den Kult mit-
tragen.

Die "Gelegenheitsdevotanten" unterscheiden sich in zwei Punkten
deutlich von den "Hauptdevotanten":

Einmal verfügen sie längst nicht über das Wissen über den Kult
und die verehrte Person wie die "Hauptdevotanten"[324]. Dieser
Wissensmangel ist darauf zurückzuführen, daß sich die "Gelegenheitsdevotanten" eben nicht intensiv mit dem Kult beschäftigen,
sondern den Diener Gottes einfach verehren, weil "er eben hilft".
Für diese Personengruppe ist nicht vorbildliches Leben und Ein-
zelheiten aus dem Leben der verehrten Person interessant, sondern "daß am Grab Wunder geschehen".

Die Erbauungsliteratur spielt hier eine sehr untergeordnete Rolle, Wissen und Meinung gehen ineinander über.

Zum anderen legen gerade die "Gelegenheitsdevotanten" großen
Wert auf ihre Anonymität. Die meisten dieser Grabbesucher finden wir bei gut zugänglichen Gräbern, etwa bei Euthymia Ueffing. Um nicht "aufzufallen", sind diese Devotanten auch selten

bereit, sich mündlich genauer zu äußern. Auf Fragen antworten
sie nur sehr kurz, sehr oberflächlich und mit einer großen Zurückhaltung. Ob diese Devotanten mögliche Erhörungen schriftlich an die Orden mitteilen, bleibt eine offene Frage. Es ist
möglich, daß gerade diese Personengruppe sich auch schriftlich
sehr zurückhaltend verhält.

5.2.2.1
Heilige, Fürbitter oder Vorbilder?

Die Kirche hat in ihrer Lehre die Heiligen sowohl als Fürbitter
als auch als Vorbilder definiert[325]. Diese Funktionen nehmen
sie auch im Verständnis der Devotanten ein[326].

Allerdings ist hier eine interessante Verlagerung feststellbar:
Während kirchliche Würdenträger[327] und die der Kirche naheste-
henden "Hauptdevotanten" die Rolle des Heiligen als Vorbild in
den Vordergrund stellen, spielt für die "Gelegenheitsdevotanten" der Fürbittcharakter der Heiligen die größere Rolle.

Hier wie dort sind die Heiligen für die Devotanten Hilfen in
der Lebensgestaltung: als Vorbilder bieten sie Orientierungs-
möglichkeiten, als Fürbitter im Verständnis der Devotanten Hilfe in Situationen, die allein nicht mehr gemeistert werden können.

Beide Positionen zeigen allerdings, daß eine bestimmte Personengruppe in der Kirche "auf die Heiligen angewiesen ist".

Wenn die kirchliche Betonung der Heiligenverehrung zu sehr nachläßt oder ganz aufhört, ist eine Verlagerung dieses Bedürfnis-
ses auf andere Personenkreise durchaus möglich und zu erwarten.
So sieht Walter Heim in den Beschlüssen des Zweiten Vatikani-
schen Konzils und der daraus resultierenden Einstufung des katholischen Heiligenkultes, der nur noch am Rande eine Rolle
spielt, die Gefahr, daß "der volkstümliche Heiligenkult in den
Untergrund abwandert" und sich nach eigenen Gesetzen entwickelt
oder sich auf andere Idole verlagert[328].

Diese anderen Idole können zur Zeit Politiker, Sport- und Show-
stars usw. sein. (Für diese Verehrungsform gibt es heute schon
Beispiele in den USA, besonders den Kennedy-Kult, sowie die
noch ausgeprägteren Kulte von Marilyn Monroe und Elvis Presley,
dessen Grab in den letzten Jahren zu einem wahren "Wallfahrts-
ort" geworden ist.) Auch die jüngere Vergangenheit zeigt Beispiele eines blühenden Personenkultes in politischen Systemen,
die die katholische Heiligenverehrung nicht akzeptieren konnten (Preußisches Reich = "Bismarck-Kult"[329], Arbeiterbewegung
des vorigen Jahrhunderts = "Lasalle-Kult"[330], Nationalsozialismus = "Hitlerkult", Sowjetunion = "Lenin- und Stalinkult", kom-
munistisches China = "Mao-Kult" usw.).

5.2.3
"Kenner"

Diese Personengruppe gehört nicht zu den Devotanten. Es handelt
sich um alle die Personen, die den Kult und den Diener Gottes
zwar durch Zeitungsberichte und andere Veröffentlichungen oder
durch Erzählungen kennen, "schon einmal etwas davon gehört haben", sich dem Kult gegenüber aber passiv verhalten.

5.2.4
Personen ohne Kenntnisse

Eine an der Gesamtbevölkerungszahl gemessen große Gruppe kennt
den Kult nicht und hat noch nie etwas darüber gehört oder gelesen.

5.2.5
Interviews

Die oben durchgeführte Unterscheidung in "Hauptdevotanten",
"Gelegenheitsdevotanten", "Kenner" und "Personen ohne Kenntnisse" wird bestätigt durch eine vom Verfasser in Dortmund, Paderborn und Münster durchgeführte Befragung im Zusammenhang mit
der Materialsammlung zu dieser Arbeit im Frühjahr 1980. Passanten wurde die Frage gestellt, wo sich das Grab von Jordan Mai,
Pauline von Mallinckrodt bzw. Euthymia Ueffing befände. Die
Aussagen der befragten Personen spiegeln die verschiedenen
Kenntnisse und Beziehungen zum jeweiligen Kult wider. Bewußt
wurde eine solch allgemeine Frage gewählt, um jedem Passanten
wenigstens die Möglichkeit einer Antwort zu lassen; in dieser
Antwort spiegeln sich dann Beziehung und Kenntnis des jeweiligen Antwortenden wider.

Der Verfasser erhielt folgende Antworten:

1) <u>In Dortmund:</u>   "Wo ist hier in Dortmund das Grab von Jor-
                    dan Mai?"

1. Passant: "Nein, weiß ich nicht!"

2. Passant: "Franziskanerkirche, woll'n Sie zu Fuß hin?
  (Mann, etwa   Das ist aber weit! Das ist auf dem Friedhof
  40 Jahre)   an der Franziskanerkirche!"

3. Passant: "Ja, das kann ich Ihnen sagen, da wohnen wir
  (Mann, etwa   sogar, das ist bei uns aufm Friedhof, an der
  50 Jahre)   Franziskanerkirche, da ist der Friedhof, und
                    da liegt er."

4. Passant: "Ja, passen 'se mal auf, immer, immer gerade
  (Frau, etwa   aus, dann komm se zum Osten, da ist die Fran-
  60 Jahre)   ziskanerkirche, dadrin ist das."

5. Passant: "Ostfriedhof, kann das nicht da oben sein?"
  (Frau, etwa
  30 Jahre)

6. Passant: Ja, ist aufm Ostfriedhof, nein, Moment, den
  (Mann, etwa   hamse ausgebuddelt, ist in der Kirche, in
  50 Jahre)   der Franziskanerstraße."

7. Passant: (Frau, etwa 25 Jahre)	"Weiß ich nicht!"
8. Passant: (Mann, etwa 40 Jahre)	"Das kann ich nicht sagen, bin Bochumer."
9. Passant: (Mann, etwa 70 Jahre)	"Das Grab von Bruder Jordan, das soll in der Kirche drin sein, ich weiß nicht genau, in der Franziskanerkirche, die ham ne doch vom Friedhof weggeholt, da hamse soviel Erde weggeholt, vom Ostenfriedhof, da hamse ne umgebettet."
10. Passant: (Junge, etwa 12 Jahre)	"Nein!"
11. Passant: (Frau, etwa 25 Jahre)	"Ne, wissen se was, hier ist doch so einiges Caritative, Sozial-Dienst der katholischen Frauen, die müssen das wissen, das gehört bei denen zur Anstellung dazu."
12. Passant: (Frau, etwa 30 Jahre)	"Ne, weiß ich auch nicht!"
13. Passant: (Frau, etwa 35 Jahre)	"Ja, ziemlich geradeaus weitergehen, Franziskanerkirche, und in der Kirche, da ist das Grab."
14. Passant: (Mädchen, 10 Jahre)	"Nein!"
15. Passant: (Ehepaar, 50 Jahre)	"Das ist am Ostenfriedhof, das heißt, es ist in der Kirche, oder ist aufm Friedhof? Nein, das ist aufm Friedhof (Frau)."
16. Passant: (Frau, etwa 30 Jahre)	"Ja, in der Franziskanerkirche!"
17. Passant: (Mann, etwa 40 Jahre)	"Könnte höchstens in der Innenstadt sein, in der alten katholischen Kirche."

2) <u>In Paderborn:</u>   "Wo ist hier das Grab von Pauline von Mallinckrodt?

1. Passant: "Das ist in Paderborn, aber wo, das kann ich
(Frau, etwa   Ihnen auch nicht sagen!"
30 Jahre)

2. Passant: "Mein Gott, ich bin grade erst gekommen, ich
(Frau, etwa   bin keine Paderbornerin!"
40 Jahre)

3. Passant: "Oh, das ist oben im Immaculatahaus, im Gar-
(Frau, etwa   ten. Wolln Sie da hin?"
70 Jahre)

4. Passant: "Nö, das weiß ich nich!"
(Frau, etwa
25 Jahre)

5. Passant: "Pauline von Mallinckrodt? Das ist beim Ost-
Frau, etwa   friedhof, Driburger Straße!"
40 Jahre)

6. Passant: "(Pause) Ostfriedhof oder Westfriedhof,
Mann, etwa   schätze ich, aber das hab' ich schonmal ge-
40 Jahre)   lesen."

7. Passant: "Ja, das Grab, das kann ich Ihnen sagen, am
Frau, etwa   Kasseler Tor, da ist das Mutterhaus, da gehn
50 Jahre)   Sie hin, an die Pforte, die Schwester zeigt's
   Ihnen!"

8.+9. Passant: "Das ist hier im großen Klostergarten am
(Frauen, etwa   Kasseler Tor!"
70 Jahre)

10. Passant: "Pauline von Mallinckrodt? Ja, die ist im
(Frau, etwa   Schwesternhaus beerdigt, soviel ich weiß in
40 Jahre)   der Kapelle!"

11. Passant: "Jaha, kann ich Ihnen sagen, müssen Sie hier
(Mann, etwa   hochgehen, über de Bahn, kommen Sie aber
50 Jahre)   jetzt nicht mehr rein, ist bei den Schwestern der christlichen Liebe, in der Warburger Straße."

3) <u>Münster</u>:	"Wo ist hier in Münster das Grab von Schwester Euthymia?"
1. Passant: (Mann, etwa 40 Jahre)	"Ja, das ist auf dem Zentralfriedhof." (Es folgt eine genaue Beschreibung des Weges.)
2. Passant: (Frau, etwa 30 Jahre)	"Das ist aufm Zentralfriedhof, am Aasee."
3. Passant: (Frau, etwa 70 Jahre)	"Weiß ich nicht, ich wohne nicht in Münster."
4. Passant: (Frau, etwa 50 Jahre)	"Weiß ich nicht, vielleicht Zentralfriedhof?"
5.+6. Passant: (2 Bauarbeiter, etwa 50 Jahre)	"Wer? Ja, die Schwester, wo immer die ganzen Leute hingehen, wo die ganzen Lichter da an sind! D'ist hinterm Dom, oder auf dem Zentralfriedhof. Ja auf dem Zentralfriedhof!"
7. Passant: (Mann, etwa 60 Jahre)	"Am Zentralfriedhof, das Grab ist ein unheimliches Meer von Kerzen und von Blumen!"
8. Passant: (Frau, etwa 60 Jahre)	"Ja, aufm Zentralfriedhof. Im Dom ist der von Galen, und zwar gehn Sie am besten den alten Haupteingang rein. Dann den Weg, dann aber rechts, und dann sehen Sie schon das Blumenmeer bei Euthymia."
9. Passant: (Mann, etwa 60 Jahre)	"Ja, am Zentralfriedhof, von der Leichenhalle ein Stückchen geradeaus und dann sofort rechts."
10. Passant: (Mann, etwa 30 Jahre)	"Nein, weiß ich nicht!"
11. Passant: (Mann, etwa 50 Jahre)	"Wo solls denn sein? Am Zentralfriedhof? Da bin ich überfragt, am besten, Sie fragen eine Frau, die wissen da besser Bescheid als Männer, Sie wissen ja, Frauen gehen mehr in die Kirche als Männer. Das muß aber der Zentralfriedhof sein!"

12. Passant: "Ja, das ist am Zentralfriedhof! Wenn Sie
    (Frau, etwa   jetzt hier von der Promenade aus reingehen,
    50 Jahre)   ein ganzes Stück gehen, dann kommt der Ein-
                  gang, und dann geradeaus, das fällt Ihnen
                  auf. Ich kenne sie ja nicht! Aber das ist
                  doch die bekannte Schwester, daß die Euthy-
                  mia heißt, das weiß ich nicht, aber das ist
                  die, die liegt da innerhalb von ihren, ja
                  wie sagt man, Glaubensschwestern, das sehn
                  Sie ohne Weiteres, also da, sind ganz ganz
                  ganz viele Blumen, das finden Sie, ist nicht
                  zu übersehen."

13. Passant: "Nein."
    (Frau, etwa
    20 Jahre)

14. Passant: "Hier entlang, dann am Zentralfriedhof, da
    (Ehepaar, etwa ist das Grab drauf, wenn Sie hinkommen,
    40 Jahre)   sehen Sie die vielen Blumen, ja, ja, das
                  kann man sofort sehen. Da sind auch immer
                  soviel Kränze und so."

15. Passant: "Ja, ist aufm Zentralfriedhof, wo da die
    (Gärtner, etwa Bäume stehen, dann können Sie's schon sehen."
    30 Jahre)

16. Passant: "Nein, weiß ich nicht!"
    (Frau, etwa
    30 Jahre)

17. Passant: "Das weiß ich auch nicht, ich kann Ihnen
    (Mann, etwa   wohl den Friedhof zeigen, wo so viele Schwe-
    30 Jahre)   stern liegen."

18. Passant: "Nein, tut mir leid, weiß ich nicht!"
    (Frau, etwa
    25 Jahre)

19. Passant: "Ja, aufm Zentralfriedhof, da ist das. Wenn
    (Mann, etwa   Sie die Hauptwege entlang gehen, auf der
    35 Jahre)   rechte Seite, da ist alles voller Kränze
                  und Kerzen, das können Sie gar nicht ver-
                  fehlen."

20. Passant: "Ja, das ist auf dem Zentralfriedhof, das
    (Frau, etwa   sehen Sie gleich, das ist so doll mit Blu-
    40 Jahre)   men und Kerzen."

Die hier vorliegenden Antworten sind natürlich als Einzelaus-
sagen zu bewerten, sie sind nicht dahingehend zu interpretie-
ren, jetzt ein "flächendeckendes" repräsentatives Ergebnis vorliegen zu haben. Allerdings wurde versucht, sowohl Männer als
auch Frauen sowie verschiedene Altersstufen zu befragen.

Trotz dieser Mängel geben die Antworten interessante Auskünfte:
In Dortmund kannten fünf Personen die genaue Lage des Grabes
in der Kirche, acht wußten keine Auskunft zu geben und vier
Personen vermuteten das Grab immer noch auf dem Ostenfriedhof,
wo es bis 1950 lag.

In Paderborn wußten sechs Personen die Lage des Grabes, fünf
nicht.

In Münster konnten zwölf Personen positive und acht negative
Auskunft geben.

Aus der Formulierung der Auskünfte ist oft zu erkennen, ob der
Passant selbst schon einmal am Grab war (dann wird das genaue
Aussehen und der Weg beschrieben) oder ob er die Lage nur vom
Hörensagen kennt und selbst noch nie dort war (wie in Dort-
mund, wenn die Lage von vor 1950 angegeben wird!).

Von den befragten Personen konnten die älteren Frauen die ge-
nauesten Angaben machen.

Im Vergleich der einzelnen Kulte fällt auf, daß das Grab Euthymia Ueffings in Münster am bekanntesten ist.

5.3
Privatisierungstendenzen beim Heiligenkult?

Eine bedeutsame Feststellung für die Untersuchung volksfrommer
Heiligenverehrung trifft Korff, wenn er ihn immer mehr auf den
privaten Bereich zurückgezogen charakterisiert[331]. Diese For-

derung wird von der Mehrzahl der durch Korff befragten Gewährspersonen gestellt, und "tatsächlich praktizieren auch die we-
nigen verehrungsfreudigen Befragten den Heiligenkult so, wie
ihn die Mehrheit fordert"[332].

Diese Aussage Korffs muß aufgrund der vorliegenden Ergebnisse
etwas ergänzt werden. Der größere Teil der Devotanten, hier
"Gelegenheitsdevotanten" genannt, ist sicherlich bestrebt, den
Heiligenkult privat und anonym zu praktizieren. Bei den "orga-
nisierten Hauptdevotanten", die gemeinsame Exertitien halten,
Wallfahrten unternehmen und mündliche Propaganda für den Kult
betreiben, ist das allerdings nur in beschränktem Maße der Fall.
Zwar spielt sich auch hier die Heiligenverehrung vorwiegend im
privaten Bereich ab, lediglich durch Kommunikationsträger wie
Schriftenreihen usw. verbunden, doch kann bei dieser Devotan-
tengruppe ein größeres "Gruppenbewußtsein" festgestellt werden.
Heiligenkult gehört für diese Devotanten nicht nur "ins stille
Kämmerlein", sondern ist Aufgabe der Gruppe.

6.

DIE PERSONEN IM "VOLKSMUND"

Viele bedeutende Personen und Heilige haben ihre Spuren in Gebeten, Liedern, Gedichten, Namen, Witzen, Erzählungen, Sprich-
wörtern und sprichwörtlichen Redensarten hinterlassen.

Bei den westfälischen Dienern Gottes ist das ansatzweise der
Fall. Die im folgenden mitgeteilten Redensarten, Gedichte usw.
sind teilweise wenig bekannt, teilweise sehr verbreitet. Als
Zeugnisse der "Volksdichtung" sind sie jedoch alle interessant.

6.1
Gebete

siehe Punkt 4.2.1!

6.2
Witze

Über Anna Katharina Emmerick und Euthymia Ueffing[333]:

"Bischof Tenhumberg und Dr. Lettmann gehen spazieren. Einige
Tage vorher war Tenhumberg in Dülmen, deshalb sagt er: 'In
Dülmen hat man zur Seligsprechung von Anna Katharina Emmerick
bereits 167 (betont!) Gebetserhörungen." Darauf Dr. Lettmann:
'Von Euthymia haben wir bereits 25.000.'"

(Interessant ist bei diesem Witz die Konkurrenz der beiden Kulte in der Anzahl der Gebetserhörungen sowie unter den offiziellen Vertretern der beiden Kulte, Dr. Lettmann als Vizepostulator für Euthymia Ueffing und Tenhumberg als Mitglied der Emmerickkommission.)

über Kaspar Schwarze[334]:

"Ein Schuljunge will sich bei der Ewigen Anbetung nicht neben Betkaspar setzen. Hierauf fordert der Lehrer ihn auf, den Grund zu sagen. Der Junge schweigt. Erst als der Lehrer ihm eine Tracht Prügel androht, antwortet der Schüler: "Betkaspar pfurzt immer soviel."

6.3
Namen

Clemens August Graf von Galen wird aufgrund seines Aussehens und seiner Standhaftigkeit während des Nationalsozialismus "Löwe von Münster" genannt.

Kaspar Schwarze wegen seiner Tätigkeit "Betkaspar" oder "Betmännchen"[335].

Dieser Name wird im Raum Werl heute als eine (etwas negative) Bezeichnung für Personen gebraucht, die häufig in die Kirche gehen; sie gelten als ein "Betkaspar".

Pauline von Mallinckrodt trägt in vielen Zeitungsberichten die Bezeichnung "Mutter der Blinden".

6.4
Gedichte

Eine Anzahl Devotanten hat Gedichte über die verehrten Personen geschrieben, häufig als "Dank" für irgendwelche Hilfen. Diese Gedichte sind nicht besonders verbreitet, aber auch als Einzelwerke erwähnenswert.

Kaspar Schwarze[336]:

Eine Frage

1. Aus dem Strome meiner Jugendtage
   reckt sich eine ungelöste Frage,

die, manchmal vom Vergessen überspült,
doch immer tiefer im Erinnern wühlt.

2. Zum Anbetungstage jedes Jahres
   kam ein alter Mann, sehr langen Haares,
   und das Betemännchen wurde er genannt,
   und war im ganzen Dorfe wohlbekannt.

3. Demutsvoll kniet' es im Hintergrunde,
   und sang dort Gottes Lob aus vollem Munde.
   Und alles blickte zu dem Beter hin,
   den Mann bewundert mit dem frommen Sinn.

4. Kam der Abend, war das Fest zu Ende,
   zog das Männlein durch das Dorf behende,
   zum nächsten Orte, wo Anbetung war,
   um dort wie hier zu beten, Jahr um Jahr.

5. Ehrfurcht heischend schien es allen Leuten,
   niemand wußte sein "Woher" zu deuten.
   Die kecke Jugend selbst wich scheu ihm aus,
   wenn es vorüberging am Elternhaus.

6. Alles ist geblieben wie vor Jahren,
   Fest und Menschen sind so,wie sie waren.
   Das Betemännchen fehlt; sein Platz ist leer!
   Nun sage mir: Was ist mit ihm? Woher?

Jordan Mai:
Ein seltenes Grab[337]
An einem seltenen Grabe war ich heute
Auf einem weiten, stillen Totenfeld.
Spätsommersonne spielt um Stein und Kreuze,
Und von den Linden Blatt um Blatt schon fällt.

Am schlichten Holzkreuz, hier in Dank gesetzet,
Des Toten Name, Bruder Jordan, stand.
Ein Name, der heut' lebt in vieler Munde,
Den Dank und Liebe tragen weit ins Land.

Wie ein Altar schien mir der Grabeshügel
mit Blumen reich geschmückt in seltner Pracht.
Und weiße Lichter ich wohl hundert zählte,
Als reine Opfergaben dargebracht.

Und rundherum die betende Gemeinde,
Wohl viele sind's, die hier in Andacht steh'n
Und hoffnungsfroh an diesem heilgen Grabe
Sich Hilf und Rat im Erdenland erfleh'n.

Und neue Scharen kommen ohne Ende,
Und jeder hier sein Vater unser spricht.
Und jeder klagt, was ihn bedrückt, dem Toten,
Der glorreich nun vor Gottes Angesicht.

Und Kranke seh' ich, Blinde und auch Lahme,
Und alle fleh'n mit innigem Vertrau'n
Zu diesem Helfer, der die Wunden heilet,
Auf dessen Fürbitt' viele, viele bau'n.

Bescheiden leg' auch ich mein Bündlein nieder
An dieser gnadumwehten Ruhestatt.
Spätsommersonne spielt um Kreuz und Steine
Und von den Linden wirbelt Blatt um Blatt.

An Bruder Jordan[338]
"Selig" möchte ich dich preisen,
Guter Bruder Jordan Mai,
Und dir größte Ehr erweisen,
Eh dies Wort gesprochen sei.

Tieferschüttert knie ich nieder,
Still, im Geist an deinem Grab,
Da du meine große Bitte
Wieder mal erhöret hast.

Immer muß ich es verkünden,
Daß du hilfst in Angst und Not,
Daß du unser hartes Ringen,
Bittend bringst zum Vatergott.

Trotz Stacheldraht und Mauer[339]
Bitte an Bruder Jordan

O Perle aus Westfalenland,
Du Zier der Kirche dieser Zeit,

Führ uns an deiner lieben Hand
Durch Freud und Leid zur Ewigkeit!

Wenn auch Stacheldraht und Mauer
Uns erfüll'n mit tiefer Trauer,
Voll Lieb das Herz in Sehnsucht brennt,
Im Geist uns keine Grenze trennt.

Durch Jordans Demut und Geduld
Schenk Herr in deiner großen Huld
Ein einig deutsches Vaterland.
Dir sei dann ewig Lob und Dank!

An Bruder Jordan[340]

Bruder Jordan, Knecht des Herrn,
Deines Ordens heller Stern -
konntest du es anders werden,
Als auf Erden
Treu in Leiden, treu in Freuden,
Gottes Willen zu erfüllen? -
Bruder, hilf in Frohsinn und in Pein
uns getreue Knechte sein:
Stets in Deinem Sternenlichte wandelnd,
Stets im Geiste deines Herren handelnd.

An Bruder Jordan[341]

Mein Bruder Du in här'nem Kleide
Der Armut und Barmherzigkeit.
Du standst mir schirmend oft zur Seite
und lehrtest mich die Frömmigkeit.

Wenn mir die dunklen Mächte drohten
Der Finsternis im Erdenschoß -
Dein Arm hat Beistand mir geboten,
So daß erträglich ward mein Los.

Bedrückten mich der Krankheit Schmerzen, -
Als mir der Staub die Brust zerfraß:
Du senktest Hoffnung in mein Herze
und batst bei Gott, daß ich genas.

Du lenktest treulich meine Schritte,
Warst Helfer mir in mancher Not.
Nun hab ich noch die eine Bitte:
Führ uns zum ew'gen Morgenrot!

Mein Bruder Jordan, unscheinbarer
Diener des Herrn im här'nen Kleid,
Sei weiter mir ein Freund und Wahrer
Auf hartem Weg zur Ewigkeit!

Pauline von Mallinckrodt:
Pauline-Lied[342]
Mutter Pauline hat geholfen mir,
Laut will ich es sagen und singen,
das freudigste Loblied ihr bringen.
Mutter Pauline hilft in jedem Leid,
Mutter Pauline hilft zu jeder Zeit,
Sie hilft, wo sie nur helfen kann,
drumm ruft sie voll Vertrauen an.

6.5
Erzählungen und Legenden

Clemens August Graf von Galen:
Als während des Nationalsozialismus ein Trupp der Gestapo das
Büro des Bischofs stürmte, um ihn festzunehmen, trat diesem
der Erzengel Michael mit Flammenschwert persönlich entgegen
und beschützte von Galen.

Jordan Mai:
Bruder Jordan erscheint seiner Schwester und sagt ihr, daß sie
bald sterben wird: "Komm zu mir in den Himmel, Schwester Maria
laß nur zurück!"

Die junge Novizin nahm Weihwasser und besprengte damit ihr Bett,
das sofort wie mit Blumen überstreut erschien. Einen Tag später
starb sie[343].

Kaspar Schwarze:

Zunächst kursierten während seines Lebens drei Erzählungen, die versuchten, das Motiv für seine "ewige Anbetung" zu ergründen.

1) Er hat gut beten, der bekommt dies alles bezahlt[344].

2) Er hat seine Frau ermordet und betet jetzt als ewige Buße[345].

3) Er hat von einer gräflichen Familie ein großes Vermögen geerbt, dafür muß er jetzt immer beten[346].

Diese Erzählungen sind heute vergessen. Ausgeprägter ist die Erzähltradition bei Geschichten über Kaspars Existenz. Seine Lebensweise, die schon fast legendär erscheint, wurde besonders in sauerländischen Familien weitererzählt. Vorwiegend Pfarrer tun dies auch heute noch. Nachdem der Verfasser 1978 eine Lebensbeschreibung über Kaspar Schwarze zusammengestellt hatte, erhielt er von mehreren Pfarrern die Bitte, ihm ein Exemplar der Arbeit zur Verfügung zu stellen, damit sie es im Unterricht verwerten könnten. Auf eine mündliche Umfrage im Paderborner Theologenkonvikt konnten über 50 % der befragten Studenten Auskunft über Kaspar Schwarze geben.

7.

ERGEBNISSE

7.1

Kult - Entstehung - Entwicklung - Verlauf - Dauer -
gegenseitige Abhängigkeit

Als Ergebnis der vorstehenden Untersuchungen kann festgehalten
werden:

1) Neue Heiligenkulte entspringen kleinsten Ansätzen einer privaten Verehrung durch kirchliche Kreise wie etwa Ordensmit-
   glieder oder anderer Einzeldevotanten.

2) Diese Ursprünge werden von tragenden Organisationen aufgegriffen und durch immergleiche Hilfsmittel (vorwiegend Veröffentlichungen) gefördert.

   Bleibt diese Förderung aus, (wie bei Konrad Martin, Heinrich Haddick u.v.a.), entwickeln sich keine Heiligenkulte.
   Endet diese Förderung (Kaspar Schwarze), verringert sich
   der Kult deutlich und "schläft" langsam ein.

3) Jeder Kult braucht für seine Entstehung einen gewissen Zeitraum, um die verehrte Person im Bewußtsein der Devotanten
   zu einem Heiligen werden zu lassen. Negatives wird vergessen und Positives glorifiziert.

4) Die Intensität des Kultes hängt deutlich von der Anzahl der
   Publikationen ab. Kulte, die wenig gefördert werden (von
   Galen und Kaspar Schwarze), sind relativ unbedeutend, Kulte
   mit viel Schrifttum umfangreicher.

5) Durch die Trägerschaft des Kultes durch kirchliche Organisationen wird dieser institutionalisiert. Bei den Kulten
   sind "frühe Phasen" (Grabverehrung auf dem Friedhof - wie
   heute noch bei Euthymia), "Hochphasen" (institutionalisier-

te Verehrung in kirchlichen Gebäuden - wie bei Pauline von
Mallinckrodt und Jordan Mai) und "Spätphasen" (wie bei Kaspar Schwarze) zu erkennen.

6) Durch die lange Dauer der Heiligsprechungsprozesse und die
zunehmende Institutionalisierung drohen die Kulte der Diener Gottes zu "Nebenkulten" neben der Verehrung der "etablierten Heiligen" zu werden.

7) Die Dauer des Kultes ist kein Maß für seine Echtheit, da sie
abhängig von äußeren Gegebenheiten ist (tragende Organisation). Auch Kulte, die wie ein "Strohfeuer" wirken, können
echt sein.

8) Die Kulte konkurrieren nicht miteinander. Häufiger werden
die gleichen Devotanten als Träger der verschiedenen Heiligenkulte gelten können.

9) Quantitativ stehen die Kulte von Jordan Mai und Euthymia
Ueffing deutlich an der Spitze. (Anzahl der Erhörungen und
Besucherzahlen.)

Ein Grund hierfür ist die bessere Identifikationsmöglichkeit
der Devotanten mit diesen Dienern Gottes. Auffällig ist hier
folgende Unterscheidung:

Die kirchlich bedeutenden Personen (Bischof oder Ordensstifterin) werden weniger verehrt, die unbedeutenden (Ordensmann, Krankenschwester) mehr.

7.2
Vergleich mit den Kulten "etablierter Heiliger"

1) Formal:
   Die Kulte der noch nicht kanonisierten Diener Gottes zeigen
   - soweit dies die Prozeßbestimmungen zulassen - die gleichen
   formalen Phänomene wie die Kulte der "etablierten Heiligen":
   Schriftenpublizierung, Grabkult, Kerzen- und Blumenopfer,
   Votivtafeln, Gebetserhörungen, Bruderschaften, Reliquienkult, Ikonographie (z.B. Figuren im neuen Chorgestühl des

Paderborner Domes neben denen kanonisierter Heiliger), Patronate, Wallfahrten, Berührungskulte, Medaillen usw.

Das ist vor allen Dingen darauf zurückzuführen, daß sich die
Neugestaltung eines Heiligenkultes an gegebenen Kulten orien-
tiert und daran erkennt, wie ein Heiligenkult "aussehen muß".
Neues Brauchtum entwickelt sich nur sehr selten, etwa bei
Pauline von Mallinckrodt in Form der Grabbriefe.

2) Topographisch:
   Die Kulte der Diener Gottes sind in ihren Schwerpunkten auf
   eine Region (Westfalen) beschränkt. Jede weitere Region "ver-
   fügt" über eigene verehrungswürdige Personen, bei denen Pa-
   rallelkulte in dergleichen Form entstehen. Gerade die regionale Umgebung des Grabes nimmt regen Anteil am Kult. Eine
   Ausweitung auf größere Gebiete - wie etwa bei kanonisierten
   Heiligen - ist nicht ohne weiteres möglich, weil die Namen
   der Diener Gottes in den kirchlichen Heiligenkalendern noch
   nicht auftauchen und in den Gottesdiensten nicht genannt
   werden. So beschränkt sich der Kult deutlich auf das eigentliche Kultobjekt, das Grab.

3) Quantitativ:
   Manche der Diener Gottes (Jordan Mai, Euthymia Ueffing) erfreuen sich einer Devotantenzahl, die die etablierten Kulte
   kanonisierter Heiliger weit übersteigt.

4) Temporal:
   Die Kulte der Diener Gottes sind im Vergleich zu vielen Hei-
   ligenkulten noch relativ jung.

7.3
Notwendigkeit einer Überdenkung der derzeitigen Praxis bei der
kirchlichen Selig- und Heiligsprechung

1) Durch die Vorschrift der Vermeidung aller Formen öffentlicher Verehrung geraten einige Kulte in Konflikt mit den
   kirchlichen Prozeßbestimmungen. Auf der einen Seite werden

Nachweise einer Verehrung gefordert, auf der anderen Seite der Kult verboten und sogar ein Untersuchungsprozeß "super non cultu" geführt. Zwischen diesen Polen muß sich der Kult der Diener Gottes ansiedeln.

2) Eine Reform der Dauer des Prozesses scheint dringend notwendig, um die Kulte der Diener Gottes nicht zu "Nebenkulten" werden zu lassen.

Darüber hinaus nimmt die Zahl der Devotanten bei zu großer Dauer des Seligsprechungsprozesses immer mehr ab (bei Jordan Mai war der Höhepunkt beispielsweise um 1950 erreicht!).

3) Es ist wünschenswert, die Abhängigkeit von Seligsprechungsprozeß und Orden als tragender Organisation etwas zu lösen, damit auch Nichtordensangehörige mehr Aussicht haben, zur Ehre der Altäre erhoben zu werden. Dafür mögen sich mehr die Bistumsleitungen und die nachkonziliaren Räte auf Gemeinde- und Bistumsebene bzw. ein eigens ernannter bischöflicher "Beobachter" einsetzen.

4) Die von Sander vorgeschlagene Lösung, die Fakultas zur Seligsprechung wieder auf die nationalen Bischofskonferenzen zu übertragen, könnte ein Schritt dahin sein, die Praxis der Seligsprechung wieder "gerechter" zu gestalten.

8.

VON DER THEORIE ZUR PRAXIS

Die Ergebnisse dieser Arbeit zeigen die notwendigen Faktoren,
die zur Entstehung eines Heiligenkultes Voraussetzung sind,
aber auch deren unterschiedliche Auswirkungen.

Sollten sich die eingangs der Arbeit geschilderten Phänomene am
Grab Bischof Tenhumbergs ausweiten, sollten gar einzelne Erhörungen gemeldet werden, so kann sich diese Verehrung nur dann
zu einem Heiligenkult entwickeln, wenn sie kirchlicherseits
aufgegriffen und durch alle oben geschilderten Möglichkeiten
gefördert wird.

Die Seligsprechung schließt dann diese Entwicklung ab und hebt
den Kult auf eine beständigere, nämlich auf die kirchliche Ebene. Ein Heiligenkult kann sich spontan anbahnen (braucht es
aber nicht!), spontan fortbestehen kann er nicht, wie die "un-
tergegangenen" Kulte zeigen.

Zum Schluß möchte der Verfasser es nicht versäumen, darauf hin-
zuweisen, daß die vorliegende Ausarbeitung zur Frage der Verehrung nicht kanonisierter Heiliger in Westfalen lediglich ein
erster Ansatz sein kann. Infolge der Fülle des Materials konnten manche Themen, die allein schon eine Arbeit füllen können,
nur angeschnitten werden (z.B. Gebetserhörungen), andere Ma-
terialsammlungen müßten noch weiter vervollständigt werden (z.
B. Interviews mit Devotanten).

Alles in allem muß die Arbeit also als erster Schritt zur Erforschung des vorliegenden Problems gesehen werden, dem weitere folgen müssen.

ANHANG I

Literaturverzeichnis zu den einzelnen Kulten

Die Aufzählung erfolgt in chronologischer Reihenfolge nach den Erscheinungsjahren und folgenden Gliederungspunkten:

1. Erbauungs- und Gebetsliteratur
2. Schriftenreihen
3. Monographien
4. Zeitungs- und Zeitschriftenartikel
5. Sonstige Veröffentlichungen
6. Fremdsprachige Literatur

Theresia Bonzel

1.

Salesius Elsner, "Mutter Theresia Bonzel, Franziskanerin. Eine große Frau der Neuzeit", Werl 1933

H. Niebecker, "Mutter Maria Theresia Bonzel, Lehrerin der christlichen Vollkommenheit", 1938

ohne Verfasser, Ort und Jahr, inhaltlich etwa um 1960, "Wagnis der Tat"

Alois Eilers, "Maria Theresia Bonzel, Mutter der Armen. Ein Lebensbild der Dienerin Gottes", Olpe 1964

S.F. Brüggemann, "Mutter Maria Theresia Bonzel lehrt uns beten. Ein Beitrag zu ihrer Spiritualität", Olpe 1976

S.F. Brüggemann, "Mutter Maria Theresia Bonzel zum Ordensstand berufen. Ein Beitrag zu ihrer Spiritualität", Olpe 1976

Waltram Schürmann, "Neuntägige Andacht zu Mutter Maria Theresia Bonzel", Olpe 1976

2.

"Mutter Theresias Ruf", Informationsblätter über die Dienerin Gottes, Mutter Maria Theresia Bonzel, ihre Verehrung und über

den Fortgang ihres Seligsprechungsprozesses, hrsg. von der Genossenschaft der "Armen Franziskanerinnen von der Ewigen Anbetung zu Olpe", erscheint seit 1963 zweimal jährlich

3.

Salesius Elsner, "Mutter Maria Theresia Bonzel und ihre Stiftung. Die Genossenschaft der armen Franziskanerinnen von der
Ewigen Anbetung zu Olpe i.W.", Werl 1926

Lothar Hardick, "Er führt, Ich gehe. Mutter Maria Theresia
Bonzel", Werl 1965

4.

(Verzeichnis unvollständig!)
"Ordensgründerin Maria Theresia Bonzel", in: De Suerlänner,
1960, "1980, ein Gedenkjahr für Mutter M. Theresia Bonzel",
in: Der Dom, Sonntagsblatt für das Erzbistum Paderborn, 35.
Jg., Nr. 46, Ausgabe vom 16.11.1980, S. 6

5.

"Maria Theresia Bonzel", in: K. Köhler und J. Sauren, "Kommende deutsche Heilige", Dülmen 1937, S. 229

"Maria Theresia Bonzel", in: Albert Schütte, Handbuch der deutschen Heiligen, Köln 1941, S. 245

"Maria Theresia Bonzel", in: Jakob Torsy, Lexikon der deutschen
Heiligen, Seligen, Ehrwürdigen und Gottseligen, Köln 1959, S.
382

6.

englisch:
"From the wounds of St. Francis, The life of Mother Mary Theresia Bonzel", o.O. 1955

Anna Katharina Emmerick

1.

Es folgt nur Literatur <u>über</u> Anna Katharina Emmerick, keine Veröffentlichungen ihrer Visionen oder über diese Visionen.

Thomas Wegener, "Das innere und äußere Leben der gottseligen Dienerin Gottes Anna Katharina Emmerick aus dem Augustinerorden", 1902, 1925, [6]1932, Neuauflage Stein am Rhein 1972

Thomas Wegener, "Geschichtliche Erinnerungen an die gottselige Anna Katharina Emmerick aus der Zeit nach ihrem Tode / Das neue Emmerickhaus", Dülmen 1903

"Emmerick-Kalender, Jubiläumsausgabe zur Jahrhundert-Feier des Todestages der Dienerin Gottes Anna Katharina Emmerick", Würzburg 1924

"Festgabe zur Erinnerung an den 100jährigen Todestag der gottseligen Anna Katharina Emmerick am 9. Februar 1924", hrsg. von dem Zentralvorstand des Emmerick-Bundes, Dülmen 1924

Paschalis Neyer, "Gang durch die Erinnerungsstätten der Dienerin Gottes Anna Katharina Emmerick", Dülmen 1924

Franz Spirago, "Katharina Emmerich. Ihr Leben mit ausführlicher Besprechung ihrer wunderbaren Gnadengaben und Gesichte", Prag 1924

Thomas Wegener, "Die Augustinerin Anna Katharina Emmerick. Lebensbeschreibung im Auszug", Würzburg 1925, [3]1932

M. Kreuser, "Annthrinken. Für die Jugend aus der Jugend der gottseligen Dulderin Anna Katharina Emmerick", Dülmen 1925

"Wichtiges aus der Emmerick-Bewegung", hrsg. von J. Hövelmann, Dülmen 1932

Willibrord Menke, "Anna Katharina Emmerick", in: Das große Vorbild, Lebensbilder heiliger und großer Frauen für die Volksschuljugend, Heft 6, hrsg. von Else Schmücker, Paderborn o.J. (um 1930?)

Siegfried Back, "Von der Liebe verwundet, Anna Katharina Emmerick (1774-1824)", Würzburg 1955, [2]1965

Hans Volmer, "Das Leben der gottseligen Anna Katharina Emmerick und Wissenswertes über das Geburtshaus der Anna Katharina Emmerick in Flamschen", Stein am Rhein 1972

Erhard Wagenhäuser, "Novene zur gottseligen Anna Katharina Emmerick", Würzburg [2]1974

Peter Christian, "Anna Katharina Emmerick. Ein Lebensbild", München 1974

Heinrich Tenhumberg, "Bischofsworte zum Emmerick-Jahr 1974", Münster 1974

"Anna Katharina Emmerick", in: Gotteslob, Katholisches Gebet- und Gesangbuch, hrsg. von den Bischöfen Deutschlands und Österreichs sowie der Bistümer Bozen-Brixen und Lüttich, Ausgabe Bistum Münster, Nr. 814, Münster 1975

"Anna Katharina Emmerick, Ein Kreuz am Weg", Sonderdruck aus dem Jahrbuch 1974 Maria vom guten Rate, Würzburg 1974

"Anna Katharina Emmerick", Prospekt o.O. 1975

K. Hegemann, "Grabstätte Anna Katharina Emmerick in der Krypta der Heilig-Kreuz-Kirche Dülmen", Dülmen 1978

2.

"Emmerickblätter", Mitteilungen des Emmerick-Bundes e.V. 4408 Dülmen, erscheint seit 1979, bisher nur eine Ausgabe

3.

Hermann Josef Seller, "Im Banne des Kreuzes", Würzburg [2]1949

4.

Paschalis Neyer, "Neues über die Dienerin Gottes A.K. Emmerick (+ 1824) aus dem Jahre 1815", in: Theologie und Glaube, Zeitschrift für den katholischen Klerus, hrsg. von den Professoren der Erzbischöflichen Philosophisch-Theologischen Akademie Paderborn, Paderborn 1929, S. 615-628

Elisabeth Kramer, "Anna Katharina Emmerick und das Münsterland", in: Paulus und Luidger, 1947

"Clemens Brentano und Anna Katharina Emmerick", in: Josef Michels, Clemens Brentano, 1948

"Leid und Gnade. Zum 175. Geburtstag der Anna Katharina Emmerick", in: Westfälische Nachrichten, Münster 8.9.1949

Heinrich Brambrinck, "Anna Katharina Emmerick als Verehrer des Kreuzes (in der Lambertikirche zu Coesfeld)", in: Münstersche Zeitung, Pfingsten 1950

Paschalis Neyer, "Neues über Anna Katharina Emmerick und Clemens Brentano", in: Echo der Zeit, 30.8.1953

Hermann Josef Seller, "Augustinus und Anna Katharina Emmerick", in: Kirche und Leben, 29.8.1954

"Die Dulderin von Dülmen. Leben und Leiden der Anna Katharina Emmerick.", in: Westfälische Nachrichten, 13.4.1955

Paschalis Neyer, "Kennen wir die Zeit, in der wir leben? Randglossen zu einer Voraussage der Dienerin Gottes Anna Katharina Emmerick", in: An Heiligen Quellen, Religiöse Monatsschrift für Frauenklöster, 32. Jg., 1956, Heft 2, S. 25-27

Paschalis Neyer, "Die Dienerin Gottes Anna Katharina Emmerick. Unbekannte Texte zur Emmerick Literatur", in: An Heiligen Quellen, Religiöse Monatsschrift für Frauenklöster, 33. Jg., 1957, Heft 6-8

Winfried Hümpfner, "Neue Emmerich-Literatur", in: Theologie und Glaube, Jg. 49, 1959, Heft 3, S. 200-223

Rosemarie Weber, "Clemens Brentano, Pilger von Dülmen", in: Dülmener Heimatblätter, Jg. 1959, Heft 4, S. 59-61

Udo Krauthausen, "Dr. Petrus Krauthausen, der erste Arzt der Anna Katharina Emmerick", in: Dülmener Heimatblätter, Jg. 1960, Heft 2, S. 26-28

Helmut Richtering, "Ein Besuch bei Anna Katharina Emmerick", in: Auf Roter Erde, Jg. 16, 1960, Nr. 14, S. 3 f.

Hermann Josef Seller, "Anna Katharina Emmerick und ihre Vision von der Zerstörung Coesfelds", in: Kirche und Leben, Jg. 17, 1962, Heft 8 und 9

Heinz Brathe, "Ältestes Bild der Anna Katharina Emmerick (1774-1824), gezeichnet von Clemens Brentano in seinem 'Dülmener Tagebuch', Ein Beitrag zum Emmerick-Gedenken 1974", in: Dülmener Heimatblätter 1973, S. 43-47

5.

"Die gottselige Anna Katharina Emmerick", in: Heiligenlegende für alle Tage des Jahres, hrsg. von Lorenz Beer, 2. Jahreshälfte, Regensburg 1929, S. 123-128

"Anna Katharina Emmerick", in: Albert Schütte, a.a.O., S. 48

"Anna Katharina Emmerick", in: Jakob Torsy, a.a.O., S. 44

6.

französisch:
Schriftenreihe "Présence de Catherine Emmerich"

Clemens August Graf von Galen

1.

Bisher ist mit Ausnahme eines Gebetszettels und der Kurzbiographie im Gebet- und Gesangbuch keine weitere Gebets- und Erbauungsliteratur erschienen, die Herausgabe einer Novene ist beabsichtigt.

"Clemens August Graf von Galen", in: Gotteslob, a.a.O., Nr. 814

2.

Keine Veröffentlichung!

3.

"Clemens August Kardinal von Galen. Ein Gedenkblatt zur Rück-
kehr des Bischofs von Münster aus Rom nach seiner Erhebung zum
Kardinal", hrsg. von Josef Leufkens, Münster 1946

Max Bierbaum, "Die letzte Romfahrt des Kardinals von Galen",
Münster 1946

Gottfried Hasenkamp, "Heimkehr und Heimgang des Kardinals",
Münster 1946

Gottfried Hasenkamp, "In Memoriam Clemens Kardinal von Galen",
Warendorf 1946

Max Bierbaum, "Nicht Lob Nicht Furcht", Münster 1946, [4]1960,
[7]1974

Heinrich Portmann, "Der Bischof von Münster", Münster 1946

Max Bierbaum, "Kardinal von Galen, Bischof von Münster", Münster 1947

Wilhelm Hünermann, "Clemens August. Aus dem Leben des Kardinals
Graf von Galen", Bonn 1947

"Luidger und sein Erbe. Dem siebzigsten Nachfolger des heiligen
Luidger Clemens August Kardinal von Galen, Bischof von Münster,
zum Gedächtnis", hrsg. von Max Bierbaum und Heinrich Börsting,
Münzter 1948

Heinrich Portmann, "Kardinal von Galen, Ein Gottesmann seiner
Zeit", Münster 1948, [10]1963, [14]1976

Heinrich Portmann, "Dokumente um den Bischof von Münster",
Münster 1948

Ludwig Deimel, "Clemens August Graf von Galen, Bischof von Münster", Münster 1948

Gottfried Hasenkamp, "Der Kardinal, Taten und Tage des Bischofs
von Münster Clemens August Graf von Galen", Münster 1957

Gerhard Gesterle (?), "Zum Seligsprechungsprozeß des Kardinals
von Galen", Warendorf 1957

"Clemens August Kardinal von Galen", Münster 1967

Ausstellungskatalog "Clemens August Kardinal von Galen, Ausstellung in der Bürgerhalle des Rathauses in Münster, 21.3.76-
19.4.76"

Hans Schlömer, "Der Kardinal aus dem Oldenburger Münsterland",
Vechta 1976

4.

"Clemens August Graf von Galen", in: Paulus und Luidger, 1947

"Jubel und Trauer um Münsters Bekennerbischof Clemens August
von Galen", in: Paulus und Luidger, Ein Jahrbuch aus dem Bistum
Münster, 1947, S. 28-51

Franz Rensing, "Clemens August Graf von Galen als Kuratus von
St. Clemens und Kolpingspräses in Berlin", in: Paulus und Luidger, 1948

Willi Arens, "Kardinal von Galen und der Kreis Beckum", in:
Heimatkalender für den Kreis Beckum, 1954

"Der unvergessene Kardinal von Galen. Enthüllung einer Gedenk-
tafel an der Telgter Propsteikirche", in: Westfälische Nachrichten, 29.5.1954

Gottfried Hasenkamp, "Heimkehr und Heimgang des Kardinals von
Galen", in: Westfälische Nachrichten, 16.3.1956

Hermann Thole, "Unser Kardinal und seine Heimat", in: Heimatkalender für das Oldenburger Münsterland, hrsg. von Heinrich
Ottenjan, 1957, S. 125-128

R.L. Sedgwick, "Der Löwe von Münster", in: Westfälische Nachrichten, 23.11.1957

Karl Heinz Henkel, "Der Prozeß um Kardinal Galen. Vorbereitung
zur Seligsprechung.", in: Ruhr-Nachrichten, 6.2.1958

Wilhelm Vernekohl, "von Galen, der große Bischof", in: Vernekohl, Begegnungen, 1959, S. 179-188

Franz Northorst, "Kardinal Clemens August von Galen", in: 50
Jahre Clemens-August-Gymnasium Cloppenburg, 1964, S. 15-19

Eugen Kogon, "Erinnerung an Bischof Clemens August Graf von
Galen", in: Frankfurter Hefte, Jg. 21, 1966, S. 318-320

Gottfried Hasenkamp, "Ein Vermächtnis, das es zu erfüllen gilt.
Heimkehr und Heimgang Clemens Augusts Kardinal von Galen", in:
Westfälische Nachrichten, 12.5.1965

"Auf Halde?", in: Der Spiegel, 33. Jg., Nr. 47, 19.11.1979,
S. 106-111

5.

"Klemens August Graf von Galen", in: Jakob Torsy, a.a.O., S. 320

6.

Keine Veröffentlichung!

Pauline von Mallinckrodt

1.

Für die frühe Zeit bis zum Beginn des Seligsprechungsprozesses
ist es schwierig, die Literatur exakt in Erbauungs- und Gebetsliteratur oder größere "berichtende" Monographien zu unterscheiden. Auch alle größeren Veröffentlichungen und Zeitschriftenartikel tragen erbauliche Züge. Spezifische Erbauungsliteratur wurde jedoch bis zum Seligsprechungsprozeß vom Orden
nicht herausgegeben.

Wendelin Meyer, "Pauline von Mallinckrodt. Zu ihrem jugendlichen Seelenbilde. Nach Schürers Aufzeichnungen bearbeitet.",
Münster 1924

"Genossenschaft der Schwestern der christlichen Liebe, Töchter
der allerseligsten Jungfrau Maria von der Unbefleckten Empfängnis", Paderborn 1930

Agnes Schmittdiel, "Heldin der Liebe. Pauline von Mallinckrodt", Paderborn 1936

Johanna Schmittdiel, "Mutter Pauline. Ihr Leben und Wirken.", Wien, Zürich, Paderborn 1938

Johanna Husham, "Pauline von Mallinckrodt. Das Bild einer starken Frauenseele", Dülmen 1949

Agnes Schmittdiel, "Pauline von Mallinckrodt", Paderborn 1949

Faltblatt "Nur die Liebe zählt", Paderborn o.J. (um 1960)

"Gebete und Gedanken der Mutter Pauline von Mallinckrodt. Aus ihren Schriften zusammengestellt", Paderborn 1967

Lorenz Jaeger, "Eine Heilige für unsere Tage", Predigttext, Paderborn 1963

"Pauline von Mallinckrodt. Besinnung auf ihr Charisma und dessen Bedeutung für unser Ordensleben heute", Paderborn 1974

"Pauline von Mallinckrodt. In ihrer Zeit (1817-1881)", Paderborn 1974

Alfons Bungert, Pauline von Mallinckrodt / Schwester der Christlichen Liebe, Würzburg 1980

2.

"Paulinenbrief", Rundbrief für die Paulinenbündler, hrsg. von den Schwestern der christlichen Liebe, Paderborn, erscheint seit 1950 zweimal jährlich

3.

"Kurzer Lebensabriß unserer theuern Würdigen Mutter und Stifterin Pauline von Mallinckrodt von ihr selbst verfaßt.", Paderborn 1889

Heinrich Keiter, "Pauline von Mallinckrodt, die Stifterin und Generaloberin der Schwestern der christlichen Liebe. Ein Lebensbild.", Einsiedeln 1891

Alfred Hüffer, "Pauline von Mallinckrodt, Stifterin und Generaloberin der Schwestern der Christlichen Liebe", Münster 1892, [2]1902

216

4.

"Totenfeier für die Hochwürdige Generaloberin der Congregation
der Schwestern der Christlichen Liebe Pauline von Mallinckrodt",
Baltimore 1881

Heinrich Keiter, "Pauline von Mallinckrodt. Ein Lebensbild",
in: Illustriertes katholisches Familienblatt "Alte und Neue
Welt", Paderborn 1881

Mitteilung über Pauline von Mallinckrodts Tod und Todesanzeige,
in: Westfälisches Volksblatt, 30.4.1881

"Pauline von Mallinckrodt", Rede des Pfarrers Berhorst zum Begräbnis am 4.5.1881 / kurze Notiz über das Begräbnis, in: Li-
borius-Bote, 5.5.1881

"+ Pauline von Mallinckrodt", in: Germania, Zeitung für das
deutsche Volk, 5.5.1881

"+ Pauline von Mallinckrodt", in: Leo, Sonntagsblatt für das
katholische Volk, 15.5.1881

"Zur frommen Erinnerung an den ersten Jahrestag des Todes der
Würdigen Mutter Pauline von Mallinckrodt", Paderborn 1882

Franz Happe, "Briefe von Pauline von Mallinckrodt", in: Monatsschrift für katholische Lehrerinnen, 1894, VII, S. 601 ff

P. Rathscheck, "Pauline von Mallinckrodt", in: Kölnische Volkszeitung Nr. 20, 1901

"Pauline von Mallinckrodt", Gedenkaufsatz in der "Caritas",
Freiburg 1905, Nr. 10, S. 184 ff

"Pauline von Mallinckrodt, anläßlich ihres 100. Geburtstages",
in: Sonntagsfeier, Beilage zum Westfälischen Volksblatt und
Sauerländer Tageblatt, 3.6.1917

"Zum 50. Todestag der Mutter Pauline von Mallinckrodt", in:
Paderborner Anzeiger, 30.4.1931

"Pauline von Mallinckrodt", in: Kölner Volkszeitung, 30.4.1931

"Pauline von Mallinckrodt", in: Leo, Sonntagsblatt für das katholische Volk, 30.4.1931

"Jugendtag aus Anlaß des 50. Todestages Pauline von Mallinckrodts im Generalmutterhaus zu Paderborn", in: Paderborner Anzeiger, ? 1931

Wilhelm Liese, "Pauline von Mallinckrodt", in: Westfälische Lebensbilder, Band III, S. 91-102, Münster 1934

"Die Dienerin Gottes Pauline von Mallinckrodt", in: Der Wanderer, 30.4.1941

"Die Dienerin Gottes Pauline von Mallinckrodt", in: Katholisches
Wochenblatt, 30.4.1941

Cäcilie von Droste Hülshoff, "Pauline von Mallinckrodt", in:
Gerta Krabbel, Ein mutig Herz, ein redlich Wollen, Münster 1947,
S. 113-125

Hubert Butterwegge, "Unter dem Gebot der Liebe", in: Katholischer Beobachter, 28.4.1951

Agnes Schmittdiel, "Pauline von Mallinckrodt", in: Der Dom, 29.
4.1951

W. Bers, "Pauline von Mallinckrodt 70 Jahre tot", in: Siegbur-
ger Kirchenzeitung, 30.4. (?) 1951

Robert Quardt, "Die Mutter von der christlichen Liebe", in: Le-
bensschicksale unverheirateter Frauen, Celle 1952, S. 153-160

Demandewitz, "Pauline von Mallinckrodt", in: Das Parlament,
2.12.1953

Jolanda Donhauser, "...sondern der deine. Charakterzüge der
Stifterin der Genossenschaft der Schwestern der Christlichen
Liebe, Pauline von Mallinckrodt", Paderborn 1954

Hubert Butterwegge, "Schwester der christlichen Liebe", in:
KNA-Katholische Korrespondenz, 14.4.1956

"Pauline von Mallinckrodt, eine heiligmäßige Frau", in: Westfalen-Zeitung / Paderborner und Corveyer Land, 28.4.1956

"Pauline von Mallinckrodt, eine heiligmäßige Frau. Ihr Seligsprechungsprozeß in Rim eingeleitet.", in: Westfalen-Zeitung,
Heimatbeilage 28.4.1956

Wendelin Meyer, "Pauline von Mallinckrodt und ihre Genossenschaft", in: Die christliche Familie, 29.4.1956

"Die Frau mit dem mütterlichen Herzen", in: Liboriusblatt,
29.4.1956

"Mutter Paulines Vermächtnis", in: Der Dom, 29.4.1956

Albert Krautheimer, "Sie war ein prächtiger Mensch", in: Der
Dom, 29.4.1956

Käthe Sander-Wietfeld, "Dienet den Menschen - mit liebenswürdi-
ger Freundlichkeit", in: Westfälisches Volksblatt, 3.5.1956

Alfred Cohausz, "Aus der Fülle des Herzens und Wissens", in:
Echo der Zeit, 13.5.1956

Hubert Butterwegge, "Schwester der christlichen Liebe", in:
Klerusblatt München, 15.7.1956

"Pauline von Mallinckrodt", in: Westfalenpost, Hagen 15.7.1956

Rosemarie Weber, "Mutter der Blinden", in: Westfälisches Volksblatt, 1.6.1957 / Hellweger Anzeiger, 27.9.1957

Rosemarie Weber, "Mutter der Blinden, Die Liebe ist größer als
das Wissen", in: Die Glocke, 2.6.1957

Rosemarie Weber, "Mutter der Blinden, Pauline von Mallinckrodt",
in: Münstersche Zeitung, 2.6.1957

Rosemarie Weber, "Mutter der Blinden", in: Die Warte, 18. Jg.,
Heft 6, 1.6.1957

Maria Andrea Goldmann, "Allen alles werden - Pauline von Mallinckrodt", in: Im Garten heiliger Gottesliebe, Kevelaer 1957,
S. 66

Rosemarie Weber, "Pauline von Mallinckrodt, Eine große westfälische Frau des 19. Jahrhunderts", in: Vestischer Kalender,
1958, S. 95

Rosemarie Weber, "Mutter der Blinden, Pauline von Mallinckrodt",
in: Westfälischer Heimatkalender 1960

Rosemarie Weber, "Pauline von Mallinckrodt", in: Unser Bocholt,
Heft 4, 1960, S. 27-29

August Brecher, "Pauline von Mallinckrodt", in: Der Dom, 3.6.
1967

Alfons Erb, "Laßt uns rennen, Gottes Willen zu erfüllen", in:
Osnabrücker Kirchzeitung, 3.6.1967

"Kasseler Tor um die Jahrhundertwende", in: Prospekt Maria zur
Höhe, hrsg. vom Gründungsausschuß der Kirchengemeinde Maria zur
Höhe, Paderborn 1968

Lotte Schiffler, "Pauline von Mallinckrodt, 1819-1881", in:
Schiffler, Die Antwort der Frau in der sich ändernden Welt,
Münster [2]1969, S. 34 f.

"Neue Genossenschaften im Bistum Paderborn", in: Kirche und
Krankenpflege im 19. Jahrhundert, Paderborn 1971, S. 440

5.

"Die gottselige Pauline von Mallinckrodt", in: Heiligenlegende
für alle Tage des Jahres, hrsg. von Loren Beer, Regenburg 1929,
S. 424-432

"Pauline von Mallinckrodt", in: Das große Vorbild, Lebensbilder
heiliger und großer Frauen für die Volksschuljugend, hrsg. von
Else Schmücker, Paderborn ohne Jahr (um 1930?)

"Pauline von Mallinckrodt", in: Hans Hümmeler, Helden und Heilige, Bonn 1933, S. 224-226

Johannes Walterscheidt, "Die ehrwürdige Pauline von Mallinckrodt", in: Deutsche Heilige, München 1934, S. 425-427

Johanna Husham, "Pauline von Mallinckrodt", in: Köhler-Sauren,
Kommende deutsche Heilige, Dülmen 1937, S. 156-169

Albert Krautheimer, "Pauline von Mallinckrodt", in: Heilige
Deutschlands, Karlsruhe 1939, S. 342-345

"Pauline von Mallinckrodt", in: Albert Schütte, a.a.O., S. 278

"Pauline von Mallinckrodt", in: Jakob Torsy, a.a.O., S. 432

6.

englisch:
"Enriching Many", published 1942 by the Sisters of Christian
Charity of the North American Provinces

Katherine Burton, "Whom Love Simpels", New York 1952

Cecile Lechner, "At the Right Time She Came", Mendham/New Jersey 1970

Schriftenreihe: "Mother Pauline Leaflet"

italienisch:
Maria Eugenia Pietromarchi, "Paolina di Mallinckrodt", Rom 1951

spanisch:
Guillermo Günemann, "Paulina De Mallinckrodt y su Obra", Freiburg, Santiago de Chile 1911

"La Sierva De Dios Paulina De Mallinckrodt", Montevideo 1946

"Paulina", Santiago de Chile 1953

Maria Isabel Vandersi, "Paulina De Mallinckrodt", Buenos Aires
1954

Jordan Mai

1.

Athanasius Bierbaum, "Bruder Jordan", in: Von Dortmunds Franziskanern in alter und neuer Zeit. Werl 1924, S. 75-85

Athanasius Bierbaum, "Neuntägige Andacht zu Bruder Jordan Mai",
Werl 1926, [2]1931, [12]1956

Athanasius Bierbaum, "Bruder Jordan Mai, Franziskaner. Ein Leben in Gott", Werl 1926, [5]1932, [8]1949

Eleutherius Ermert, "Bruder Jordan Mai, Gedanken und Erinnerungen" Werl 1928, [3]1930

Athanasius Bierbaum, "Plauderei von Bruder Jordan Mai", in:
Westfälische Volkszeitung, Bochum vom 11., 12. und 29.4.1931

Athanasius Bierbaum, "Der gottselige Jordan Mai", in: Heilige
Vorbilder aus der Familie des heiligen Franziskus, Werl 1933,
S. 106-108

Meinrad Vonderheide, "Bruder Jordans Lebenslauf. Der irdische
Pilgerweg des Dieners Gottes Bruder Jordan Mai", Werl 1950,
^{2}1956

"Ein Blühen in Einfalt. Kleine Begebenheiten aus dem Leben des
Bruder Jordan Mai", hrsg. von Alois Eilers, Werl 1951

Alois Eilers, "Bruder Jordan hat geholfen! Eine Chronik des
Vertrauens.", Werl 1952

"Die Briefe des Bruder Jordan Mai", hrsg. von Alois Eilers,
Werl 1953, ^{2}1959, ^{3}1978

Alois Eilers, "Bruder Jordan Mai. Ein Bericht seines Lebens",
Dortmund 1962, ^{2}1972

Waltram Schürmann, "Bruder Jordans Weg zu Gott", Dortmund 1964

Theo Maschke, "Mit Bruder Jordan beten", Dortmund 1972

Theo Maschke, "Neuntägige Andacht zu Bruder Jordan Mai", Dortmund 1978

2.

"Bruder Jordans Weg", Berichte über Leben und Prozeß des Dieners Gottes, hrsg. vom Jordan-Werk, Franziskanerkloster Dortmund, erscheint seit 1954, zunächst dreimal jährlich, ab 1956
viermal jährlich

3.

Veröffentlichung der Seligsprechungsunterlagen, "Fr. Jordani
Mai", Articuli pro construendo processii ordinario informativo,
Werl 1935, ^{2}1963

4.

(Unvollständig!)

C. Schmitz, "Bruder Jordan Mai", in: Vita Seraphica, Anregungen und Mitteilungen aus der Sächsischen Franziskanerprovinz vom heiligen Kreuz, hrsg. vom Provinzialat Werl, Heft 3, 1922 (Nachruf)

"Bruder Jordan Mai", in: Augustin Wibbelt, Die goldene Schaukel, Essen o.J. (um 1925), S. 63-66

"Die Erzbischöflichen Prozesse für Bruder Jordan Mai und ihre Vorgeschichte", in: Vita Seraphica, 19. Jg., 1938, Heft 2, S. 100-114

"Der Stand der Bruder-Jordan-Causa", in: Vita Seraphica, 42. Jg., 1961, Heft 4, S. 158-163

"Kardinal Bea am Grabe Bruder Jordans", in: Vita Seraphica, 43. Jg., 1962, Heft 4, S. 378-381

5.

Athanasius Bierbaum, "Jordan Mai", in: Köhler-Sauren, a.a.O., S. 147

"Jordan Mai", in: Albert Schütte, a.a.O., S. 200

"Jordan Mai", in: Jakob Torsy, a.a.O., S. 288

6.

niederländisch:
Bertilo De Boer, "Broeder Jordanus Mai ofm. Een Schets van ziyn Persoonlijkheid", Mechelen 1952

italienisch:
"Il Frate degli Operai - Frate Giordano Mai", Rom 1967
(Dieses Heft fand der Verfasser in diesem Jahr - 1980 - im Schriftenstand einer römischen Kirche.)

chinesisch:
Ludwig Liu, "Ein treuer Sohn der demütigen Jungfrau", chinesische Übersetzung, Hong Kong 1954

Kaspar Schwarze

1.

Athanasius Bierbaum, "Betkaspar, der Ewige Anbeter", Werl 1927,
[2]1933, [3]1934

2.

Keine Veröffentlichung!

3.

Gerhard Best, "Kaspar Schwarze, 'dat Biäemänneken' (1830-1911)"
Maschinenschriftliche Vervielfältigung, Werl 1978

4.

Heinrich Lotze, "Kaspar Schwarze, ein westfälischer Beter", in:
Sonntagsfeier, 4. Jg., 1924, Nr. 35-37

"Altes und Neues vom Anbetungsmännchen" / "Betkaspars Umbettung
auf dem Stadtfriedhof zu Werl i.W." / "Das Neue Grabmal Betkaspars auf dem Stadtfriedhof zu Werl i.W.", alles in: "Franziskusstimmen", Werl 1933, S. 159-162 / 162-165 / 166-167

"Betkaspar", in: Marienpsalter, Zeitschrift der deutschen Domi-
nikaner, 56. Jg., 1933, Heft 11, S. 339-342

"Zum Gedenken an den frommen Wanderer Kaspar Schwarze", in: Der
Freimütige an der Haar, 1933, Nr. 109, 13.5.1933

"Betkaspars Ehrenmal auf dem Stadtfriedhof zu Werl, Westfalen",
in: Organ des Verbandes katholischer Hausgehilfinnen und Haus-
angestelltenverein in Deutschland, XXVII Jg., Nr. 10, München
15.10.1933, S. 99

"Umbettung des 'Biämännekens' auf dem städtischen Friedhof in
Werl", in: Dorstener Volkszeitung, 21.5.1933

"Biämänneken", in: Heimwacht, Heimatblätter für das kurkölnsche
Sauerland, 12. Jg., 1934, Heft 8, S. 244-248

"Der eucharistische Jahresplan der Drittordens-Internationale
des hl. Franziskus", in: Franziskusstimmen, Werl 1934, S.17-32

"Ernte in Westfalen", in: Junge Front, 3. Jg., Nr. 39, 30.9.
1934

Siegfried Schneider, "'Betkaspars' Weiterleben im katholischen
Westfalen", in: Westfälischer Kurier, 7.1.1934

"Betkaspar, der fromme Wanderer", in: Westfalenpost, 16.5.1951

"Auch im Sauerland nicht vergessen", in: Werler Anzeiger, 14.2.
1956

"Ein Tabernakel ziert sein Grab", in: Beobachter an der Haar,
11.5.1957

"Caspar Schwarze", in: Heimatspiegel, Beilage der Dortmunder
Nord-West-Zeitung, 24.9.1958

"'Betkaspar' Schwarze starb vor 50 Jahren", in: Westfalenpost,
13./14.5.1961

"Vor 50 Jahren starb das Betmänneken", in: De Suerlänner, Heimatkalender für das kurkölnsche Sazerland, 1961, S. 87-88

H.J. Berges, "Werl, wie ich es kannte", in: Beobachter an der
Haar, 24./25.7.1976

"Auf dem Werler Parkfriedhof ist sein Grab", in: Liboriusblatt,
Nr. 45, 1977

"Betkaspar war von Olpe bis Hamm bekannt", in: Der Dom, Sonntagsblatt für das Erzbistum Paderborn, 33. Jg., 11.5.1978, S. 10

"Der Betkaspar", in: Werl-Journal, Zeitschrift für Werl und Umgebung, 2/1978, S. 22

"Vom Pferdeknecht zum ewigen Anbeter: Kaspar Schwarze wurde Be-
rufsbeter", in: Westfalenpost, 13.5.1978

"Zum Gebet pilgerte Kaspar Schwarze von Kirche zu Kirche", in:
Werler Anzeiger, 18.5.1978

"Stets versunken im tiefen Gebet Tage und Nächte hindurch", in:
Beobachter an der Haar, 11.5.1978

"Neuer Bildstock wird eingeweiht", in: Soester Anzeiger, 1./2.
11.1978

5.

"Biäemänneken", in: Fritz Kühn, Sagen des Sauerlandes, Meschede 1936, S. 186-187

"Kaspar Schwarze", in: Albert Schütte, a.a.O., S. 207 f.

"Kaspar Schwarze", in: Jakob Torsy, a.a.O., S. 306

6.

Keine Veröffentlichung!

Euthymia Ueffing

1.

Wendelin Meyer, "Schwester Maria Euthymia, Clemensschwester",
Münster 1957, [14]1972, [16]1976

Wendelin Meyer, "Schwester Maria Euthymia, Novene um ihre Seligsprechung und in persönlichen Anliegen", Münster 1959

Hermann Bücker, "Die Clemensschwester Maria Euthymia (Maria
Emma Ueffing) 1914-1955. Ihr Leben und ihr Charakterbild",
Münster 1963

"Ich diente und mein Lohn ist Frieden', Maria Euthymia, Clemensschwester aus Westfalen in den Erinnerungen des kriegsgefangenen französischen Soldatenpriesters Emile Eche", hrsg.
von Franz Kroos, Münster 1965, [2]1969, [3]1971, [7]1977, [8]1979

"Maria Euthymia Ueffing", in: Gotteslob, a.a.O., Nr. 814

Magdalena Padberg, "Maria Euthymia, Clemensschwester", Recklinghausen 1977, [2]1980

2.

"Helferin in vielen Nöten", hrsg. von den Barmherzigen Schwestern (Clemensschwestern), Münster, erschien von 1961-1971 monatlich

3.

Keine Veröffentlichung!

4.

Nicht zusammengestellt!

5.

"Maria Euthymia Ueffing", in: Jakob Torsy, a.a.O., S. 379

6.

Wendelin Meyer, "Maria Euthymia, Clemensschwester", übersetzt ins Französische, Italienische, Englische, Burische, Malabarische und in den Bantu-Dialekt Kinar Wanda, insgesamt 250.000 Exemplare

ANHANG II

Sonstige Quellen

1) Archive

a) Archiv der Franziskanerinnen von der Ewigen Anbetung, Olpe

b) Archiv der Augustiner, Dülmen

c) Archiv des Jordan-Werkes, Dortmund

d) Archiv der Schwestern der christlichen Liebe, Paderborn

e) Propsteiarchiv Werl

f) Stadtarchiv Werl

g) Archiv der Barmherzigen Schwestern, Münster

h) Archiv des Vizepostulators Dr. Lettmann, Münster

2) Interviews / Mündliche Mitteilungen

a) In Dortmund, Paderborn und Münster mit Passanten

b) In Münster am Grab Schwester Euthymias mit Devotanten

c) Mit den zuständigen kirchlichen Trägern der Kulte:
   Schwester Georgis, Schwestern der Christlichen Liebe, Paderborn / Schwester Hildebalda, Barmherzige Schwestern, Münster / Sekretärin Frau Gierse, Jordanwerk Dortmund / Sekretärin Frau Sommer, Vizepostulatur für Euthymia Ueffing,
   Münster / P. Sturmius ofm, Dortmund / P.Dominikus ofm,
   Münster / Bischof Dr. Reinhard Lettmann, Münster / Domkapitular Hellberndt, Münster

d) Dr. Franz Krins, Telgte

3) Fragelisten
   Als weiteres Material für den Kult von Kaspar Schwarze dien-
   ten 105 Fragelisten, die der Verfasser anläßlich einer Arbeit über Kaspar Schwarze im Jahr 1978 von Gewährspersonen
   erhalten hat. Sie befinden sich bei den Unterlagen des Verfassers und sollen entweder zu den Akten des Werler Stadt-
   archivs oder des Propsteiarchives geordnet werden.

ANMERKUNGEN

[1] Offizielle kirchenrechtliche Bezeichnung für Personen, deren Apostolischer Seligsprechungsprozeß in Rom bereits begonnen hat; diesem Prozeß ging der sogenannte "Bischöfliche Informativprozeß" in der Heimatdiözese voraus.

vergl. Eduard Eichmann, "Lehrbuch des Kirchenrechts auf Grund des Codex Juris Canonici", Paderborn 1923, S. 627-629

[2] Sacra Congregatio pro Causis Sanctorum, "Index ac status causarum Beatificationis Servorum Dei et Canonizationis Beatorum", Rom 1975

Heinrich B. Sander, "Seligsprechungen durch die Bischofskonferenz", Maschinenschriftliches Manuskript, 1979

(Anschrift des Verfassers: Pfarrer i.R. Heinrich B. Sander, Nachtigallenweg 7, 4790 Paderborn 2)

[3] Insgesamt gibt es allein in Westfalen etwa 80 "Ehrwürdige", die heute mehr oder weniger unbekannt sind und meist nicht mehr verehrt werden (z.B. Bischof Konrad Martin, Paderborn / Pfarrer Otto Günnewick, Salwey / Pater Heinrich Haddick ofm, Warendorf / Pater Kilian Kirchhoff ofm, Werl / Bruder Cherubim Heidenreich, Werl).

[4] Die für das Bistum Münster weiter in Betracht kommenden Personen Karl Leisner, Niels Stensen und Titus M. Horten finden hier deshalb keine Berücksichtigung, weil sie außerhalb Westfalens begraben sind. Sie werden jedoch auch im westfälischen Teil des Bistums Münster verehrt.
Überhaupt läßt sich eine völlige regionale Beschränkung auf ein bestimmtes Gebiet wie Westfalen nicht immer durchhalten, da auch gebietsübergreifende Devotionen vorkommen.

[5] An dieser Stelle möchte ich es nicht versäumen, mich für die wohlwollende Unterstützung zu bedanken, die mir von Seiten der Orden und anderer kirchlicher Institutionen bei der Materialsammlung für diese Arbeit zuteil geworden ist.

[6] Heinrich Schauerte, "Die volkstümliche Heiligenverehrung", Münster 1948

[7] Gottfried Korff, "Heiligenverehrung in der Gegenwart, Empirische Untersuchungen in der Diözese Rottenburg", Tübingen 1970

[8] Peter Assion, "Ein Kult entsteht. Untersuchungen zur Verehrung der Ulrika Nisch von Hegne am Bodensee", in: Forschungen und Berichte zur Volkskunde in Baden-Württemberg 1971-1973, hrsg. von Irmgard Hampp und Peter Assion, Stuttgart 1973, S. 43-63

[9] Zusammengestellt aus der vorhandenen biographischen Literatur.

[10] nach: "Grabstätte der Anna Katharina Emmerick in der Krypta der Heilig-Kreuz-Kirche Dülmen", hrsg. von K. Hegemann, Dülmen 1978, S. 2

[11] Zu Beginn des versuchten Bischöflichen Informativprozesses für Kaspar Schwarze wurde nicht von ungefähr versucht, ihn "wenigstens" als Mitglied des Dritten Ordens der Franziskaner nachzuweisen; ein Versuch, der allerdings mißlang.

[12] Diese Beschränkung auf die genannten Personengruppen ist nicht neu. So bilden die Priester und Ordensleute auch den weitaus größten Teil der kanonisierten katholischen Seligen und Heiligen.

[13] Immer wieder taucht in der Erbauungsliteratur zu den betreffenden Personen (Jordan Mai, Kaspar Schwarze, Euthymia Ueffing) das Bibelzitat auf: Was der Welt schwach erscheint, hat Gott erwählt, um das Starke zu beschämen. (1. Korintherbrief, 1, 28).

[14] Theologisch wird hier die stellvertretende Bedeutung der kanonisierten Heiligen klar, die nicht etwa die einzigen Heiligen sind, sondern deren Verehrung von der Kirche gestattet wird

als Auswahl aus der großen Zahl der Menschen, die heiligmäßig
gelebt haben.

[15] (z.B.) Hugo Ott, Buchbesprechung zu "Forschungen und Berichte zur Volkskunde in Baden-Württemberg 1971-1973", hrsg. von
Irmgard Hampp und Peter Assion, in: Freiburger Diözesanarchiv, 93. Band, Freiburg 1973, S. 466

[16] Heinrich Schauerte, "Die volkstümliche Heiligenverehrung",
Münster 1948,
S. 30: "Letzten Endes ist jede Seligsprechung nur die kirchliche Bestätigung der Verehrung eines Gottesdieners durch das
Volk."
S. 31: "... die Anregung zur Seligsprechung muß vom Volke ausgehen; das Volk muß beten, damit der Selige seine Bitten er-
hören kann, und so die Voraussetzung für die Selig- und Heiligsprechung geschaffen wird."
S. 91 f.: "Zu den kanonisierten Heiligen traten noch ehrwürdige Männer und Frauen, die zwar nicht von der Kirche heilig-
gesprochen, aber vom Volke diesen mindestens gleichgestellt
sind, ja oft über sie erhoben werden. Es sind Volksheilige
im weitesten Umfang des Wortes. Es existiert eben neben der
kirchlichen Kanonisation die Volkskanonisation, die Heiligsprechung vom Volke her. Aus der Tiefe des Volksgemüts, aus
den zahlreichen Scharen von andächtigen Betern entsteht der
heiße Wunsch, daß ein Mann oder eine Frau gottesfürchtigen
Wandels und vorbildlicher Art zum Heiligen erklärt und zur
Würde der Altäre erhoben werde. Diese Volkskanonisation ist
eine Vorstufe zur amtlich-kirchlichen Heiligsprechung, die
auf die Tatsache der Verehrung vom Volke her stets ein hohes
Gewicht legt."

[17] Vizepostulatur in Dortmund zur Verehrung Jordan Mais, in:
Bruder Jordans Weg, II, 1962, S. 34:
"Diese Verehrung ging von draußen aus, von den Gläubigen
außerhalb des Klosters, in gar keiner Weise wurde sie etwa
von uns Franziskanern gesteuert, um aus dem Verstorbenen
einen Seligen oder gar Heiligen zu 'machen'."

Lorenz Kardinal Jaeger, Bischof von Paderborn, in: Mutter
Theresias Ruf, I, 1963, S. 3:
"... in jüngster Zeit aus dem gläubigen Volk heraus die Verehrung gleich dreier großer Persönlichkeiten aufgebrochen ist,
nicht 'von oben gemacht', sondern vom Volke getragen: Die
Liebe und vertrauensvolle Verehrung für den schlichten, demütigen Pförtner im Franziskanerkloster zu Dortmund Bruder
Jordan Mai, die weit über die deutschen Grenzen hinausgehende
Verehrung für die Stifterin der Genossenschaft der Schwestern
der christlichen Liebe zu Paderborn, Mutter Pauline von Mallinckrodt, und die namentlich im Sauerland und in weiten Be-
reichen der Vereinigten Staaten von Amerika als Fürbitterin
bei Gott viel angerufenen Mutter Theresia Bonzel, die Stifterin der Armen Franziskanerinnen von der Ewigen Anbetung in
Olpe."

18 Assion, a.a.O., S. 56

19 Assion, a.a.O., S. 51

20 Assion, a.a.O., S. 45

21 So stellt Assion (S. 56) dar, wie das "Ulrika-Schrifttum den
Ulrika-Kult maßgeblich propagiert und geformt hat".

22 In der Zeitschrift über Jordan Mai, Bruder Jordans Weg, I,
1956, S. 8 ff wird die Förderung durch das Volk ausdrück-
lich gewünscht und ihre Möglichkeit beschrieben:
durch Gebet, durch Erflehen von Gunsterweisen auf die Fürbitte Bruder Jordans, durch Mitteilung der Gebetserhörungen,
durch Verbreitung der Verehrung Bruder Jordans und durch Verbreitung des betreffenden Schrifttums.

23 Assion, a.a.O., S. 51

24 z.B. Literatur, offizielle kirchliche Protokolle zum Seligsprechungsprozeß, Äußerungen der Vizepostulatoren

25 Man darf dies sicherlich tun, ohne gleich an weitere kirchliche Manipulation zu denken. Wenn nämlich kirchliche Quellen herangezogen werden, die gegen die spontane Kultentstehung sprechen, so müssen auch solche berücksichtigt werden, die für sie sprechen.

26 Bei einer Fragelistenaktion, die vom Verfasser 1978 durchgeführt wurde, teilten etwa 100 Gewährspersonen, die Kaspar
Schwarze noch gekannt haben, mit, daß er für sie schon zu
Lebzeiten irgendwie den "Hauch eines Heiligen" getragen
habe.

27 So soll Euthymia beispielsweise schon zu ihren Lebzeiten als
"Nothelferin" gegolten haben, bei der die jeweiligen Schwe-
sternschülerinnen in Münster um ein Gebet baten, wenn es um
Abschlußprüfungen ging. (Mündl. Mitteilung von Schwester
Hildebalda, Münster, vom 7.2.1980).

28 Gottfried Hasenkamp, "Heimkehr und Heimgang des Kardinals",
Münster 1946, S. 13-16
Heinrich Portmann, "Kardinal von Galen", Münster 1948, S.
317 f.

29 Lothar Hardick, "Er Führt Ich Gehe", Werl 1965, S. 417 ff

30 u.a. erkennbar an der großen Anzahl von Todesanzeigen, die
im Archiv der Schwestern der christlichen Liebe, Paderborn,
gesammelt sind.

31 Ein ähnlich stark besuchtes Begräbnis scheint auch Anna Katharina Emmerick gehabt zu haben: Es war eine so zahlreiche
Begleitung dabei, wie man sich nicht erinnert, sie in Dülmen je gesehen zu haben...". Vergl. "Grabstätte Anna Katharina Emmerick in der Krypta der Heilig-Kreuz-Kirche Dülmen",
hrsg. von K. Hegemann, Dülmen 1978, S. 4

32 Seligsprechungsunterlagen über Bruder Jordan Mai, "Fr. Jordani Mai, Articuli pro construendo processii ordinario informativo", Werl 1935, Nr. 178: "... gab es bei seinem Be-

gräbnis keinen großen Zulauf von Menschen."
Am Begräbnis von Kaspar Schwarze nahmen am 16.5.1911 in Werl
lediglich sechs Personen teil.

33 Vergl. für Jordan Mai: Alois Eilers, "Bruder Jordan Mai",
Dortmund 1962, S. 215
Seligsprechungsunterlagen, a.a.O., Nr. 177:
"Die Leute von Dortmund sprachen es laut aus: 'Der Bruder,
der beim Beten weinte, ist gestorben, der fromme Bruder ist
tot'."

Vergl. für Euthymia Ueffing:
Magdalena Padberg, "M. Euthymia, Clemensschwester", Recklinghausen 1977, S. 183:
"De Syster, de vandage stuorben is, dat was ne Hillige',
sollen die Patienten der Männerstation versichert haben."

34 Seligsprechungsunterlagen der Euthymia Ueffing, unveröffent-
licht, Maschinenschriftliches Exemplar in der Vizepostulatur Münster, Nr. 128:
Gebetserhörung vom 18.9.1955

35 Eleutherius Ermert, "Bruder Jordan Mai, Gedanken und Erinnerungen", Werl 1928, S. 219
Seligsprechungsunterlagen, a.a.O., Nr. 185:
"Am ersten Tag nach seinem Tode,als er noch im Konvent im
offenen Sarg ausgestellt war, kam ein unbekannter Mann und
bat inständig um eine Reliquie des Dieners Gottes und sagte: Bruder Jordan hätte ihm in seinen schweren Bedrängnis-
sen geholfen...".

36 Ermert, S. 217

37 A. Jakoby, "Grab", in: Handwörterbuch des Deutschen Aberglaubens, hrsg. von Hanns Bächtold-Stäubli, Band III, Berlin und Leipzig 1930/31, Sp. 1076

38 So ist bei dem bekannten westfälischen Priester Franz Stock
aus Neheim, der in den Jahren des Zweiten Weltkriegs in Pa-
ris französische Kriegsgefangene betreute und dessen Selig-

sprechungsprozeß von der französischen katholischen Kirche angestrebt wird, in Westfalen nie ein Kult entstanden, weil u.a. das Grab als Kultobjekt fehlt, das sich in Chartres befindet.

Wie wichtig ein Grab als Kultstätte ist, zeigt auch die Tatsache, daß das Grab von Pauline von Mallinckrodt in einem Kloster der Schwestern der Christlichen Liebe in den USA originalgetreu nachgebaut wurde und dort heute als Kultstätte dient.

[39] Solche Blumen- und Kerzenstiftungen sind auch nachweisbar für die Gräber von Pater Heinrich Haddick ofm, Warendorf, um 1930 (Mündl. Mitteilung von P. Dominikus ofm, Münster) sowie bis um 1900 für Bischof Konrad Martin im Paderborner Dom (Mitteilung von Heinrich B. Sander, Paderborn-Schloß Neuhaus).

[40] Das Fehlen von Nachweisen in dieser Frage könnte für sich ein indirekter Hinweis darauf sein, daß zu dieser Zeit wenig Grabkult bestand.

[41] Lediglich an einer Stelle wird von einer Stiftung von Blumen gesprochen: Max Bierbaum, "Nicht Lob Nicht Furcht", Münster 1974, S. 319: Stiftung einer "Schale mit Erde und Blumen aus Nazareth".

[42] "Grabstätte Anna Katharina Emmerick in der Krypta der Heilig-Kreuz-Kirche in Dülmen", a.a.O., S. 9
Auch die drei späteren Fotos des Grabes in diesem Heft (S. 5 um 1900 / S. 13 1946 / S. 14 um 1963) sind keine Zeugnisse einer besonderen Grabesverehrung.

[43] Athanasius Bierbaum, "Betkaspar", Werl 1927, S. 34 (a)

[44] Siegfried Schneider, "Franziskusstimmen", Werl 1933, S. 165

[45] Athanasius Bierbaum, "Von Dortmunds Franziskanern in alter und neuer Zeit", Werl 1924, S. 84

[46] Magdalena Padberg, a.a.O., S. 5

[47] Werl, Propsteiarchiv, Akte "Betkaspar"
Holzkreuz, gestiftet von Herrn Zimmermann Senger,
Aufschrift: "Hier ruht Kaspar Schwarze, genannt der Betkas-
par, geboren am 13. Juli 1830, gestorben am 13. Mai 1911.
Bete für mich und ich für Dich."

[48] Seligsprechungsunterlagen, a.a.O., Nr. 178 /
Bruder Jordans Weg, I, 1962, S. 7:
Grabkreuz, gestiftet 1923,
Aufschrift: "Dankbarkeit für Erhörung setzte dieses Zeichen.
Bruder Jordan Mai. Du bist meine Zuflucht geworden in trüben
Tagen."

[49] A. Jakoby, "Grab", a.a.O., Sp. 1079

[50] Paul Geiger, "Friedhofserde", in: Handwörterbuch des Deutschen Aberglaubens, a.a.O., Band III, Sp. 95

[51] Ermert, a.a.O., S. 215 und 220
Eilers, a.a.O., S. 217

[52] Mündl. Mitteilung von Frau Gierse, Sekretärin im Franziskanerkloster in Dortmund

[53] Konzil von Trient, Beschluß in der 25. Sitzung, 1563
vergl. hierzu: "Des hochheiligen, ökumenischen und allgemeinen Concils von Trient Canones und Beschlüsse, nebst den
darauf bezüglichen päpstlichen Bullen und Verordnungen und
einem vollständigen Inhaltsverzeichnis", übersetzt von Wilhelm Smets, Bielefeld 1858, S. 166

Neuner-Roos, "Der Glaube der Kirche in den Urkunden der Lehrverkündigung", neubearb. von Karl Rahner und Karl-Heinz We-
ger, Regensburg 1979, S. 325 ff

Karl Rahner und Herbert Vorgrimmler, "Kleines Konzilskompendium", Alle Konstitutionen, Dekrete und Erklärungen des Zweiten Vaticanums in der bischöflich beauftragten Übersetzung,
Freiburg 1966, S. 183

236

[54] F. Pfister, "Heilige", in: Handwörterbuch des Deutschen Aberglaubens, a.a.O., Band III, Sp. 1668-1673

Schauerte, a.a.O., S. 58-63

[55] Erste Erhörung: 1919 (Archiv Paderborn)

[56] Erste Erhörung: nach 1914 (Mutter Theresias Ruf, I, 1963, S. 20 f.)

[57] Erste Erhörungen: 1933 (Propsteiarchiv Werl)

[58] Mündl. Mitteilung von P. Sturmius ofm, Vizepostulator für den Fall Jordan Mai, Dortmund.

[59] 1923: 3 Erhörungen / 1924: 6 Erhörungen //
1925 wurden erste Erhebungen von seiten des Ordens durchgeführt, die aber nicht zur Förderung des Kultes dienen sollten. Nachdrücklich wird in den Unterlagen (Vita Seraphica, Werl 1938, S. 101) bemerkt, daß "kluge Zurückhaltung durchaus geboten sei".

[60] Erhörungen ab September 1955 (Archiv Münster)

[61] Genaue Literaturliste siehe Anhang I

[62] Es ist klar, daß es sich bei dieser Verehrung nicht um große Zahlen, sondern wohl mehr um einzelne Devotanten handelte.

[63] Durchgeführt nach den dem Verfasser zur Verfügung stehenden Unterlagen. Ergänzungen sind willkommen!

In dieser Aufstellung sind nur die für die angeschnittene Frage interessanten Jahreszahlen erwähnt, die ausführliche Literaturliste erscheint als Anhang I am Ende der Arbeit.

[64] bei Jordan Mai 1934 // bei Euthymia Ueffing 1959

[65] 1891: Anna Katharina Emmerick (67 Jahre nach deren Tod) /
1926: Pauline von Mallinckrodt (45 Jahre nach deren Tod) /
1961: Theresia Bonzel (56 Jahre nach deren Tod)

66 Tertiaren sind der sogenannte Dritte Orden des heiligen Franziskus, in den Laien aufgenommen werden, die nicht in klö-
sterlicher Gemeinschaft zusammenleben, sondern sich regelmäßig zu religiösen Übungen ("Convente", Exerzitien usw.)
treffen.

67 Franziskusstimmen, Werl 1934, S. 28 ff

68 Mündl. Mitteilung von P. Dominikus ofm, Münster

69 Max Bierbaum, "Nicht Lob Nicht Furcht", Münster 1974, S.
321 ff

70 ebda., S. 322

71 ebda., S. 323

72 Auch dieser Wunsch resultiert natürlich irgendwie aus einer
Verehrungshaltung, die der jeweiligen Person entgegenge-
bracht wird, allerdings von einer enger begrenzten Gruppe
(Orden oder sonstige kirchliche Gemeinschaft) und nicht unbedingt in der Form eines Grab- und Gebetkultes, sondern in
einer größeren Betonung des Vorbildcharakters der verehrten
Person.

73 Beide Möglichkeiten sind - theologisch gesehen - legitim: Bei
der ersten wird dem Wunsch der Gläubigen entsprochen, während
die zweite kirchlichen Kreisen entspringt, die den Wunsch haben eine religiös ausdrucksstarke Person (Ordensstifterin/
Bischof) zu einem Vorbild für die Gläubigen werden zu lassen.
Ganz in diese Richtung äußerte sich beim vorbereitenden Gespräch für diese Arbeit auch Bischof Dr. Reinhard Lettmann
von Münster, der betonte, eine Aufgabe der "neuen Heiligen"
sei ihr Vorbildcharakter für ihre Zeit.
Auch kirchenrechtlich ist ja eine übermäßige (öffentliche)
Verehrung zu Beginn eines Kultes nicht unbedingt förderlich
für den Seligsprechungsprozeß.

[74] Daß ein Kult ohne kirchlichen Träger über kurz oder lang "eingeht", zeigen Beispiele wie Kaspar Schwarze, Konrad Martin, Heinrich Haddick und viele andere nur zu deutlich. Es wird klar, daß nur durch Werbung ein partikulärer zu einem populären Heiligenkult zu entwickeln ist.

[75] Es ist an dieser Stelle nicht möglich, genauer auf die Prozeßform einzugehen. Zur Information des Verfassers lag folgende Literatur vor:
Eduard Eichmann, "Lehrbuch des Kirchenrechts auf Grund des Codex Juris Canonici", Paderborn 1923, S. 627 ff
Apostolisches Schreiben Motu Proprio "Sanctitas Clarior" Pauls VI. vom 19.3.1969, in: Acta Apostolicae Sedis (AAS), 61, Rom 1969, S. 149-153
"Kirchliches Prozeßrecht", von den deutschen Bischöfen approbierte Übersetzung, eingel. von Heribert Schmitz, Trier 1969, S. 18-31

[76] Im kirchlichen Prozeßrecht wird unterschieden zwischen einem Seligen und einem Heiligen. Dabei geht es nicht um den Status des Verehrten selbst, - ein Seliger ist also kein "kleiner Heiliger" -, sondern um die Art und Weise des kirchlichen Kultes: "Der Unterschied zwischen Seligen und Heiligen besteht darin, daß erste öffentlich nur an den Orten und in der Weise, die vom Papst bezeichnet sind, letztere dagegen in der ganzen Kirche verehrt werden dürfen." / Eichmann, a. a.O., S. 62

[77] Eine private Verehrung kann jedem Verstorbenen durch Einzelpersonen zuteil werden, die öffentliche Verehrung nur nach abgeschlossenem Selig- oder Heiligsprechungsprozeß im Namen der ganzen Kirche.

[78] Heinrich B. Sander, "Seligsprechung durch die Bischofskonferenzen", a.a.O., 1979 // außerdem:
"Der DOM", Sonntagsblatt für das Erzbistum Paderborn, 34. Jg., Nr. 50, 16.12.1979, S. 7
"Der Spiegel", 33. Jg., Nr. 47, 19.11.1979, S. 106-111

79 Die Formen einer öffentlichen kirchlichen Heiligenverehrung
sind: (nach Eichmann, a.a.O., S. 627)
1) Aufstellen der Bilder in öffentlichen Kirchen und Kapellen
2) Nimbierung des Hauptes (Heiligenschein)
3) Anbringung von Lampen und Votivtafeln
4) Abhalten öffentlicher Andachten
5) Errichten von Altären zu Ehren der betreffenden Person
6) Öffentliche Aussetzung und Verehrung ihrer Reliquien
7) Wahl zum Patron
8) Verehrung im öffentlichen Gottesdienst durch Namensnennung

80 Auf die allgemeine Bedeutung dieser "Propaganda am Schriftenstand" geht Korff näher ein. a.a.O., S. 49-67.
Schauerte berücksichtigt dieses Problem in seiner Arbeit weniger.

81 Assion, a.a.O., S. 56

82 Genaue Literaturliste siehe Anhang I

83 Der Begriff "Erbauungsliteratur" soll hier möglichst wertfrei benutzt werden und nicht mit irgendeinem negativen Beigeschmack (z.B. "Manipulationsliteratur") belegt sein.

84 Gerade diese Darstellung als Vorbild trifft in der neueren
Literatur auf starke Kritik, besonders, was die propagierten Tugenden angeht. So stellt Korff fest: "Dabei handelt es
sich um Begriffe wie Selbstbeherrschung, Sanftmut, Milde, Geduld, Demut, Fleiß, Vertrauen, Gehorsam usw." (a.a.O., S.
63) und er urteilt weiter: "Auf massive Weise werden gesellschaftlich fragwürdige Normen und Verhaltensmuster indoktriniert. In der Devotionalliteratur sind die Vorstellungen des
Restaurationskatholizismus konserviert" (a.a.O., S. 49).

Einer solchen Interpretation muß allerdings entgegen gehalten werden, daß die oben genannten Tugenden allesamt zur
christlichen Lehre gehören. Hier soll nicht bestritten wer-

den, daß sie hin und wieder - besonders in der Vergangenheit - sehr einseitig und dann falsch betont worden sind
und vielleicht noch werden, diese Tatsache streicht sie
jedoch nicht aus der Zahl der christlichen Tugenden: Ihr
Mißbrauch nimmt ihnen nicht ihren eigentlichen Sinn. Wenn
sie aber zu diesen Tugenden gehören, muß der Kirche auch
zugestanden werden, sie - auch in der Erbauungsliteratur -
zu verkünden, auch wenn sie zur Zeit für manche "gesellschaftlich fragwürdig" erscheinen.

[85] Korff, a.a.O., S. 60 ff

[86] Die historische Einrahmung wird zwar durch Einzeldaten ab-
gesteckt, "ist aber gleichzeitig als eine Art Muster für
eine spezifisch christliche Daseinsbewältigung konzipiert".
(Korff, a.a.O., S. 62)

[87] Mitteilung von Schwester Hildebalda, Münster

[88] Ermert, a.a.O., S. IV

[89] Tugenden, die im Seligsprechungsprozeß bearbeitet werden.

[90] Seligsprechungsunterlagen, a.a.O., Nr. 171

[91] ebda., Nr. 173

[92] ebda., Nr. 174

[93] Ähnliche Motive weist Assion in den Viten der Ulrika Nisch
nach. a.a.O., S. 48-51
Auch Euthymia sagt ihren Tod voraus. Meyer, a.a.O., S. 112

[94] Bruder Jordans Weg, II, 1962, S. 42 f.

[95] Eine Stellung zwischen Viten- und Gebetsliteratur nimmt die
Veröffentlichung von Briefen der verehrten Personen ein (z.
B. "Die Briefe des Bruder Jordan Mai", Dortmund 1978), da
sie sowohl historische als auch gebets-meditative Züge trägt.

96 Gebet biblischen Ursprungs, eine neun Tage dauernde Andacht
nach dem Vorbild des neuntägigen Gebetes der Apostel zwischen Christi Himmelfahrt und Pfingsten (Apostelgeschichte,
1.14).

97 1978 wurde die Novene zu Jordan Mai sprachlich neu bearbeitet und auch inhaltlich "modernisiert".

98 Voraussetzung für das Gebet der Novene sind der Glaube an
deren Wirksamkeit und kindliches Vertrauen. (Meyer, Novene
für Schwester Euthymia, S. 4)

99 Diese Gebetshefte haben als Inhalt häufiger auch Gebete, die
persönlich von den verehrten Personen benutzt worden sind.
Ähnliche Gebete oder Sprüche sind auch auf kleinen Gebetszetteln (z.B. "Denksprüche von Mutter Pauline") oder auf sogenannten "Spruch-Postkarten" erhältlich.

100 Dem Verfasser lagen an Gebetszetteln vor:
Theresia Bonzel: o.J. (um 1965)
Anna Katharina Emmerick: 2 Zettel o.J. (um 1975). Ein älte-
rer Gebetszettel aus den zwanziger Jahren ist in der Litera-
tur nachweisbar.
Clemens August Graf von Galen: (1948), 1972, 1978
Pauline von Mallinckrodt: (1899), 1926, 1931, 1949, um 1970
Jordan Mai: 1926, 1930, 1932, 2 Zettel um 1970
Kaspar Schwarze: (1912), 1933
Euthymia Ueffing: 1957, 1972
Die eingeklammerten Jahreszahlen weisen auf Gebetszettel,
die noch keine eindeutige Kultförderung beabsichtigen.

101 Z.B. für Jordan Mai, vergl. Bruder Jordans Weg, I, 1962, S. 5,
für Euthymia Ueffing, vergl. Padberg, a.a.O., ungezählte Seiten, Nr. 8 vor der Einleitung.
Eine Zwischenstellung (siehe Fußnote 100) nehmen die Zettel
von Graf von Galen (1948), Pauline von Mallinckrodt (1899)
und Kaspar Schwarze (1912) ein. Sie sind zwar keine Totenzettel mehr, aber auch noch keine Gebetszettel zur Förderung
der Verehrung und des Prozesses, sondern eher "Erinnerungs-
zettel".

102 Bruder Jordans Weg I, 1958, S. 13

103 Literaturliste unter Anhang I

104 Eilers, a.a.O., S. 222

105 Padberg, a.a.O., S. 2

106 Auch bei den anderen in Deutschland verehrten Ordensleuten
finden sich ähnliche Hefte; so bei Schwester Blandine Merten in Trier oder bei Schwester Ulrika Nisch in Hegne. Auffällig ist die Bandbreite in der Qualität und Quantität dieser Hefte, die vom einfachen Faltblatt (Blandine, Ulrika,
Euthymia, Anna Katharina Emmerick) bis zur Zeitschrift (Jordan, Pauline von Mallinckrodt, Theresia Bonzel) geht.

107 Wie Namen, Aufbau und Inhalt zeigen, scheinen auch bei der
Herausgabe dieser Hefte (besonders "Bruder Jordans Weg" und
"Mutter Theresias Ruf") die einzelnen Vizepostulaturen zu-
sammenzuarbeiten.

108 Jordan Mai: je 3.000 Exemplare

109 So enthielten die Rundbriefe an die Verehrer von Pauline von
Mallinckrodt (1950-1962) lediglich einige Mitteilungen und
wenige Gebetserhörungen (seit 1951 abgedruckt; bis zu dieser Zeit waren etwa 50 Erhörungen im Mutterhaus in Paderborn eingegangen).

110 Jordan Mai: Übergang 1954
Pauline von Mallinckrodt: Übergang 1962

111 Bruder Jordans Weg, I, 1963, S. 2
In dieser Frage ist indirekt die Tatsache ausgedrückt, daß
zu einem Seligsprechungsprozeß auch eine Informationsschrif-
tenreihe gehört.

112 Bruder Jordans Weg, I, 1963, S. 2
Diese Darstellung ist durchaus glaubwürdig, da zu dieser
Zeit (1954) bereits 4655 Gebetserhörungen im Dortmunder Fran-
ziskanerkloster eingegangen waren.

113 Paulinenbrief: zweimal jährlich
Euthymias "Helferin in vielen Nöten": 1961-1971, monatlich
mit je 35.000 Exemplaren

114 Beginn der Herausgabe, nachdem etwa 3.000 Erhörungen mitgeteilt waren.

115 Das wird besonders deutlich in den in "Mutter Theresias Ruf"
abgedruckten Devotantenlisten, die von Ausgabe zu Ausgabe
zunehmen.
Die "Emmerickblätter" verzichten bislang noch auf die Veröffentlichung von Gebetserhörungen.

116 Assion, a.a.O., S. 45 f.:
"In den Erhörungs- und Mirakelzeitschriften, die periodisch
von aus dem Jenseits gewährten Hilfen berichten, d.h. Mira-
kel zum Ausdruck bringen, werden solche Berichte nicht nur
gesammelt und publiziert. Den Heftchen kommt noch eine zweite Funktion zu: diese Berichte zugleich zu erzeugen. Das geschieht in direkter und indirekter Weise."

Assion, a.a.O., S. 60:
Den Devotanten liegt daran, "durch die Veröffentlichung das
Erlebte bestätigt zu erhalten und aus der subjektiven in die
objektive Späre zu heben."

(Bei der zuletzt genannten Deutung wird allerdings das Motiv
des Dankes zu wenig berücksichtigt.)

117 "Mutter Theresias Ruf", I, 1963, S. 23
Wichtiger Hinweis:
"Was ich nicht weiß, macht mich nicht heiß", sagt das Sprich-
wort.
Wenn von einem Menschen, dessen Leben für das Reich Gottes
auf Erden Großes bedeutet, nur wenig bekannt ist, können
sich die Gläubigen kaum dafür interessieren, ... können
nicht vertrauensvoll zu ihm aufschauen und sich bittend an
ihn wenden. Auch für Mutter Theresia Bonzel gilt, daß sie
auch nach dem Tod vielen verborgen und unbekannt blieb.

Diese Blätter versuchen daher, ihr Leben weiteren Kreisen
bekannt zu machen."

...

"Allen, die glauben, von Mutter Theresia Hilfe in ihren Anliegen erfahren zu haben, ist hier Gelegenheit geboten,
ihren Dank durch die Veröffentlichung ihrer Gebetserhörung
abzustatten."

"Bruder Jordans Weg", I, 1957, S. 3
"Diese Zeitschrift hat neben anderen auch die Aufgabe, den
Diener Gottes möglichst vielen bekanntzumachen und den Ruf
seiner Heiligkeit und Wunder zu verbreiten."

Lorenz Kardinal Jaeger, Erzbischof von Paderborn, in:
"Mutter Theresias Ruf", I, 1963, S. 4:
"Möchten diese Blätter Leben und Persönlichkeit der Mutter
Theresia weitesten Kreisen bekanntmachen."

118 Allerdings ist bei der Abhängigkeit von Schriftenreihe-
und Gebetserhörungs-Anzahl keine eindeutige Reihenfolge
feststellbar:
Wird durch eine Schriftenreihe nur geworben, so daß mehr
neue Gebetserhörungen mitgeteilt werden, oder werden deshalb mehr Erhörungen mitgeteilt, weil jetzt die Veröffent-
lichungsmöglichkeit besteht?

119 Auch das Kirchliche Argument von der Notwendigkeit der Werbung für einen Kult ist so leicht nicht von der Hand zu weisen:
Wie sollte sonst das Existieren eines heiligmäßigen Menschen
und dessen Kult bekannt gemacht werden, wenn nicht durch die
menschlichen Mittel und Wege der Werbung, also auch der
Schriftenwerbung?

120 Aufgrund der gleichen Anliegen und der "Personalunion" der
Verfasser und Bearbeiter zeigen der "Paulinenbrief", "Bruder
Jordans Weg" und "Mutter Theresias Ruf" einen ziemlich glei-
chen inhaltlichen Aufbau und eine überwiegend gleiche äußere
Aufmachung der Hefte.

Euthymias "Helferin in vielen Nöten" und die "Emmerickblätter" sind einfacher in der Gestaltung (Faltblätter) und im
Inhalt (kürzere Mitteilungen und Aufsätze in den "Emmerick-
blättern" bzw. fast ausschließlich Erhörungen in "Helferin
in vielen Nöten").
Insgesamt können die drei oben genannten Reihen ("Paulinenbrief", "Bruder Jordans Weg" und "Mutter Theresias Ruf")
wohl als die anspruchsvolleren in Deutschland charakterisiert werden.

121 Seit dem Tod des früheren Redakteurs von "Bruder Jordans
Weg" P. Waltram Schürmann ofm hat sich gerade in diesem
Punkt - wie allerdings auch in anderen inhaltlichen Punkten
sowie der äußeren Gestaltung (anderes Bild der Titelseite) -
Bruder Jordans Weg deutlich verändert. Neuerdings werden
auch Aufsätze veröffentlicht, die zu aktuellen kirchlichen
Themen kritisch Stellung nehmen, wie z.B. zum Fall "Klin-
genberg" (Exorzismus): "Was lehrt die Kirche vom Bösen?"
(Bruder Jordans Weg, 1, 1979, S. 17-19) oder über ungerech-
te soziale Verhältnisse in Brasilien: "Erfolgreicher Einsatz für Landarbeiter" (Bruder Jordans Weg, 3, 1980, S.9).

Ein Zeichen, wie abhängig Inhalt und Gestaltung einer Schrift
von der jeweiligen Einstellung des Redakteurs ist.

122 Anhang I

123 Anhang I

124 Anhang I

125 Diese Tatsache zeigt, daß man bei allen Kulten mit teilweise denselben Devotanten zu rechnen hat.

126 so z.B. "Bruder Jordans Weg", I, 1966, S. 3

127 besonders bei Euthymia Ueffing

128 So findet man zahlreiche Bruder Jordan Literatur in Münster
in der Klosterkirche der Franziskaner am Hörsterplatz.

129 Telgte: Graf von Galen
Werl: Jordan Mai
Kevelaer: Euthymia Ueffing

130 Hier erhält man ebenfalls einen Gebetszettel über Graf von
Galen.

131 "Das Heft geht von Hand zu Hand, auch in andere Familien."
"Bruder Jordans Weg", III, 1956, S. 75

132 "Zum Dank für erhörte Anliegen möchte ich zehn neuntägige
Andachten zu Bruder Jordan unter meine Bekannten verteilen."
"Bruder Jordans Weg", III, 1956, S. 75

133 Ausnahme: "Emmerickblätter", Kosten 0,50 DM

134 z.B. Graf von Galens Gebetszettel

135 0,05 bis 0,10 DM

136 Teuerstes Erbauungsheft ist Eilers "Bruder Jordan Mai",
4,-- DM

137 Korff stellt diese Vergleiche an. a.a.O., S. 50 f.

138 Die Auswirkungen dieser Schriften auf die Anzahl der Devotanten soll noch genauer untersucht werden.

139 vergl. hierzu: "Katholischer Katechismus der Bistümer Deutschlands", Paderborn 1966, S. 108: "Die Gläubigen auf Erden,
die Heiligen im Himmel und die Armen Seelen im Fegefeuer bilden zusammen eine große heilige Gemeinschaft; sie alle sind
durch den Heiligen Geist geheiligt und durch ihn verbunden.
Darum heißt ihre Gemeinschaft die Gemeinschaft der Heiligen."

140 Schauerte, a.a.O., S. 59

141 Karl Rahner, "Vom Geheimnis der Heiligkeit, der Heiligen und
ihrer Verehrung", in: Die Heiligen in ihrer Zeit, hrsg. von
Peter Manns, Mainz 1966, S. 25

142 "Des hochheiligen, ökumenischen und allgemeinen Concils von
    Trient Canones und Beschlüsse, nebst den darauf bezüglichen
    päpstlichen Bullen und Verordnungen und einem vollständigen
    Inhaltsverzeichnis", übersetzt von Wilhelm Smets, Bielefeld
    [5]1858
    Henricus Denzinger, Adolfus Schönmetzer S.I., ENCHIRIDION
    SYMBOLORUM DEFINITIONUM ET DECLARATIONUM DE REBUS FIDEI ET
    MORUM, Barcinone, Friburgi Brisgoviae, Romae [36]1976, S. 419
    f.
    Neuner-Roos, "Der Glaube der Kirche in den Urkunden der Lehr-
    verkündigung", neubearb. von Karl Rahner und Karl-Heinz Weg-
    ner, Regensburg 1979, S. 325 ff

143 "Des hochheiligen, ökumenischen und allgemeinen Concils von
    Trient Canones und Beschlüsse, ...", a.a.O., S. 167

144 Karl Rahner und Herbert Vorgrimmler, "Kleines Konzilskompen-
    dium", Alle Konstitutionen, Dekrete und Erklärungen des Zwei-
    ten Vatikanischen Konzils in der bischöflich beauftragten
    Übersetzung, Freiburg, 1966, S. 183

145 F. Pfister, "Heilige", in: Handwörterbuch des Deutschen Aber-
    glaubens", hrsg. von Hanns Bächtold-Stäubli, Band III, Ber-
    lin und Leipzig 1930/31, Sp. 1671

146 "Wenn Gott einen seiner Diener verherrlichen will, ist er
    auch bereit, dieses durch Wunder sichtbar zu machen. ... Wun-
    der müssen provoziert werden. ... Nicht nur die Wunder, auch
    die Gebetserhörungen müssen 'provoziert' werden."
    Alois Eilers, in: Vita Seraphica, 1961, S. 160

147 Richard Beitl, "Wörterbuch der deutschen Volkskunde", Stutt-
    gart 1974, S. 238

148 Beitl, a.a.O., S. 238
    Für diese einfache Form des Betens sind Formulierungen wie
    "wenn du mir hilfst, dann werde ich ..." weit verbreitet und
    typisch.

149 Schauerte, a.a.O., S. 108

150 In dieser Form bis heute gebräuchlich beim Nachgebet einer
Familie in Bruchhausen an den Steinen.
Mitgeteilt durch Fragebogen Nr. 10 bei einer Umfrage durch
den Verfasser, 1978.

151 Abendgebet zweier Mädchen, in: Bruder Jordans Weg, III, 1956,
S. 76

152 Bruder Jordans Weg, III, 1956, S. 88

153 Mündliche Mitteilung der Clemensschwestern, Münster und der
Schwestern der christlichen Liebe, Paderborn.
Ermert, a.a.O., S. 227: "Wir wundern uns nicht, daß gerade
diese (= Ordensleute) die besten Pioniere für den Kult des
Bruders sind."
An gleicher Stelle berichtet die Oberin eines Krankenhauses,
daß durch das Gebet der Schwestern zu Bruder Jordan in ihrem
Krankenhaus kein Patient mehr ohne den Empfang der Sterbesa-
kramente sterbe.
Auch unter den Ordensschwestern ist diese mündliche Werbung
üblich: "Die eine Schwester erzählt der anderen von unserem
Freund und Fürsprecher.", in: Bruder Jordans Weg, I, 1961,
S. 31

154 "Wenn Leute zu mir ins Geschäft kommen, und mir ihr Leid kla-
gen, dann sage ich nur: Beten Sie jeden Tag ein Vaterunser
und 'Gegrüßet seist Du, Maria' zum Bruder Jordan Mai, er
hilft Ihnen bestimmt.", in: Bruder Jordans Weg, II, 1962,
S. 43

155 Jordan Mai: "Denken Sie daran, daß an jedem Dienstag in unserer Kirche ein Hochamt in der Meinung und in den Anliegen
aller Verehrer Bruder Jordans gefeiert wird.", in: Bruder
Jordans Weg, I, 1959, S. 3

Theresia Bonzel: "In jedem Monat, im allgemeinen am Donnerstag vor dem Herz-Jesu-Freitag, wird in der Kapelle des Mutterhauses in Olpe eine heilige Messe um den guten Fortgang

des Seligsprechungsprozesses und in den Anliegen aller gefeiert, die Mutter Theresia besonders verehren.", in: Mutter Theresias Ruf, 1, 1963, S. 24

Eine Messe um Heilung des kranken Paderborner Weihbischofs Baumann wurde im Mai 1952 durch P. Januarius Grewe ofm gelesen. in: Bruder Jordans Weg, I, 1954, S. 24

Häufiger ist es auch üblich, als Votivgabe eine Messe für die Seligsprechung des betreffenden Dieners Gottes lesen zu lassen.
"... und (ich) lasse seit mehr als einem Jahr jeden Monat ... eine heilige Messe zu Ehren der demütigen Jungfrau Maria und zur Seligsprechung von Bruder Jordan darbringen."
Bruder Jordans Weg, III, 1957, S. 77

156 Propsteiarchiv Werl, Akte "Betkaspar"

157 Jordan Mai Archiv, Dortmund, z.B. Brief vom 28.10.1966 und viele mehr.

158 Bruder Jordans Weg, I, 1959, S. 3

159 Bei Bruder Jordan Mai bisher etwa 100.000 Bittbriefe (Archiv) bei Euthymia Ueffing monatlich etwa 100 Briefe (Padberg, a. a.O., S. 184 f.)

160 Bruder Jordan Mai, Seligsprechungsunterlagen, a.a.O., Nr. 187:
"Fast täglich laufen im Kloster zu Dortmund Briefe ein, in denen man um die Fürbitte von Bruder Jordan in Krankheitsfällen und Trübsalen jeder Art fleht oder für erlangte Hilfe dankt."

Bruder Jordans Weg, I, 1955, S. 2:
"... die den Patres ... ihre Gebetsanliegen an Bruder Jordan vertrauensvoll mitteilen. Die Zahl der Bittschreiben entspricht ungefähr jener der Dankschreiben."

161 Schauerte geht ausführlich auf diese Briefdevotion ein in seinem Aufsatz
"Grabbriefe an Mutter Pauline von Mallinckrodt", in: Theologie und Glaube, hrsg. von den Professoren der Theologischen Fakultät Paderborn, 52. Jg., 1962, Heft 3, S. 192-199
Neben dieser Arbeit existiert die umfassende Darstellung über Briefdevotion von Walter Heim: "Briefe zum Himmel", Basel 1961, in der auch Pauline von Mallinckrodts Briefdevotion behandelt wird. Im Archiv der Schwestern der christlichen Liebe in Paderborn befindet sich eine ausführliche Frageliste Heims, die er zur Erfassung der Briefdevotion bei Pauline von Mallinckrodt durch die Paderborner Schwestern ausfüllen ließ.

162 Schauerte, Theologie und Glaube, S. 199

163 Ein ähnlicher Brauch ist auch vom Grab Jordan Mais bekannt: Pater Paulinus ofm, Japanmissionar, hat seine Schüler Bruder Jordan besonders anvertraut und legte ein Foto von ihnen an seinem Grab nieder.
vergl. Bruder Jordans Weg, II, 1955, S. 55

164 Schauerte, Theologie und Glauben, S. 199

165 "Das Wunder wird heute in steigendem Maße nicht mehr im Sensationellen, sondern in der gleichen Alltäglichkeit gesehen."
in: Bruder Jordans Weg, II, 1962, S. 53
"Bei diesen Gebetserhörungen läßt sich naturgemäß kein besonderes Eingreifen Gottes beweisen. Sie sind aber Zeugnisse dafür, daß das christliche Volk zu einem Diener Gottes privat schon wie zu einem Heiligen betet, und daß eben durch diese Gebetserhörungen gleichsam der Boden für ein Wunder bereitet wird."
Alois Eilers, in: Vita Seraphica, 1961, S. 160

166 Assion, a.a.O., S. 59

167 ebda.

168 Schauerte, a.a.O., S. 51

169 "Nach einem Lichtbildervortrag über den gottseligen Bruder
Jordan Mai ..." folgte z.B. das Gebet von Devotanten, die
dies nach Dortmund mitteilten.
Bruder Jordans Weg, I, 1957, S. 26

170 "Es war 1952, als wir, meine Mutter und ich, auf dem Weg zur
Kirche aus dem Gespräch zweier vor uns hergehender Frauen
hörten, daß in Dortmund wieder ein Pilgertag am Grabe Bruder Jordans stattfinde. Drei Tage zuvor hatte meine Mutter
geträumt: Wenn sie mit mir an das Grab eines Ordensbruders
ginge, würde ich für immer von meinen langwierigen Leiden
geheilt. Nur wußten wir natürlich nicht, zu welchem Grab uns
dieser Traum führen sollte."
Bruder Jordans Weg, III, 1952, S. 83

171 Diese Verhaltensweisen sind bei allen Kulten identisch.
Vergl. zur Ulrika-Nisch-Verehrung, Assion, a.a.O., S. 54

172 Bruder Jordans Weg, I, 1957, S. 28

173 Bruder Jordans Weg, I, 1957, S. 29

174 Seligsprechungsunterlagen für Jordan Mai, a.a.O., Nr. 190

175 "Vor allem ihre Schwestern hielten ihr Andenken wach. Manche von ihnen haben später bekannt, daß sie zu ihr gebetet
haben, weil sie der Überzeugung waren, daß ihre Mutter im
Himmel sei."
Lothar Hardick, "Er führt, ich gehe.", Werl 1965, S. 431

176 In der Zeit von 1939 bis 1956 gingen bei den Franziskanern
in Dortmund über 6.000 Gebetserhörungen aus den USA ein,
nachdem dort vorher ein Gebetszettel über Jordan Mai herausgegeben worden war.
Bruder Jordans Weg, IV, 1956, S. 112

Daß die Veröffentlichung von Erhörungen als ein Ziel den
Ansporn der Devotanten zum eigenen Gebet hat, wird auch von
den Vizepostulatoren nicht verschwiegen: "Wir können uns gut

denken, daß sie (die Erhörungen) mit großem Interesse gelesen werden und zu weiterem vertrauensvollen Bitten an-
spornen."
Paulinenbrief, 18, 1959

177 Zusammengestellt aus der Zeitschrift "Mutter Theresias Ruf";
es handelt sich also nicht um absolute Zahlen, da im Archiv
einige Erhörungen mehr gesammelt sein könnten.

178 Für die Zeit von 1951-1978 sind keine Aussagen zu machen,
da die in diesem Zeitraum eingegangenen Erhörungen vom da-
maligen Werler Propst Dr. Hamm nicht archiviert wurden. Ansonsten befinden sich die Belege im Propsteiarchiv Werl.

179 Archiv der Schwestern der christlichen Liebe, Paderborn.

180 Zahlen unsicher, da die Belege nicht aufbewahrt wurden; ver-
mutlich etwa zwei bis drei Mitteilungen.

181 Ermert, a.a.O., S. 224 f.

182 Eine Ausnahme bilden Erhörungen, die mit dem Beruf in Zusammenhang stehen, so z.B. bei einem Universitätsprofessor, der
Euthymia Ueffing um die Berufung an eine bestimmte Universität bat und seine Erhörung mitteilte.

183 Mündliche Mitteilung von Pater Sturmius ofm, Dortmund.

184 Unterlagen des Verfassers, Frageliste Nr. 49 und 83

185 vergl. Seligsprechungsunterlagen für Jordan Mai, a.a.O.,
Nr. 191

186 Der Patron ist ein Schutzheiliger, dem vom Volk oder von der
Kirche eine bestimmte Pflicht und Aufgabe zugeteilt wurde.
Man unterscheidet zwischen Kirchen-, Namens-, Standes- und
Berufspatronen sowie Patrone gegen bestimmte Krankheiten und
Leiden oder in bestimmten Nöten. Diese Einstellung vom Patro-
nat der Heiligen resultiert aus der Auffassung, bestimmte
Heilige seien besonders verantwortlich und zuständig für ge-
wisse Anliegen, die dann meist irgendwie mit dem Leben oder

Sterben der Heiligen in Verbindung stehen (entweder Bezug
nehmen auf den Beruf, auf die Art und Weise des Martyriums
oder anderes).

187 Dieselben Zuständigkeiten zeigt Assion auch bei Ulrika Nisch
auf. a.a.O., S. 54 f.

188 "Zuweilen bevorzugt das Volk neue Heilige oder solche, die
nicht allgemein verehrt werden, in dem naiven Glauben, bei
diesen nicht so viel angerufenen Heiligen eher Gehör zu finden.", Schauerte, a.a.O., S. 108

189 vergl. Ermert, a.a.O., S. 227:
Bischofswort von Bischof Michael von Münster zum Patronat
Bruder Jordans, in: "Bruder Jordans Weg", II, 1954, S. 34 f.
"Bruder Jordan ist der berufene Patron des Industriearbei-
ters", so Bischof Kaspar Klein von Paderborn, vergl. in:
"Bruder Jordans Weg", I, 1964, S. 12

190 "Bruder Jordans Weg", I, 1956, S. 14
In den USA nennt man ihn angeblich "Apostel der sterbenden
Sünder".

191 Eilers, a.a.O., S. 83, 90, 94, 98, 102, 105, 106, 123, 159
und 180

192 Formulierungen aus Gebetserhörungen, alle Propsteiarchiv
Werl:

18.1.1935: "ein unerwartetes Geldgeschenk linderte vorläufig
unsere Notlage"

7.12.1934: "In einer dringenden Geldangelegenheit habe ich
zu dem Betkaspar gebetet, - er wolle mir durch seine Fürbitte helfen und ich wurde erhört. In der größten Not kam von
unerwarteter Seite Geld."

16.10.1933: "War in großer Not ... Machte eine Novene mit
Vertrauen und erhielt einen Geldbetrag unerwartet, was ich
der Fürbitte des gottseligen Betkaspar zuschreibe."

Sept. 1933: "daß ich gleich mit meiner Tochter die bei mir
wohnt eine Novene begann da ich in großer Geldverlegenheit
war. Am 7. Tag kam schon ein kleiner Geldbetrag, den man mir
schuldig war, ..."

10.3.1978: "Innerhalb eines Gespräches löste sich mein Problem. Es handelte sich um eine hohe Geldsumme, hoch fünf-
stellig. Blitzartig dachte ich, daß hat Betkaspar gemacht."

[193] Mitteilung von Domkapitular Hellberndt, Münster.

[194] Archiv der Clemensschwestern, Münster.

[195] Schauerte, Theologie und Glaube, S. 198

[196] Assion, a.a.O., S. 60

[197] Die Bitte um die Mitteilung von Erhörungen finden wir in
allen Gebets- und Erbauungsheftchen.

z.B. Bierbaum, Novene, S. 8: "Komm nicht mit leeren Händen!
... Versprich auch die Veröffentlichung in der Zeitschrift
'Bruder Jordans Weg'."

z.B. Maschke, Novene, S. 48: "Im Hinblick auf die Seligsprechung ist jeder Bericht als Zeugnis der Verehrung wert-
voll."

[198] "Bruder Jordans Weg", I, 1954, S. 6:
"Viele der eingesandten Gebetserhörungen trugen den Vermerk
'Veröffentlichung wurde gelobt!'.
Wo aber sollten wir die Dankesworte veröffentlichen? Die
'Franziskusstimmen', die sie vor dem Kriege brachten, sind
nicht wieder erschienen. ... So wird nun 'Bruder Jordans
Weg' in jedem Hefte fortlaufend neueingesandte Gebetserhö-
rungen veröffentlichen, soweit nicht Diskretion gefordert
wird oder angebracht scheint."

"Bruder Jordans Weg", I, 1957, S. 27:
"Um mein Versprechen einzulösen, das ich Bruder Jordan gegeben habe, teile ich folgendes mit."

199 Assion, a.a.O., S. 53

200 "Bruder Jordans Weg", I, 1955, S. 2

201 Schauerte, a.a.O., S. 72 f.

202 A.M. Schneider, Votive, in: Handwörterbuch des deutschen
Aberglaubens, Band VIII, Berlin und Leipzig 1936/37, Sp.
1762

203 Zahl für 1979, mitgeteilt von P. Sturmius ofm

204 vgl. S. 81 ff.

205 "Bruder Jordans Weg", III, 1958, S. 82
(Ähnliche Briefe über Streit in der Ehe u.ä. finden sich
auch immer wieder in den oben genannten Zeitschriftenrubri-
ken).

206 "Bruder Jordans Weg", I, 1959, S. 15

207 Inschrift der Grabplatte (übernommen aus der älteren Grab-
kapelle):
" + Hier ruht die Ehrw. Mutter Maria Theresia
geb. Aline Bonzel aus Olpe
Stifterin u. Generaloberin der Genossenschaft
der armen Franziskanerinnen
von der ewigen Anbetung zu Olpe
geb. 17.9.1830
gest. 6.2.1905
R. I. P."

208 Inschrift des alten Grabsteines:
ANNA CATH. EMERICK
ORD: S: AUG: GEB. 8. SEP
1774 in FLAMSCHEN BEI
COESFELD + IN DÜLMEN
9. FEB. 1824
R. I. P.

209 Inschrift des neuen Grabsteines wie oben, mit dem Zusatz:
UMGEBETTET 7. FEB. 1975

210 Die bronzene Grabplatte trägt Galens Bischofswappen, seinen
Wahlspruch sowie die Daten seines Lebens und Pontifikates.

211 Diese Feier wurde zum Hauptfest der bisherigen Jordan-Mai-
Verehrung überhaupt, an dem mehrere Bischöfe und Äbte sowie
etwa 100.000 Gläubige teilnahmen.

212 Das viereckige steinerne Grab wird heute von einer Bronzeplastik bedeckt, die Bruder Jordan Mai liegend darstellt.
Sie wurde von W. Hanebal entworfen.

213 Inschrift der Grabplatte:
Hier ruht unsere liebe Mutter Stifterin
Pauline von Mallinckrodt
geboren zu Minden am 3. Juni 1817
gestorben zu Paderborn am 30. April 1881.
R. I. P.
(Kreuz)
Dies ist mein Gebot,
daß ihr euch einander liebet,
wie Ich euch geliebt habe.
                              Joh. 19,12.
Heiliger Vater,
erhalte sie in Deinem Namen,
den Du Mir gegeben hast,
damit sie Eins seien,
wie Wir es sind,
                    Joh. 17,11.

214 Bei dieser Umbettung soll, wie selbst Kardinal Jaeger aus-
sagte, die Konraduskapelle ein "angenehmer Duft erfüllt haben", keineswegs unangenehmer Geruch; ein Motiv, das zur
Öffnung von Heiligengräbern unbedingt "dazugehört", beginn-
nend schon beim Grab Marias (Duft von Blumen und Kräutern).

215 Inschrift des Heiligenhäuschens, das seit 1933 auf dem Grab
steht:
am Tabernakel: ECCE PANIS ANGELORUM FACTUS CIBUS VIATORUM.
Vorderseite des Steines: Hier ruht in Gott Kaspar Schwarze,
genannt der Betkaspar.
    13. Juni 1830 in Soest
+ 13. Mai 1911 in Werl
Unvergänglich ist das Andenken des Gerechten.
Rechte Seite, unten:
Errichtet im heiligen Jahr 1933 im 1900jährigen Jubiläum
des heiligsten Sakramentes!
Rückseite:
An Betkaspar.
Auf Deines Lebens Pilgerpfaden hat Jesus auch Dich **eingeladen.**
Da ward Dein Herz beglückt und still.
Hilf, daß der Herr uns oft begegnet. Im Sakrament uns stärkt
und segnet. Zumal, wenn's Abend werden will.

216 Die Umbettung von Euthymia Ueffing im Zuge des Prozesses
(Elevatio) ist geplant entweder in eine Kapelle im Bereich
des Mutterhauses oder in die Servatii-Kirche in Münster.

217 In der Jordan-Literatur (z.B. Ermert) Beschreibung des We-
ges zum Grabe Bruder Jordans.

Werl, Parkfriedhof: Hinweisschild und Karte für die Besucher
des Friedhofes, u.a. ist das Grab "Betkaspars" verzeichnet.

Münster, Dom: Im Eingang und am Grab Hinweisschilder auf
Clemens August Graf von Galen.

218 Nach der Umbettung von Jordan Mai wissen viele Dortmunder
Bürger beispielsweise nicht mehr, wo sich sein Grab befindet. Bei einer Umfrage äußerten sich 50 % der Befragten,
die überhaupt eine Antwort geben konnten, dahingehend, daß
es sich noch immer (1980!) auf dem Ostenfriedhof befände.

219 Für diese Grabbesuche nehmen einzelne Devotanten weite und
kostspielige Reisen in Kauf; so kam etwa ein Devotant aus
Amerika, um am Grab von Euthymia für seine Augenleiden zu

beten, eine Devotantin aus Frankreich. (Mitteilung von
Schwester Hildebalda, Münster.) Diese Liste könnte sicherlich beliebig fortgesetzt werden.

220 Allerheiligentag, 1. November,
bei Euthymia Ueffing:

"An einem Allerheiligentag war der Besucherstrom so groß,
daß der diensttuende Verkehrspolizist die Besucher bitten
mußte, sich rechtzeitig in die Reihe derer, die das Grab
der Dienerin Gottes besuchen wollten, einzureihen."
(Euthymia Ueffing, Seligsprechungsakte, Nr. 46)

Beobachtung am Grab Kaspar Schwarzes, 1.11.1980:
sechs große 24Stunden-Lichter, sehr viele Grabbesucher, die
anläßlich des Besuches der Gräber ihrer Angehörigen auch das
von Kaspar Schwarze besuchten: stündlich etwa 50 Devotanten,
insgesamt am ganzen Tag etwa 500 Devotanten.

221 Besucherbuch in Dülmen, Emmerickhaus / Petitionsbuch der
bischöflichen Kommission.

222 Ermert, a.a.O., S. 221:
"In letzter Zeit hat man ein Buch angelegt, in das alle,
die an der Klosterpforte sich als Pilger melden, ihren Namen einzeichnen. Es dürfte aber kaum der zehnte Teil derselben im Kloster Erkundigungen einziehen und infolgedessen
auch ihren Namen einzeichnen."

223 Seligsprechungsunterlagen von Bruder Jordan Mai, a.a.O.,
Nr. 186 und 188

224 In seinem Aufsatz "Die Welt bei Br. Jordan, Ein Blick ins
Gästebuch des Dortmunder Klosters" bringt Schürmann folgen-
de Herkunftsländer:
"Deutschland, Brasilien, China, Holland, Formosa, Italien,
Frankreich, Kolumbien, Irland, USA, Schweiz, Schweden,
Österreich, Kanada, Litauen, Libanon, Belgien, Bolivien,
Portugal, Südafrika, Spanien, Korea, Indien, Jugoslawien,
Hongkong, Britisch-Ostafrika, Paraguay, Syrien, Israel,

Japan, Marokko, Vietnam, Ungarn, Mexiko und Kongo" sowie
"amerikanische Rompilger", "Chinesische Theologiestudenten",
"chinesische Patres", "weitere ausländische Bischöfe, Provinziäle, Generalpostulatoren und Ordensleute".

vergl. "Bruder Jordans Weg", IV, 1961, S. 104 f.

225 Die älteren Besucherlisten befinden sich im Archiv der Paderborner Schwestern der christlichen Liebe.

vergl. Schauerte, Theologie und Glaube, S. 195

226 Zahlen für 1979, errechnet aus den Aussagen der zuständigen
kirchlichen Behörden, den Literatur- und Zeitungsangaben sowie aus eigenen Beobachtungen.
Insgesamt sind immer nur ungenaue Zahlenergebnisse möglich,
da ein genaues Zählen der Pilger noch nie stattgefunden hat.

227 Ermert, a.a.O., S. 220

228 "Das (alte) Grab ist von vielen Kerzen hell erleuchtet. Als
P. Pankratius Rathscheck 1925 zum ersten Vizepostulator für
den Seligsprechungsprozeß Bruder Jordans eingesetzt worden
war, bemühte er sich bald, diesen spontanen Brauch, Kerzen
am Grabe des Dieners Gottes zu entzünden, zu unterbinden."

vergl. "Bruder Jordans Weg", III, 1962, S. 77

229 "Mutter Theresias Ruf", 1, 1974, S. 23

230 1963 befand sich am Grab von Pauline von Mallinckrodt noch
wesentlich mehr Blumenschmuck: zehn Blumensträuße sowie zwei
Kränze.

vergl. "Paulinenbrief", 25, 1963, S. 30

231 Daß gerade dies zu politischen Streitigkeiten führen kann,
zeigt ein Vorgang, der aus der nationalsozialistischen Ver-
gangenheit überliefert ist:
Seit 1933 war das Grab von Kaspar Schwarze in der Obhut der
Werler Stadtgärtner. 1936 erkundigt sich der Beigeordnete
Lücke in der Werler Stadtratssitzung, ob es zutreffe, daß

das Grab von Betkaspar durch die Stadt gepflegt werde (Stadtarchiv Werl, Akten M IV 16, Protokollbuch der Ratssitzungen,
S. 85 / freundl. Mitteilung des Werler Stadtarchivars Herrn
Heinrich-Josef Deisting).
Diese Frage wird am 4.2.1937 vom Bürgermeister bejaht, so
daß beschlossen wird, dies in der Folgezeit nicht mehr zu
tun (ebda., S. 90). Erst nach 1945 wurde dann die Grabpflege von der Stadt wieder übernommen.

232 Für kirchliche Anwälte, Druck der erforderlichen Unterlagen,
Prozeßführungskosten, Übersetzungen der erforderlichen Un-
terlagen ins Lateinische, Büroarbeiten (z.B. Bruder-Jordan-
Werk), Publikationen (z.B. Schriftenreihen).

233 "Bruder Jordans Weg", II, 1966, S. 44

234 "Bruder Jordans Weg", I, 1977

235 Manche Devotanten bitten brieflich um die Zusendung von ge-
brauchten Blumen oder Blättern (vergl. z.B. Propsteiarchiv
Werl, Akte Betkaspar, Brief einer Devotantin aus Linz, die
um Blätter vom Grab bittet / 1933).

236 Mündliche Auskunft von Schwester Heribalda, Münster.
Das Auffüllen war auch beim Grab Bruder Jordans nötig, als
es noch auf dem Ostenfriedhof lag:
"... muß jede Woche der Grabhügel neu aufgefüllt werden."

"Bruder Jordans Weg", III, 1955, S. 83

237 Verwendung der Graberde
Bei einem kranken Kind:
"Ich nahm sodann etwas Erde vom Grabe und legte sie dem kranken Kinde auf mit den Worten: 'Ehrwürdiger Bruder Jordan,
wenn es Gottes Wille ist, so erflehe dem Kinde die Gesundheit wieder. Wenn du uns erhörst, werde ich, so verspreche
ich es, diese wunderbare Heilung bekannt geben, um deine Verehrung zu fördern."
vergl. Ermert, a.a.O., S. 235 f.

1925 bei einer Darmfistel:
"... und legte an demselben Tage Erde vom Grabe des Bruders
auf die Wunde, die sofort heilte, sodaß nach zwei Tagen der
Arzt die Wunde zunähen konnte."
vergl. Ermert, S. 238

"... durch Gebet und Auflegung der Erde vom Grabe des Bruders Jordan von Magenbeschwerden ... geheilt worden."
vergl. Ermert, S. 240

1927, K. W. aus Lippstadt, Verwendung von Graberde bei einer
Augenentzündung:
"Man nahm etwas Erde vom Grabe, tat sie in ein Stückchen
Leinen und legte es auf das kranke Auge, indem man mit Zu-
versicht betete. Am folgenden Tag konnte er dem Arzt sagen,
er fühle die bisherigen heftigen Schmerzen nicht mehr."
vergl. Seligsprechungsunterlagen von Jordan Mai, a.a.O.,
Nr. 192

1926, Herr W., Beinverletzung, nach der das Bein amputiert
werden sollte:
"Da wurde auf inniges Bitten der Mutter etwas Erde von Bru-
der Jordans Grab in ein Röhrchen getan, das man mit in den
Verband legte. Gleichzeitig hielt man eine Novene zu Bruder
Jordan."
vergl. Seligsprechungsunterlagen von Jordan Mai, a.a.O.,
Nr. 195

Ein heute im Franziskanerkloster Werl lebender Franziskaner-
laienbruder erzählte dem Verfasser, daß bei ihm selbst zur
Heilung von Geschwüren am Bein Graberde von Bruder Jordans
Grab verwendet worden sei. Seine Mutter habe diese Erde ge-
holt, sie in Stoff eingenäht und sie dann auf die kranken
Stellen aufgelegt.

Im Beisein des Verfassers wurde noch 1978 Erde vom Grab Kaspar Schwarzes gegen "kreisrunden Haarausfall" aufgelegt.

238 "... Tausende von Beutelchen mit Erde von der Grabstätte
Bruder Jordans, welche die Klarissen in Münster mit viel
Liebe und Geschick herstellen."
Alois Eilers, in: Vita Seraphica 1961, S. 159

239 "Bruder Jordans Weg", II, 1956, S. 42 und viele andere mehr.

240 Schauerte, Theologie und Glaube, S. 199

241 Schauerte, Heiligenverehrung, a.a.O., S. 93

242 Korff, a.a.O., S. 142

243 Bei Kaspar Schwarze existieren heute keine Gruppenpilgerfahr-
ten mehr. Sie sind überliefert für die Jahre nach der Umbettung 1933, in denen eigene Wallfahrten (Tertiarenkongreß
1933, 6.000 Pilger) an das Grab kamen und viele Pilgergruppen zur Werler Madonna ihre Fahrt mit einem Besuch an "Betkaspars" Grab verbanden.

244 In den letzten Jahren waren als Bischöfe anwesend:
1976: Erzbischof Johannes Joachim Degenhardt von Paderborn
und Bischof Paschalius Rettler ofm von Bacabal, Brasilien.

1979: Bischof Paul Nordhues, Paderborn und Bischof Franz
Hengsbach von Essen.

245 "Den Bitt-Tag am 17. Juli haben Sie doch für eine Fahrt nach
Dortmund vorgemerkt? Wir wollen nur daran erinnern!", in:
"Bruder Jordans Weg", III, 1969, S. 6

246 "Bruder Jordans Weg", I, 1978, S. 10

247 Aufruf in der Westfalenpost im Werler Lokalteil zur Teilnahme an der Fahrt zum Jordan-Tag (20. Februar) nach Dortmund,
Ausgabe vom Sanstag, 9. Februar 1980.

248 1953: Todestag 3.000 Pilger, Geburtstag 1.600 Pilger, 3. Ordenstag 2.000 Pilger ("Bruder Jordans Weg", I, 1954, S. 15)

1954: Todestag 4.000 Pilger ("Bruder Jordans Weg", II, 1954,
S. 48 f.)

1955: 3. Ordenstag 2.000 Pilger ("Bruder Jordans Weg", I,
1956, S. 15)

1956: 3. Ordenstag 2.000 Pilger ("Bruder Jordans Weg", I,
1957, S. 4)

249 Diese Gruppe hat offensichtlich nachgelassen, denn 1953 zählte man noch 53 Gruppen mit insgesamt 10.000 Pilgern.
vergl. "Bruder Jordans Weg", I, 1954, S. 15

250 "Bemerken möchte ich noch, daß ich eine Wallfahrt nach Dortmund gemacht habe."
vergl. "Bruder Jordans Weg", III, 1956, S. 75

"So konnte ich mit meiner Frau und Frau N. die Fußwallfahrt
an das Grab Bruder Jordans machen. Wir sind in zwei Etappen
gegangen: die erst von hier bis Werl in elf Stunden und die
zweite von Werl bis Dortmund in sieben Stunden. Um zwei Uhr
morgens sind wir in Werl weggegangen und waren um neun Uhr
dort, wo wir um zehn Uhr an dem feierlichen Hochamt teilneh-
men konnten."
vergl. "Bruder Jordans Weg", IV, 1961, S. 128

251 "Bruder Jordans Weg", IV, 1958, S. 104 f.

252 Rupert Berger, Kleines Liturgisches Wörterbuch, Freiburg
1969, S. 380 f.

253 Die erste Reliquienverehrung ist nachweisbar bei den Über-
resten des Märtyrerbischofs Polykarp von Smyrna (1956 gestorben).

254 K. Lakner, Reliquien, in: LThK, Band 8, Sp. 1217

255 Konzil von Trient, a.a.O., S. 167

256 2. Vat. Konzil, Liturgiekonstitution Artikel 111

257 Daß auch bei dieser Elevatio keinerlei Reliquien an die Devotanten kommen konnten, geht aus den strengen kirchlichen
Prozeßbestimmungen hervor. Alle, die an der Umbettung beteidigt waren, mußten z.B. bei Bruder Jordan Mai vorher einen
Eid ablegen, nichts von den Gebeinen zu entfernen. Sie be-
gnügten sich deshalb damit, nach der Umbettung den Leichen-
wagen abzufegen und die Holzsplitter vom alten Sarg als Andenken zu behalten (mündl. Mitteilung von Br. Bernold Gräbke
ofm, Werl).

258 Begonnen von Pater Thomas Wegener.

259 Prospekt 1971: "komplett erhalten, **Kleidungsstücke** und persönliche Gebrauchsgegenstände der Nonne in großer Zahl in dieser Ausstellung zusammengetragen"

260 In Südamerika wurden diese Räume in einem Kloster der Schwestern der christlichen Liebe nachgebaut, um auch hier einen Gedenkraum zu besitzen.

261 "Bruder Jordans Weg", IV, 1956, S. 116

262 "Bruder Jordans Weg", IV, 1962, S. 113

263 Eilers, Vita Seraphica, 1961, S. 159: Bisher verkauft 25.300 große Silbermedaillen, 9.000 kleine Silbermedaillen, 109.700 Alluminiummedaillen, 19.900 Taschenetuis, 2.900 Plaketten, also ingesamt 166.800 Stück.

264 "Mit der Medaille des guten Bruder Jordans in der Hand ... gestorben."
"Bruder Jordans Weg", I, 1958, S. 12

265 Joseph Braun, Tracht und Attribute der Heiligen in der deutschen Kunst, Stuttgart 1943

266 F. Röhrich, Ikonographie, in: LThK, Band 5, Freiburg 1960, Sp. 619

267 Neben diesen existieren eine Gedenkbriefmarke (1966), mehrere Medaillen und Plaketten, Gebetszettel und Kirchenfenster.

268 abgebildet in: Meinolf Vonderheide, Ein Blühen in Einfalt, a.a.O., Titelseite

269 Werbung in "Bruder Jordans Weg", II, 1969, S. 21

270 abgebildet in: "Bruder Jordans Weg", II, 1956, S. 56

271 "Der Dom", Sonntagsblatt für das Erzbistum Paderborn, 35. Jg., Nr. 46 vom 16.11.1980, S. 9

272 Ermert, a.a.O., S. 233

273 "Bruder Jordans Weg", I, 1956, S. 23

274 "Bruder Jordans Weg", II, 1957, S. 43

275 "Bruder Jordans Weg", III, 1964, S. 66

276 Foto im Jordan-Gedenkraum in Dortmund

277 "Bruder Jordans Weg", I, 1967, S. 4

278 "Bruder Jordans Weg", I, 1958, S. 17

279 "Bruder Jordans Weg", I, 1958, S. 19

280 Eilers, a.a.O., S. 96

281 Der Dom, 16.11.1980, S. 9

282 Untersucht am 15.2.1980

283 Sursum corda, Katholisches Gesang- und Gebetbuch für die
Diözese Paderborn, Paderborn ^{62}1893, Nr. 214, Strophe 7
(Lied: "Oh Christ, hie merk' ...").

284 "Ein Bild Bruder Jordans auf unserem Klavier stehen ..."
"Bruder Jordans Weg", I, 1957, S. 31

"Beim Herrgottswinkel wird sein Platz sein, sobald die Einrahmung fertig ist ..."
"Bruder Jordans Weg", I, 1957, S. 32

"Oft brannte eine Kerze vor seinem Bild auf der Fensterbank
in der Küche ..."
"Bruder Jordans Weg", IV, 1958, S. 114

"Bruder Jordans Bild habe ich über unseren Eßtisch gehängt ..."
"Bruder Jordans Weg", III, 1958, S. 79

285 "Wir haben das Bild des Bruder Jordan in unserer Familie aufgestellt und verehren ihn als unseren Beschützer."
Ermert, a.a.O., S. 241

"Wir haben Bruder Jordans Bild mit einem Spruch über der
Haustür angebracht, daß alles Feindliche draußen bleibt und
nur Freunde eintreten."
"Bruder Jordans Weg", III, 1958, S. 70

286 In einer dem Verfasser bekannten Arbeiterfamilie in Höxter
hängt das Bild Bruder Jordans neben dem Kreuz und neben den
Bildern von Joseph und Maria. Jordan gilt bei der Familien-
mutter längst als Heiliger, zu dem sie wallfahrtet und in
allen Anliegen betet und der ihr - wie sie betont - schon
oft geholfen hat.

287 Dieser Wechsel von Titelbildern ist bei "Bruder Jordans Weg"
in der ersten Zeit der Herausgabe öfter vorgekommen, seit
etwa 1967 wurde dann immer das Bild des "alten Bruder Jordans" abgedruckt, das schon bei Ermert in der 2. Auflage
1930 benutzt wird (nachdem auch hier vorher das nicht so
"erbauliche Photo" des jüngeren Bruder Jordan Mais gebraucht
worden war).

288 "Die Augen Bruder Jordans haben mich gefangen und lassen
micht nicht mehr los." ... "Das so tief ausdrucksvolle Gesicht hat mir einen großen Eindruck hervorgerufen. Dieser
Heilige Ordensmann atmet Güte und Einfalt."
"Bruder Jordans Weg", I, 1957, S. 32

289 "Bruder Jordans Weg", II, 1979, S. 3

290 "War so beglückt, wie ich das Heftchen ... kennenlernte mit
all seinen Gebetserhörungen und mit seinen lieben und helfenden Augen, noch das alte Bild, und war ganz bestürzt über
diese Steinfigur. Die mag ganz gut und schön sein auf einem
Sockel, aber das lebende und helfende Antlitz auf dem Heftchen fehlt mir sehr. War ein bißchen mutlos zum Schreiben,
..., aber ich kann nicht anders sagen: Mir fehlen die helfenden, gütigen Augen sehr."
"Bruder Jordans Weg", 3, 1980, S. 5

291 ebda.

292 "Bruder Jordans Weg", 4, 1980

293 "Bruder Jordans Weg", I, 1978, S. 17

294 "Bruder Jordans Weg", I, 1963, S. 13 f.

295 "Bruder Jordans Weg", IV, 1963, S. 98 f.

296 "Bruder Jordans Weg", I, 1964, S. 30 ff

297 "Bruder Jordans Weg", III, 1965, S. 96

298 "Bruder Jordans Weg", III, 1956, S. 81

299 "Bruder Jordans Weg", I, 1959, S. 15

300 Film "Schwester Maria Euthymia Ueffing" von Dr. Magdalena
Padberg, 1976 im 3. Programm des WDR / 1977 im NDR und WDR:
Morgenandachten über das Leben von Euthymia Ueffing.

301 zur kirchl. Werbung: Josef Bennemann, Kirche und Werbung,
Osnabrück 1966

302 1952 zählte man an Jordans Grab noch 36.000 Besucher, 1953
sogar 43.000.
"Bruder Jordans Weg", I, 1954, S. 15

303 Wie weit sich die im Ausland existierenden "Nebenkulte" in
Deutschland durch Spenden auswirken, bleibt allerdings fraglich. Wie oben gezeigt, existieren ja gerade in den Gebieten, in denen die jeweiligen Orden missionarisch tätig sind,
auch Kulte der Diener Gottes.

304 Allerdings gibt es Zusammenschlüsse auf regionaler Ebene,
etwa bei Jordan Mai in Hamburg, wo sich "wie wohl auch schon
an anderen Orten, ein Kreis um Bruder Jordan zusammengefun-
den hat."
"Bruder Jordans Weg", I, 1958, S. 19

305 Mitteilung vom Vizepostulator der Causa Bruder Jordan Mai,
Pater Sturmius ofm, Dortmund.

306 Emmerickkalender, 1924

307 Mitteilung vom Heilig-Kreuz-Pfarramt Dülmen

308 Im Ausland ist dem "Emmerickbund" vergleichbar die französische "Emmerich-Association", die ihre eigene Schriftenreihe "Présence de Catherine Emmerich" herausgibt.

309 Wirken um die Förderung der Seligsprechung:
"Vom Bund und seinem Wollen:
Verehrung von Pauline von Mallinckrodt, Verbreitung der
Kenntnis über Mutter Pauline von Mallinckrodt, Anrufung von
Pauline von Mallinckrodts Fürbitte, fromme Lebensführung,
Mitgliedsbeitrag für den Prozeß",
so: "Paulinenbrief" 13. Nummer.

Eine vergleichbare Organisation findet sich auch im Ausland,
in den USA. Der "Mother-Pauline-Club", ein Verband aus fast
90-100 % Schülern der Ordensschulen der Schwestern der christlichen Liebe, hat es sich neben der Förderung des Paulinen-
kultes zur Aufgabe gemacht, für Priester- und Ordensberufe
zu werben und "tätige Nächstenliebe" zu üben, etwa, indem
an bedürftige Familien Geschenkpakete verschickt werden. /
"Paulinenbrief", 32, 1966

310 Schauerte, Theologie und Glaube, S. 194

311 1955-1960 insgesamt 116 Briefe / 1961-1962: 111 Briefe /
1963: 88 Briefe / 1964: 103 Briefe / 1965: 117 Briefe / 1966:
92 Briefe / 1967: 90 Briefe / 1968: 77 Briefe / 1969: 120
Briefe / 1970: 74 Briefe / 1971: 82 Briefe / 1972: 66 Briefe /
1973: 80 Briefe / 1976: 110 Briefe / 1977: 130 Briefe / 1978:
117 Briefe / 1979: 107 Briefe.

Alle archiviert im Archiv der Schwestern der christlichen
Liebe in Paderborn.

312 "Bruder Jordans Weg", I, 1958, S. 12

313 Briefe des "Paulinenbundes" ausschließlich von Frauen geschrieben, in den veröffentlichten Totenlisten ebenfalls

mehr Frauen als Männer ("Mutter Theresias Ruf": 20 Frauen,
5 Männer // "Bruder Jordans Weg", 71 Frauen, 21 Männer).

Bei einer Umfrage des Verfassers antwortete bezeichnender-
weise ein Passant: "Am besten, Sie fragen eine Frau. Die
wissen da besser Bescheid als Männer. Sie wissen ja, Frauen
gehen mehr in die Kirche als Männer."

314 Mitteilung von Herrn Domkapitular Hellberndt, Münster.

315 "Bruder Jordans Weg", III, 1954, S. 81

316 ebda.

317 Petitionen um die Eröffnung des Apostolischen Prozesses für
Bruder Jordan Mai an den Papst nach Rom von den Bischöfen
Frings (Köln), Jaeger (Paderborn), Rintelen (Magdeburg) und
mehreren ausländischen Bischöfen,
den Politikern
Konrad Adenauer, dem nordrhein-westfälischen Ministerpräsi-
denten Arnold, mehreren Bundesministern, mehreren Bundes-
tagsabgeordneten,
von den Theologieprofessoren aus Paderborn, Warendorf, Oeventrop,
von mehreren Äbten und Provinziälen sowie von katholischen
Organisationen und Vereinen ("Bruder Jordans Weg", I, 1954,
S. 19 f.).

318 Hirtenbrief des Bischofs Heinrich Tenhumberg von Münster
über Schwester Euthymia vom 3. März 1974. Die Folge war eine
wesentlich stärkere Nachfrage nach Euthymialiteratur bei den
Clemensschwestern in Münster.

"Bischofsworte zum Emmerick-Jahr 1974" von Heinrich Tenhumberg, Münster, S. 7:
"Jetzt sollte von unserer Heimat her alles geschehen, damit
... Anna Katharina Emmerick noch mehr bekannt und anerkannt
werde."

Johannes Joachim Degenhardt, Erzbischof von Paderborn, in:
"Bruder Jordans Weg", 1, 1977, S. 9:
"... würde eine baldige Seligsprechung des Dieners Gottes
Bruder Jordan Mai einen großen Anstoß für das religiöse Leben wenigstens in den Diözesen Norddeutschlands hervorru-
fen."

319 "Gotteslob", Kath. Gebet- und Gesangbuch, Anhang für das
Bistum Münster, Münster 1975, Nr. 814, S. 907-910:
"Im Rufe der Heiligkeit", Kurzbiographien der Männer und
Frauen des Bistums Münster, für die ein Seligsprechungsprozeß läuft, u.a. Anna Katharina Emmerick, Euthymia Ueffing
und Clemens August Graf von Galen, Hinweise auf deren Grab
und Erinnerungsstätten.

320 In Münster für Euthymia Ueffing: Bischof Dr. Reinhard Lettmann / für Clemens August Graf von Galen und Anna Katharina
Emmerick: Domkapitular Hellberndt.

321 Bei Kaspar Schwarze, 1934.

322 Beispiele:
"Daß ich Bruder Jordan immer dankbar sein werde, ist selbstverständlich. Er wird auch immer mein Fürbitter zu Gott bleiben, obwohl ich Protestantin bin.", in: "Bruder Jordans Weg",
III, 1957, S. 77

"Die neuntägige Andacht zu ihm habe ich jetzt angefangen.
Wir sind nicht katholisch, doch halten wir sehr viel von
Bruder Jordan.", in: Bruder Jordans Weg", IV, 1963, S. 106

323 Mitteilung von Schwester Hildebalda, Münster: Ein islamischer
Student bat bei Euthymia um eine Wohnung in Münster und mel-
dete eine Erhörung.

324 Diesen Informationsmangel stellt auch Korff fest. a.a.O.,
S. 13, 100, 101, 111, 115

325 Fürbitter: Konzil von Trient, 25. Sitzung / Vorbilder:
2. Vat. Konzil, Liturgiekonstitution Artikel 104

326 Beispiele "Fürbitter":
"aber es ist doch wunderbar, wenn man einen Menschen hat,
den man anflehen kann", in: "Bruder Jordans Weg", III, 1958,
S. 79
"Bruder Jordan hat in einer Krankheit gut geholfen ...",
"Bruder Jordans Weg", I, 1957, S. 28
usw.
Beispiele Vorbilder:
"Dem lieben Gott sei Dank, daß er uns dieses Vorbild wahrer
Innerlichkeit und Demut geschenkt hat."
"Bruder Jordans Weg", II, 1959, S. 45

"Ich empfinde es als eine Gnade, in Bruder Jordan ein Vorbild gefunden zu haben. Der Leitgedanke seines Lebens, nur
dienen zu wollen, hat mir schon vieles leichter gemacht."
"Bruder Jordans Weg", I, 1966, S. 6

327 "Unsere Zeit braucht Leitbilder, braucht sie um so dringen-
der, je verworrener die Zeit wird". // Lorenz Kard. Jaeger,
Erzb. von Paderborn, in: "Mutter Theresias Ruf", 1, 1963,
S. 4

328 Walter Heim, "Umbruch in der katholischen Heiligenverehrung",
in: Schweizer Volkskunde, 59. Jg., Heft 1, Basel 1969, S.
49-53

329 Hans-Walter Hedinger, "Der Bismarck-Kult", in: Der Religionswandel unserer Zeit im Spiegel der Religionswissenschaft",
hrsg. von Gunther Stephenson, Darmstadt 1976, S. 201-215

330 Gottfried Korff, "Bemerkungen zum politischen Heiligenkult
im 19. und 20. Jahrhundert", in: Der Religionswandel unserer Zeit im Spiegel der Religionswissenschaft, a.a.O., S.
222 ff

331 Korff, a.a.O., S. 121 f.
"Spektakuläre und demonstrative Frömmigkeitsformen haben in
der Öffentlichkeit nichts zu suchen und gehören ins 'stille
Kämmerlein'." / ebda., S. 122

332 ebda. S. 122

333 Erzählt am 17.12.1979 von der Sekretärin des Vizepostulators Dr. Lettmann, Frau Sommer, Münster.
Dieser Witz wird wohl vorwiegend im Münsteraner Generalvikariat erzählt.

334 Mitgeteilt vom Pfarrer von Hörste, Kreis Soest, im Jahr 1979, (telephonisch).

335 Als Varianten des Namens sind nachweisbar "Biaemänncken", "Betkaspar", "ewiger Anbeter", "Anbetungsmännchen", "Anbeteken", "De Anbeter", "Bede-Vedder", "Betbruder" oder "eucharistischer Anbeter".

336 Fragebogen Nr. 95, Padberg, gedichtet von Lehrer Franz Stark, um 1925

337 aus: Athanasius Bierbaum, Bruder Jordan Mai, Franziskaner, Ein Leben in Gott, Werl 1949, S. 58 f.

338 "Bruder Jordans Weg", I, 1955, S. 31, signiert mit M.B.

339 "Bruder Jordans Weg", II, 1962, S. 64, signiert mit "Ein treuer Jordanverehrer aus Ostdeutschland"

340 "Bruder Jordans Weg", II, 1965, S. 57, signiert mit Kornelius Schröder

341 "Bruder Jordans Weg", III, 1965, S. 81, signiert mit Hans Lieber, dazu folgende Anmerkung: "Ein an Silikose (Steinstaublunge) erkrankter Bergmannsinvalide ließ dieses Gedicht als Dank für offensichtliche Hilfe in mancherlei Anliegen verfassen und der Vizepostulatur durch den Autor zusenden.

342 "Paulinenbrief", 25, 1963, S. 28

343 Seligsprechungsunterlagen, Jordan Mai, a.a.O., Nr. 180

344 Athanasius Bierbaum, Betkaspar, Werl 1927, S. 18

345 ebda.

346 ebda.

LITERATURVERZEICHNIS

Acta Apostolicae Sedis   (AAS), 61, Rom 1969

Assion, Peter   Ein Kult entsteht, Untersuchungen
                            zur Verehrung der Ulrika Nisch von
                            Hegne am Bodensee, in: Forschungen
                            und Berichte zur Volkskunde in Ba-
                            den-Württemberg 1971-1973, hrsg.
                            von Irmgard Hampp und Peter Assion,
                            Stuttgart 1973

Bennemann, Josef   Kirche und Werbung, Osnabrück 1966

Berger, Rupert   Kleines Liturgisches Wörterbuch,
                            Freiburg 1969

Braun, Joseph   Tracht und Attribute der Heiligen
                            in der deutschen Kunst, Stuttgart
                            1943

Denzinger, Henricus et   Enchiridion Symbolorum Definitionum
Schönmetzer, Adolfus   et Declarationum de Rebus fidei et
                            Morum, Barcinone, Friburgi Brisgo-
                            viae, Romae ^{36}1976

Der Dom   Sonntagsblatt für das Erzbistum
                            Paderborn, 34. Jg., Nr. 50, 16.12.
                            1979

Der Dom   35. Jg., Nr. 46, 16.11.1980

Smets, Wilhelm   Des hochheiligen, ökumenischen und
                            allgemeinen Concils von Trient Cano-
                            nes und Beschlüsse, nebst den darauf
                            bezüglichen päpstlichen Bullen und

Verordnungen und einem vollständigen Inhaltsverzeichnis, übersetzt
von Wilhelm Smets, Bielefeld 1858

Eichmann, Eduard

Lehrbuch des Kirchenrechts auf Grund
des Codex Juris Canonici, Paderborn
1923

Erich, Oswald A. und
Beitl, Richard

Wörterbuch der Deutschen Volkskunde, neu bearbeitet von Richard Beitl,
Stuttgart [2]1955

Geiger, Paul

Friedhofserde, in: HdA (= Handwörterbuch des deutschen Aberglaubens,
hrsg. von Hanns Bächtold-Stäubli),
Band III, Berlin und Leipzig 1930/
31, Sp. 95

Handwörterbuch

des Deutschen Aberglaubens (HdA),
herausgegeben unter besonderer Mit-
wirkung von E. Hoffmann-Krayer und
Mitarbeit zahlreicher Fachgenossen
von Hanns Bächtold-Stäubli, 9 Bde.,
Berlin und Leipzig 1927-1941

Hedinger, Hans-Walter

Der Bismarck-Kult, in: Der Religions-
wandel unserer Zeit im Spiegel der
Religionswissenschaft, hrsg. von
Gunther Stephenson, Darmstadt 1976

Heim, Walter

Briefe zum Himmel, Basel 1961

Heim, Walter

Umbruch in der katholischen Heiligenverehrung, in: Schweizer Volkskunde, 59. Jg., Heft 1, Basel 1969

Jakoby, A.　　　　　　　　Grab, in: HdA, Band III, a.a.O.,
　　　　　　　　　　　　　Sp. 1076

Katechismus　　　　　　　 Katholischer Katechismus der Bistü-
　　　　　　　　　　　　　mer Deutschlands, Paderborn 1966

Kirchliches Prozeßrecht　 von den deutschen Bischöfen appro-
　　　　　　　　　　　　　bierte Übersetzung, eingeleitet von
　　　　　　　　　　　　　Heribert Schmitz, Trier 1969

Korff, Gottfried　　　　　Bemerkungen zum politischen Heili-
　　　　　　　　　　　　　genkult im 19. und 20. Jahrhundert,
　　　　　　　　　　　　　in: Der Religionswandel unserer
　　　　　　　　　　　　　Zeit im Spiegel der Religionswis-
　　　　　　　　　　　　　senschaft, hrsg. von Gunther Stephen-
　　　　　　　　　　　　　son, Darmstadt 1976

Korff, Gottfried　　　　　Heiligenverehrung in der Gegenwart,
　　　　　　　　　　　　　Empirische Untersuchungen in der
　　　　　　　　　　　　　Diözese Rottenburg, Tübingen 1970

Lakner, K.　　　　　　　　Reliquien, in: LThK (= Lexikon für
　　　　　　　　　　　　　Theologie und Kirche, hrsg. von
　　　　　　　　　　　　　Josef Höfer und Karl Rahner), Frei-
　　　　　　　　　　　　　burg 1960, Band 8, Sp. 1217

Lexikon　　　　　　　　　　für Theologie und Kirche (LThK),
　　　　　　　　　　　　　begründet von Dr. Michael Buchber-
　　　　　　　　　　　　　ger; Zweite, völlig neu bearbeitete
　　　　　　　　　　　　　Auflage, herausgegeben von Josef
　　　　　　　　　　　　　Höfer und Karl Rahner, 10 Bde.,
　　　　　　　　　　　　　Freiburg 1957-1965

Neuner-Ross　　　　　　　 Der Glaube der Kirche in den Urkun-
　　　　　　　　　　　　　den der Lehrverkündigung, neubearb.
　　　　　　　　　　　　　von Karl Rahner und Karl-Heinz We-
　　　　　　　　　　　　　ger, Regensburg 1979

Ott, Hugo — Buchbesprechung zu Forschungen und Berichte zur Volkskunde in Baden-Württemberg 1971-1973, in: Freiburger Diözesanarchiv, 93. Band, Freiburg 1973, S. 466

Pfister, F. — Heilige, in: HdA, Band III, Sp. 1668 ff

Rahner, Karl und Vorgrimmler, Herbert — Kleines Konzilskompendium, Alle Konstitutionen, Dekrete und Erklärungen des Zweiten Vatikanums in der bischöflich beauftragten Übersetzung, Freiburg 1966

Rahner, Karl — Vom Geheimnis der Heiligkeit, der Heiligen und ihrer Verehrung, in: Die Heiligen in ihrer Zeit, hrsg. von Peter Manns, Mainz 1966

Röhrich, F. — Ikonographie, in: LThK, Band 5, Freiburg 1960, Sp. 619

Sacra Congregatio — pro Causis Sanctorum, Index ac status causarum Beatifikationis Servorum Dei et Canonizationis Beatorum, Rom 1975

Sander, Heinrich B. — Seligsprechungen durch die Bischofskonferenz, Maschinenschriftliches Exemplar 1979

Schauerte, Heinrich — Die volkstümliche Heiligenverehrung, Münster 1948

Schauerte, Heinrich — Grabbriefe an Mutter Pauline von Mallinckrodt, in: Theologie und Glauben, hrsg. von den Professoren der Theologischen Fakultät Paderborn, 52. Jg., 1962, Heft 3, S. 192-199

Schneider, A.M. — Votive, in: HdA, Band VIII, Berlin und Leipzig 1936/37, Sp. 1762

Spiegel, Der — 33. Jg., Nr. 47, 19.11.1979

Sursum corda — Katholisches Gesang- und Gebetbuch für die Diözese Paderborn, Paderborn [62]1893

Westfalenpost — Werler Lokalteil, vom 9.2.1980